Stillen, Job und Family

Impressum

Dieses Buch basiert auf der 2007 erschienenen revidierten Fassung von
‹Nursing Mother, Working Mother› by Gale Pryor and Kathleen Huggins
Published in the United States of America
in 2007 by Harvard Common Press
© 2007 by Gale Pryor
Alle Rechte vorbehalten

Aus dem Amerikanischen von Hanna Neuenschwander

1. Ausgabe, 1. Auflage (1. - 5. Tausend) 2008

© 2008 La Leche League Schweiz, Postfach 197, 8053 Zürich
Alle Rechte – auch die des teilweisen Auszuges von Text und Bildern, der digitalen Erfassung und Reproduktion, der Wiedergabe durch Fernsehen, Rundfunk, Bild- und Tonträger, oder zur Benutzung von Vorträgen nur mit Genehmigung des Verlages.

Übersetzung:	Hanna Neuenschwander
Bearbeitung:	Hanna Neuenschwander und Cornelia Weller
Ergänzungen/Anhang:	Cornelia Weller und andere
Satz/Layout/Cover:	bild schrift text WERKSTATT
Bildbearbeitung/Grafik:	
Druck:	ediprim AG, Biel

ISBN 978-3-906675-40-4

Die Publikation wurde durch eine namhafte Spende der Helsana Versicherungen AG und des Bundesamtes für Sozialversicherungen ermöglicht.

«Man muss noch
Chaos
in sich haben,
um einen
tanzenden Stern
gebären zu können.»

Friedrich Nietzsche

In Zusammenarbeit mit den Kantonen, den Versicherern und der FMH.

Geben Sie Ihrem Baby genug Bewegungsfreiheit. Ein Baby hat einen natürlichen Bewegungsdrang. Lassen Sie ihm freien Lauf. Denn nichts ist für ein gesundes Körpergewicht und für die Motorik besser als genug Bewegung. Richten Sie zu Hause zum Beispiel sichere Bewegungszonen und Krabbelinseln ein. Es braucht wenig, um viel zu verändern. www.gesundheitsfoerderung.ch

Inhaltsverzeichnis

Vorwort   IX
der Herausgeberin   XI
der Autorin   XIII

Kapitel 1
Bonding, Stillen und die berufstätige Mutter   3
Das Bonding zwischen Mütter und Babys   3
Die Rolle des Stillens beim Aufbau der Bindung   5
Eltern mit Selbstvertrauen   7
Berufstätigkeit – Risiko für das Bonding?   9
Berufstätige Frauen in der Geschichte   17
Und in Zukunft?   19

Kapitel 2
Warum Stillen wichtig ist   23
Immunologische Eigenschaften der Frauenmilch   24
Muttermilch und Allergien   32
Die Vorteile des Stillens für Mütter   34
Die besonderen Vorteile für berufstätige Mütter   36
Eltern sein – hilft der Instinkt?   39

Kapitel 3
Stillen – das Grundwissen   45
Der Stillbeginn   46
Das erste Stillen   48
Dem Milchstau vorbeugen   51
Wunde Brustwarzen vermeiden   51
Wenn Sie Hilfe brauchen   51
Wie die Milch gebildet wird   52
Die Milchproduktion aufbauen   54
Zu Hause mit dem Baby   54

Inhaltsverzeichnis

Kapitel 4
Das „vierte Drittel" der Schwangerschaft 63
Mutter werden 63
Stillen in den ersten Wochen: Die Lernphase 66
Vermeiden Sie zusätzliche Flaschennahrung 69
Bekommt das Baby genug Milch? 70
Wenn die Milch ausläuft 70
Wunde Brustwarzen 71
Milchstau und Brustentzündung 73
Das Baby tragen 76
Wo schläft Ihr Kind? 80
Sorgen Sie gut für sich selbst 87
Vereinfachen Sie Ihren Haushalt 90
Die Hilfe Ihres Partners 91
Babyblues und was Sie dagegen tun können 92

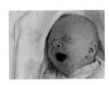

Kapitel 5
Den Wiedereinstieg planen 99
Anschluss an die ‹restliche› Welt finden 101
Anschluss an Ihre Berufstätigkeit finden 102
Die geeignete Tagesbetreuung finden 105
Sie und die Betreuungsperson 107
Betreuung zu Hause 108
Die Kinderfrau 108
Das Au-Pair 110
Alternierende Betreuung durch eine Kinderfrau 111
Verwandte 113
Tagesfamilien 114
Kindertagesstätten oder -krippen 118
Wenn alle Stricke reissen 120
Haushalt, Familie und Wiedereinstieg 120
Die Arbeitsstelle und Ihr Wiedereinstieg 122
Am Arbeitsplatz: Ein Ort zum Abpumpen 123
Die Vorteile für die Firma 124
Verlängerung des Mutterschaftsurlaub 125
Alternative Arbeitsmöglichkeiten 125
Flexible Arbeitszeiten 126

Blockarbeitszeiten	126
Arbeiten zu Hause	127
Teilzeit	127
Jobsharing	128
Ganz zu Hause bleiben?	129

Kapitel 6
Abpumpen, Aufbewahren und Füttern von Muttermilch

	135
Abpumpen und Milchproduktion	138
Das Ausstreichen von Hand	138
Pumpen	140
Die richtige Pumpe wählen	142
Welche Pumpen sind empfehlenswert?	143
Weiteres Zubehör	146
Den Umgang mit der Milchpumpe erlernen	146
Umgang mit abgepumpter Muttermilch	149
Das Aufbewahren von Muttermilch	149
Farbe, Geruch und Geschmack der Muttermilch	150
Milch zum Aufbewahren vorbereiten	151
Muttermilch aus dem Vorrat verwenden	153
Verschiedene Flaschensauger	154
Das Füttern der abgepumpten Milch	154
Das Baby an die Flasche gewöhnen	155
Die Rückkehr an den Arbeitsplatz vorbereiten	158

Kapitel 7
Zurück am Arbeitsplatz

	163
Gegen die Müdigkeit angehen	164
Wie sich Ihr Baby anpasst	167
Änderung der Still- und Schlafgewohnheiten	169
Abpumpen und Milchproduktion	171
Stillen und Muttermilchersatzprodukte	173
Auslaufende Milch	175
Pumpen am Arbeitsplatz	175
Die Milch transportieren	178
Betreuungspersonen über das Stillen informieren	179

Vorbeugung und Behandlung von Milchstau und Mastitis	182
Sich an die Trennung vom Baby gewöhnen	182
Genug Milch produzieren	184
Geschäftsreisen	185
Die Pumpe wegräumen?	188
Abstillen	189
Wenn alles zuviel wird	191
Das Leben zu Hause bewältigen	193
Am Arbeitsplatz	196
Wenn Ihr Baby krank ist	199
Das Kind zur Arbeit mitnehmen	200
Mutterschaft und Beruf vereinbaren	201

Kapitel 8
Eine stillfreundlichere Welt — 207

Anhang

Gesetzliche Regelungen in der Schweiz	215
Gesetzliche Regelungen in Deutschland	217
Gesetzliche Regelungen in Österreich	220
Im Coiffeursalon, auf dem Feld	223
Akzeptanz und Verständnis	224
Zurück ins Arbeitsleben	226
– Stillen bleibt wichtig	226
Mutter als Nahrungsquelle	227
Etwas Abstand tut mir gut	228
Kann ich meinem Kind einen Rhythmus antrainieren?	230
Karriere oder Kind oder beides?	233
Papa betreut Neugeborenes; Mama stillt am Arbeitsplatz	235
Index	**239**
Hilfreiche Adressen	**249**

Vorwort

Ein Handbuch für Mütter, die berufstätig sind, stillen und ihrem Baby verbunden bleiben

Meine Urgrossmutter stillte 11 Kinder und war eine enorm beschäftigte Frau. Sie besass kein Auto, keine Waschmaschine, kein Telefon und keinen Kühlschrank.
Die Säuglinge wurden damals nicht überall gestillt: Nicht im Restaurant, nicht in der Bäckerei und nicht in der Öffentlichkeit.
Männer waren von der Stillwelt grundsätzlich ausgeschlossen, Frauen ihrerseits hatten in Restaurants wenig zu suchen. Die Männer gerieten kaum je in die Situation, eine entblösste Brust in der Öffentlichkeit zu sehen. Stillen war ein reiner Frauenanlass.
Stillen und Arbeiten in Kombination aber war ein Muss. Es gab keine Alternativen.
Eine Frage, die durchaus gestellt werden darf: Warum konnte eine derart beschäftigte Frau damals 11 Kinder stillen? Dazu gibt es zwei Antworten: Erstens war Stillen für eine Frau nichts Neues. In der eigenen Kindheit und Jugendzeit hatte sie ständigen Kontakt mit stillenden Müttern gehabt. Sie kannte Tipps und Tricks und wusste aus Erfahrung, wie „Stillen" funktioniert. Zweitens waren Mütter früher selten alleine. Im gleichen Haus lebten die Schwiegereltern oder kinderlose Schwestern. Es gab sozusagen eine weibliche Sippe, welche sich die Arbeit aufteilen konnte, sodass genügend Zeit für die stillende Mutter und ihr Kind blieb.
Im Gegensatz zu unseren Urgrossmüttern leben heutige Mütter isoliert mit ihrer Kleinfamilie. Sie gebären ein Kind, ohne zuvor Babys gesehen oder erlebt zu haben, die gestillt wurden. Während sie stillen, nimmt ihnen niemand die Arbeit ab. Somit verlieren sie sehr viel Zeit, was Stress

Vorwort

hervorrufen kann. Stillen ist auch längst kein gesellschaftlicher Anlass mehr; auch unter Frauen nicht. Frauen ohne Kinder haben weder Interesse an stillenden Müttern, noch sind sie bereit, einer stillenden Mutter die Arbeit abzunehmen. So erstaunt es nicht, dass viele Frauen der Generation meiner Mutter gar nicht stillen wollten. Denn Stillen isolierte.

In der sich verändernden Gesellschaft sind auch immer mehr Mütter je länger je mehr auf Erwerbstätigkeit angewiesen. Kommt heute ein Kind zur Welt, sinkt die Kaufkraft des Paares um 40 %. Tendenz sinkend. Mütter *müssen* erwerbstätig sein, andererseits *wollen* gut ausgebildete Mütter von heute aber auch mit Familie erwerbstätig bleiben.

Warum wollen diese Frauen jedoch wieder vermehrt stillen? Warum gewinnt dieses Thema an Aktualität?

Aus Forschungsergebnissen zur Entwicklung der Kinder ist bekannt, dass sich ein Kind ohne sichere emotionale Bindung überhaupt nicht entwickeln kann. Das Stillen des Säuglings ist nicht ein absolutes Muss für eine angemessene Entwicklung, aber eine wunderbare Möglichkeit, diesen Prozess des „Bondings" wirksam und natürlich zu unterstützen.

In unserer technisierten und schnelllebigen Zeit vermittelt Stillen ruhige Momente des intimen Zwiegesprächs zwischen Mutter und Kind. Durch den Körperkontakt entstehen gegenseitige Feinfühligkeit und eine starke emotionale Bindung. Zusätzlich unterstützt Stillen das Immunsystem der Säuglinge. Dies alles sind stärkende Faktoren für eine gesunde Entwicklung von Geburt an, die heutige Mütter ganz bewusst ihren Kindern mitgeben möchten.

Diese Mütter sind aber nicht mehr bereit, durch ihren Entscheid isoliert zu werden:

Die moderne Frau darf heute damit rechnen, dass eine entblösste Brust keine gesellschaftlichen Skandale mehr hervorruft und sie darf hoffen, dass die fehlende Sippe durch neue Angebote ersetzt wird. Die Angebote werden im vorliegenden Handbuch von Gale Pryor eingehend erläutert. Lesen Sie es und freuen Sie sich!

Barbara Schmid-Federer, Schweiz
Nationalrätin und Mutter von zwei Söhnen

Vorwort der Herausgeberin

Über Jahrtausende hinweg war es auf der ganzen Welt für Familien überlebenswichtig, dass auch Frauen wirtschaftlich produktiv tätig waren. Immer haben Mütter bei ihren Tätigkeiten ihre Kinder bei sich gehabt und bei Bedarf ganz selbstverständlich gestillt!
Erst in der jüngeren Geschichte wurde dies anders – die Veränderung der Lebens- und Arbeitsbedingungen, spätestens seit der Industrialisierung, sowie die Entwicklung von Muttermilchersatzprodukten, ermöglichten eine längere Trennung von Mutter und Kind nach der Erwerbsaufnahme. Diese Trennung wird heute als normal betrachtet, oft aus Unwissenheit darüber, dass es auch andere Möglichkeiten gibt.
Trotzdem bleibt das Urbedürfnis des Kindes nach der Bindung zur Mutter durch das Stillen bestehen.
Heute ist erwiesen: Stillen ist in nahezu jeder Lebenslage richtig. Es unterstützt, wie kaum etwas anderes, die gesamte Entwicklung des geistigen und körperlichen Potenzials der Kinder. Für die Mütter bietet es zudem wesentliche gesundheitliche Vorteile und ist gerade bei der Arbeit ausser Haus absolut praktisch!
Dieses Buch zeigt: Stillen ist kein Luxus für Mütter mit viel Zeit – Stillen ist auch möglich, wenn Frauen erwerbstätig sind.

Lesen Sie über Alternativen und Möglichkeiten, wie die für die Entwicklung des Kindes so wichtige Eltern-Kind-Bindung gepflegt und parallel dazu der Beruf ausgeübt werden kann. Das Stillen hat dabei eine grundlegende Bedeutung.
Lassen Sie sich durch dieses Buch ermutigen, beide Rollen – stillende Mutter *und* Berufsfrau – zu Ihrer Zufriedenheit umzusetzen und dabei zu gewinnen: Für sich, für Ihren Beruf und für die Familie.

Vorwort der Herausgeberin

Wir danken allen, die an dieser Ausgabe mitgearbeitet haben, ganz besonders Christa Müller-Aregger, Denise Both und Katharina Depisch für die Texte über die rechtliche Situation ihres Heimatlandes, Pascale Horat-Schwab fürs Korrekturlesen, Esther Moser Schüpbach für die Zusammenstellung der Adressen und unserer Leiterin der Geschäftsstelle Marianne Rüttimann-Zemp für die Koordination.

Wir danken den Eltern, die mit ihren Erfahrungsberichten unsere Leserschaft ermutigen und allen, die zur Auflockerung und Illustration Fotos zur Verfügung gestellt haben.

Wir danken den Sponsoren, die durch grosse und kleinere Beiträge die Herausgabe des Buches überhaupt erst ermöglicht haben.

Für die La Leche League Schweiz
Cornelia Weller und Hanna Neuenschwander

HELSANA

Schweizerische Eidgenossenschaft
Confédération suisse
Confederazione Svizzera
Confederaziun svizra

Eidgenössisches Departement des Innern EDI
Département fédéral de l'intérieur DFI
Dipartimento federale dell'interno DFI
Bundesamt für Sozialversicherungen BSV
Office fédéral des assurances sociales OFAS
Ufficio federale delle assicurazioni sociali UFAS

Im Einklang mit Mensch und Natur.

 Region Zürich

MIGROS
kulturprozent

Vorwort der Autorin

„Nach der Geburt meines Kindes werde ich wieder in meinen Beruf zurückkehren."

Die Notwendigkeit, wieder ins Erwerbsleben zurückzukehren, ist einer der wichtigsten Gründe dafür, dass Frauen sich gegen das Stillen entscheiden oder schon nach wenigen Wochen abstillen. Und dies, obwohl das Stillen etwas vom Besten ist, dass eine berufstätige Mutter für sich und ihr Baby tun kann.
1987, ein paar Wochen vor der Geburt meines ersten Kindes, sagte ich meiner Frauenärztin, ich plane zu stillen, obwohl ich nach einem zweimonatigen Mutterschaftsurlaub wieder ins Erwerbsleben zurückkehren würde. Sie erklärte mir, dass ich wahrscheinlich nicht genug Milch würde abpumpen können, um das Baby während meiner Abwesenheit zu füttern und dass es wahrscheinlich ohnehin keine Flasche akzeptieren werde. Die Tagesmutter, die ich gefunden hatte, sagte mir, dass sie normalerweise keine gestillten Babys zur Pflege annehme, da sie keine Muttermilch in ihrem Kühlschrank haben wolle. Mein Chef wurde bleich und war offensichtlich peinlich berührt, als ich erwähnte, dass ich zweimal täglich zwanzig Minuten benötigen würde, um meine Milch abzupumpen. Er verweigerte mir anschliessend einen dritten Monat Mutterschaftsurlaub. Sogar mein immer hilfreicher Ehemann machte sich Sorgen, dass ich nach meinem Wiedereinstieg ins Berufsleben zum Stillen zu erschöpft sein würde.
Zu meinem Glück hatte meine Mutter, Karen Pryor, dreissig Jahre vorher meine zwei Brüder und mich gestillt. Dies zu einer Zeit, in der das Stillen ungewöhnlich, unmodern und nicht empfohlen war. Sie stillte, obwohl ihr gesagt worden war, dass dies nach einem Kaiserschnitt nicht möglich sei. (Ich habe bis heute nicht herausgefunden, aus welchem Grund.)

Anstatt diese Meinung zu akzeptieren und zur Flasche zu greifen, wurde sie wütend. Sie suchte sich Bücher und las. Sie reiste, um sich mit anderen stillenden Müttern zu treffen. Sie lernte alles, was es damals über das Stillen zu lernen gab und sie schrieb darüber ein Buch ‹Nursing your Baby›, das 1963 veröffentlicht wurde. Bis jetzt, mehr als 40 Jahre später und in der vierten Auflage, wurden mehr als eine Million Exemplare davon verkauft und es hat Müttern auf der ganzen Welt dabei geholfen, ihre Kinder zu stillen.

Mehr als dreissig Jahre nach den Stillerfahrungen meiner Mutter, traf ich in einer neuen, subtileren Form auf die immer noch gleichen Vorurteile. Stillen bedeutet eine Form von Mutterschaft, die auf Nähe und Bindung beruht und ich realisierte, dass diese in unserer Gesellschaft als unvereinbar mit einem Berufsleben betrachtet wird. Wollte ich meinen Platz in einer Welt behalten, in der Erfolg auf männliche Lebensformen zugeschnitten war, wurde von mir erwartet, dass ich nicht gleichzeitig Anerkennung in einem so urweiblichen Erfahrungsbereich wie dem Stillen suchte. „Triff deine Wahl", sagt unsere Gesellschaft: „Kinder oder Karriere, Mutter oder Angestellte, Frau oder Mann". So reagierte ich wie damals meine Mutter: Ich wurde wütend.

Ich hatte eben meine Laufbahn begonnen, auf einem Gebiet, das ich liebte und das ich jetzt nicht aufgeben wollte. Und ich war entschlossen, mein Kind zu stillen, bis es sich selbst abstillen würde. Acht Wochen nach der Geburt von Max kehrte ich zu meiner Vollzeittätigkeit zurück. Ich pumpte zweimal täglich meine Milch ab und stillte abends, in der Nacht, am frühen Morgen und an den Wochenenden. Max stillte sich mit 18 Monaten ab, während ich auf einer dreitägigen Geschäftsreise war. Ich bewies es meiner Frauenärztin und anderen Skeptikern, dass sie Unrecht hatten. Stillen und Erwerbstätig-Sein war möglich. Als ich einmal das Abpumpen und Aufbewahren von Muttermilch im Griff hatte, war es nicht einmal so hart. Nicht das Stillen war die grösste Herausforderung in meinem Leben als berufstätige Mutter.

Ich fand nämlich bald heraus, dass meine neue Rolle als Mutter überhaupt in Konflikt kam mit meinem Arbeitsleben. Ich realisierte, dass es als unprofessionell betrachtet wurde, während Arbeitspausen über das Baby zu sprechen (wohingegen die Diskussion der gestrigen Sportresultate ganz in Ordnung war). Meine Unwilligkeit, von einem Moment auf den anderen auf eine Geschäftsreise aufzubrechen, wurde als Beweis dafür betrachtet, dass es mir an Interesse fehlte. Ich war nicht mehr bereit, nach Feierabend Überstunden zu arbeiten, sondern rannte so schnell wie möglich zum Lift und nach Hause zu meinem Baby, ohne daran zu denken, wie dieses Verhalten mein Image als hart arbeitende Angestellte beeinflusste. Ich teilte mein Leben in zwei Bereiche, mit zwei unvereinbaren Rollen. Ich war schrecklich zerrissen zwischen meiner Arbeit, die ich liebte und dieser neuen, ebenso herausfordernden Aufgabe als Mutter.

Das Stillen hingegen war nicht der erwartete, zusätzliche Stressfaktor, sondern erleichterte mir meine Schwierigkeiten. Meine Funktion als Ernährerin meines Kindes stärkte mein Selbstvertrauen, das in anderen Bereichen, in denen ich mich bisher sicher gefühlt hatte, plötzlich erschüttert war. Das Stillen bestätigte mir, dass ich für Max unersetzlich war, obwohl er den grössten Teil des Tages mit einer anderen Betreuerin verbrachte. Nur ich konnte ihm eine warme Brust voll Milch anbieten. Am Abend, wenn ich ihn bei der Tagesmutter stillte, bevor wir nach Hause fuhren, benötigten wir keine Zeit, um uns „wieder zu finden". Wir waren sofort wieder ein Paar, sofort und komplett wieder in Harmonie miteinander.

Und es gab unzählige andere Vorteile für Max und mich. Das Stillen stellte sich als viel praktischer heraus, als das Füttern mit der Flasche und das war ein nicht geringer Segen für mich mit meiner vollen Agenda. Stillen war auch entspannend. Sobald meine Milch zu fliessen begann, fand ich es schwierig, mich überhaupt daran zu erinnern, was mich heute am Arbeitsplatz so geärgert hatte und ich genoss die Ruhe, die ich jedes Mal nach dem Stillen spürte. Das Stillen half mir auch, mich auf Max zu konzentrieren und das meiste aus der kostbaren Zeit zu machen, die wir zusammen verbrachten. Seine Fingerchen, die mit den Knöpfen meiner Bluse spielten, der Blick aus seinen glänzenden Augen, sein Lächeln, während ihm etwas Milch aus dem Mundwinkel rann, drängten alle Gedanken an das Nachtessen und die Wäsche in den Hintergrund. Hätte ich ihn mit einer Flasche gefüttert, wäre es bestimmt öfters dazu gekommen, dass ich ihn „nur gerade für diesmal" mit einer Flasche sich selbst überlassen, während ich das Dringendste im Haushalt erledigt hätte. Das Stillen erinnerte mich daran, dass ich selbst das Wichtigste für mein Kind war.

Im Nachhinein realisiere ich, dass das Stillen die beiden Teile meines Lebens zusammen brachte und meiner Rolle als Mutter Sinn gab. Das Stillen gab meinem Baby den besten Start und leitete mich bei meinen ersten Schritten als Mutter. Die subtile, intuitive Beziehung, die sich zwischen einem gestillten Kind und seiner Mutter entwickelt, gab mir das Muster vor, wie ich mit meinem Kind auch nach dem Abstillen umgehen konnte.

Ich merkte, dass ich auch an meiner Arbeitsstelle vom Selbstvertrauen zehrte, das ich beim Stillen erworben hatte. Ich fand das richtige Augenmass für das wirklich Wichtige. Ich konnte die ruhige Gelassenheit und Wärme, die ich durch das Stillen gewonnen hatte, auch auf weitere Bereiche ausdehnen.

Aber am Wichtigsten: Das Stillen verhinderte, dass meine neue Rolle als Mutter, von der schon länger bestehenden als Berufsfrau, völlig in den Hintergrund gedrängt wurde. Das Stillen half mir, dem Druck zu widerstehen, mir während acht Stunden täglich nicht anmerken zu lassen, dass zu Hause ein Baby auf mich wartete. Mit dem Stillen zeigte ich, dass ich meine Arbeit auch als wirkliche Frau machen konnte und nicht nur als Abklatsch von einem „Mann".

Allzu oft beugen wir uns dem gesellschaftlichen Druck und akzeptieren die Vorgabe, dass Angestellte kein Privatleben haben dürfen, dass Kinder keine täglichen Bedürfnisse haben sollen und dass Familie und Arbeit zwei verschiedene Bereiche ohne Berührungspunkte sind. Dieses gleichzeitige Funktionieren in zwei verschiedenen Welten, denen sie beiden gerecht werden sollten, ist vermutlich die Hauptursache für den überwältigenden Stress, dem erwerbstätige Mütter häufig ausgesetzt sind.

Ich hoffe, dass dieses Buch Ihnen dabei hilft, Berufs- und Familienleben mit Hilfe des Stillens und des einfühlsamen Mutterseins besser zu vereinbaren, damit Sie eine gemeinsame Identität als Mutter und Berufsfrau entwickeln können. Ich wünsche mir, dass es Ihnen möglich wird, gleichzeitig Ihr Kind aufzuziehen und Ihrer Berufsarbeit nachzugehen und Sie damit vielleicht auch anderen bewusst machen können, dass die Betreuung von Kindern kein privates Hobby ist, sondern eine wichtige Aufgabe, für die wir alle Verantwortung tragen.

Gale Pryor

Dank

Dieses Buch begann Form anzunehmen, als ich nach der Geburt meines ersten Sohnes Max wieder zurück an die Arbeit ging. In einer fremden Stadt, weit weg von meiner Familie, die Erste unter meinen Freundinnen, die Mutter wurde, die Einzige unter meinen Kolleginnen, die versuchte, Mutterschaft und Beruf zu vereinbaren, war ich gestresst und überfordert. Die Unterstützung von anderen, erfahrenen Müttern hätte alles viel leichter gemacht.
Oder mindestens hätte ich ein Buch über diese Situation benötigt, mit Tipps für die praktischen Probleme und mit Verständnis und Unterstützung für die emotionalen Herausforderungen. Nachdem ich nun dieses Buch geschrieben habe, weiss ich, dass ein Baby zu haben und ein Buch zu schreiben viel Gemeinsames haben: Beides ist viel einfacher mit der Unterstützung von Familie und Freunden.
Weder meine Söhne, noch dieses Buch, wären ohne die Mitwirkung meines besten Freundes und Ehemannes, Karl Leabo, entstanden. Seine Unterstützung, als ich hunderte von Stunden am Computer verbrachte, sein Geschenk in Form eines wunderbaren Schreibtischs, seine endlose Geduld beim Leben mit Stapeln von Papier, Kartons mit Büchern und Tintenflecken auf dem Bett (wenn ich jeweils beim Notizenmachen einschlief) waren wichtige Beiträge. Ohne die Wochenendausflüge, zu denen er unsere Söhne mitnahm, während ich zu Hause schreiben konnte, wäre es für sie eine langweilige Zeit gewesen. Diese Söhne – Max, Wylie und Nathaniel (der gerade rechtzeitig zur zweiten Auflage erschien) – verdienen ebenfalls Dank. Sie waren meine Inspiration, meine Lehrer und meine Belohnung während der harten Arbeit, Mutter und Autorin zu werden.
Auch meine Mutter, Karen Pryor, hat einen wichtigen Beitrag geleistet. Autorin, Biologin, Verhaltensforscherin, Stillexpertin, Delphinforscherin, Hundekennerin, Rednerin, Grossmutter, Vogelkundlerin, Botanikerin, Schreinerin, Stickerin, Bergsteigerin und Museumsbesucherin – sie hat mir gezeigt, dass die Welt voll faszinierender Dinge ist, über die man etwas lernen und schreiben kann. Ihre Ermutigung und ihre Kommentare halfen mir während meiner Arbeit. Sie ist eine Inspiration für mein ganzes Leben.
Vor drei Jahren, während ich die Idee für dieses Buch in meinem Kopf wälzte, besuchte ich eine regionale La Leche League Konferenz. Nach einem Morgen mit Workshops, während denen ich realisierte, dass diese Konferenz genau gleich war wie die beruflichen Konferenzen, die ich zu

besuchen pflegte, ausser dass eine Menge von Babys und Kleinkindern anwesend waren, ging ich zum Mittagessen. Ich fand einen Platz neben Gerry Anne Dubuis, einer Stillberaterin aus New Hampshire, die schon unzähligen Müttern beim Stillen geholfen hatte. Beim Dessert waren wir schon soweit, dass wir für die nächste LLL Konferenz unser eigenes Seminar planten. Später schenkte sie mir Hunderte von Stunden, um den Text dieses Buches durchzusehen und Ungenauigkeiten auszumerzen; auch ihre ganze Erfahrung ist darin enthalten. Ich bin auch Kittie Frantz sehr dankbar, Kinderkrankenschwester und Professorin für Laktation und Stillen an der University of Southern California Medical School. Sie hat mein Manuskript durchgesehen und mir wertvolle Anregungen gegeben.

Für die zweite Auflage konnte ich als Co-Autorin Kathleen Huggins gewinnen, Krankenschwester, Stillberaterin IBCLC und Autorin von zwei weiteren Stillbüchern. Ihre Erfahrung mit dem Abpumpen und Aufbewahren von Muttermilch, wie auch dem Stillmanagement gewährleisten, dass die Anregungen in diesem Buch hilfreich und gesichert sind. Vielen Dank, Kathleen! Ich bin auch Linda Ziedrich und Dan Rosenberg dankbar, die dieses Buch redigierten und mir halfen, es so gut wie möglich zu machen. Ganz besonders möchte ich auch den vielen Müttern danken, die mit mir korrespondierten, um ihre Fragen und Lösungen zu diskutieren. Die Grosseltern Judith Ravel und Maurice Reese Wakemann hielten meine Familie zusammen und gut ernährt, während ich mich abmühte. Reese brachte mir bei, wie er es bei Hunderten seiner Patienten in seiner Kinderarztpraxis getan hatte, dass alles, was Eltern brauchen, genügend Selbstvertrauen ist. Und noch viele andere schenkten mir Inspiration und praktische Hilfe: Miranda Helin, Susan Polit, Mary Jane Daly, Deborah Sloan, Katharine MacPhail, Lisa May, Joanna Kolis, und noch weitere – alles leuchtende Beispiele von engagierten Berufstätigen, die es ihrer Arbeit nicht erlaubten, zwischen sich und ihre Kinder zu kommen. Ihnen und vielen anderen, die ihre Erfahrungen mit mir geteilt haben, spreche ich meinen Dank aus.

Gale Pryor

Ich möchte Gale Pryor dafür danken, dass sie mich eingeladen hat, ihr bei der neuen Ausgabe dieses Buches zu helfen. Ein spezieller Dank geht an Linda Ziedrich für mehr als zwei Jahrzehnte Unterstützung bei meinen Veröffentlichungen. Ich denke an dieser Stelle auch dankbar an die Tausenden von engagierten stillenden, berufstätigen Müttern, mit denen ich in den letzten 25 Jahren gearbeitet habe. Und natürlich danke ich auch meiner Familie, Brad, Kate und John, für ihre Liebe und Unterstützung, die die Arbeit an diesem Buch möglich machten.

Kathleen Huggins

Bonding, Stillen und die berufstätige Mutter

Kapitel 1

Bonding, Stillen und die berufstätige Mutter

Mutter zu werden ist eine Erfahrung, die manche Überraschung mit sich bringt. Die erstaunlichste davon ist vielleicht die Intensität Ihrer Gefühle für Ihr Baby. Vor der Geburt können Sie sich wahrscheinlich Ihr Leben mit einem Kind schlecht vorstellen. Nach der Geburt ist ein Leben *ohne* diesen neuen, aussergewöhnlichen Menschen nicht mehr denkbar. Mutter zu werden, verändert Sie für immer.
Jede Frau erlebt diese Erfahrung etwas anders. Für manche Mütter sind die ersten Wochen und Monate mit dem Kind einfach wunderbar. Für andere ist es eine Zeit des Übergangs und der allmählichen Anpassung – sie müssen sich erst an das Wunder gewöhnen. Wenn sich die Mutter aber einmal in ihr Kind „verliebt" hat, kann der Gedanke an die Rückkehr an den Arbeitsplatz in jedem Fall viel schwieriger sein, als sie gedacht hat. Viele schwangere Frauen können sich gar nicht vorstellen, wie hart es für sie sein wird, ihr Kind jemand anderem zu übergeben und zur Arbeit zu gehen.

> «Ich muss ständig mein Baby ansehen. Es ist so perfekt.»

Das Bonding zwischen Mütter und Babys

Die ersten Momente der Mutterschaft haben Verhaltensforscher schon immer fasziniert. Beim Beobachten von Müttern und ihren Neugeborenen, stellten sie ein Wechselspiel zwischen den beiden fest, das überall nach den gleichen Regeln abläuft und Auslöser der lebenslangen Bindung zwischen Müttern und ihren Kindern ist. Eine Bindung zwischen zwei Menschen, auch diejenige zwischen Mutter und Baby, entwickelt und vertieft sich über die Zeit hinweg. Babys kommen mit der Fähigkeit zur Welt, diese Bindung sofort auszulösen und zu festigen. Neugeborene sehen, hören, riechen und fühlen viel differenzierter, als man vermuten würde und haben die erstaunliche angeborene Fähigkeit, bei ihren Eltern das spontane Bedürfnis hervorzurufen, sie zu umsorgen und ihnen zu helfen. Die erste Aufgabe Ihres Babys – es verhält sich dabei instinktiv richtig – ist es, dafür zu sorgen, dass Sie sich bis über beide Ohren in es verlieben.

Augenkontakt ist nur ein Aspekt der vielfältigen Interaktionen von neuen Müttern und ihren Babys.

Auch neue Mütter verhalten sich vermutlich instinktgesteuert. Wir berühren unser Neugeborenes fast immer auf die gleiche Weise: Zuerst mit den Fingerspitzen, dann mit den Handflächen, wir bewegen uns dabei von seinen Armen und Beinen zu seinem Bauch und seinem Rücken und zuletzt zu seinem Gesicht. Wir halten unser Baby in einer so genannten *en face* Position, sodass unsere Gesichter etwa 20 bis 30 cm entfernt sind. Das ist genau die Distanz, in der ein Neugeborenes klar sehen kann. Wir haben normalerweise ein intensives Bedürfnis, Augenkontakt mit unserem Baby herzustellen und wir finden es wunderbar, wenn es uns anschaut. Wir sprechen zu ihm mit einer hohen sanften Stimme, die wir für niemand anderen verwenden. Und die Reaktion des Babys auf unsere Berührung, unseren Blick, unsere Stimme und sogar auf unseren Geruch ist so bezaubernd, dass wir es wieder und wieder berühren, anschauen und zu ihm sprechen. All dies bildet einen Kreis von sich gegenseitig verstärkenden Interaktionen, die mit der Zeit die reiche Mutter-Kind-Beziehung gestalten.

John Kennell und Marshall Klaus, Pioniere der Mutter-Kind Forschung in den USA, haben dieses komplizierte, instinktive Muster von Interaktionen als „pannenresistentes, mehrfach gesichertes Programm, das die Nähe von Mutter und Kind gewährleistet" bezeichnet. Die tiefe Bindung, die aus der natürlichen Interaktion mit Ihrem Baby entsteht, erlaubt es Ihnen, seine Bedürfnisse intuitiv zu erfassen und zu befriedigen – und sie hilft ihm, sich sicher zu fühlen, wann immer es in Ihrer Nähe ist. Sogar wenn Sie und Ihr Neugeborenes nach der Geburt für eine gewisse Zeit getrennt werden müssen – zum Beispiel bei Krankheit – wird das natürliche Programm der Bindung ablaufen, wenn auch vielleicht in einem langsameren Tempo. Und auch wenn Sie im Moment so überwältigt von Erschöpfung, Ängsten oder anderen Gefühlen sind, dass das „sich Verlieben" warten muss – wenn Sie dazu bereit sind, werden Sie und Ihr Baby sich finden. Dies wird der erste Strang in einem lebenslangen, kaum zerstörbaren Band zwischen ihnen sein.

Die Rolle des Stillens beim Aufbau der Bindung

Das Stillen spielt normalerweise eine wesentliche Rolle beim Aufbau der tiefen Beziehung zwischen Mutter und Kind. Natürlich können auch Flaschen fütternde Mütter eine sichere Bindung zu ihren Kindern aufbauen. Stillen ist nur *ein* Werkzeug von verschiedenen – allerdings ein ganz besonders wirkungsvolles.

Stillen ist von der Natur darauf angelegt, die Mutter-Kind-Interaktion und die Nähe der beiden zu gewährleisten. Wenn das Stillen ohne Zeitplan oder andere Restriktionen gehandhabt wird, ist garantiert, dass Sie und Ihr Baby 8- bis 18-mal innerhalb von 24 Stunden engen körperlichen Kontakt haben. Es ist tatsächlich so, dass stillende Mütter insgesamt häufiger engen Körperkontakt zu Ihren Babys haben als nichtstillende. In den ersten zehn Lebenstagen halten stillende Mütter ihre Babys häufiger als nichtstillende, auch ausserhalb der Mahlzeiten. Sie schaukeln ihre Babys häufiger, sprechen mehr zu ihnen und nehmen sie nachts eher zu sich ins Bett. In der westlichen Gesellschaft gibt es viele Frauen, die nie ein Baby im Arm halten, bevor sie selbst eines bekommen, doch der häufige Hautkontakt kann diesen Mangel an Erfahrung mit Babys in kurzer Zeit ausgleichen. Eine Mutter, die sich ganz auf ihr Neugeborenes einlässt und häufig und ohne Einschränkungen stillt, lernt in kurzer Zeit die Zeichen ihres Kindes verstehen und ihrem eigenen Instinkt vertrauen. Dieses Geben und Nehmen und die Einfühlung in die Bedürfnisse des Babys übertragen sich auch auf die anderen Bereiche des Mutterseins. Die Stillerfahrung ist wie ein Modell für das einfühlsame Elternsein in den folgenden Jahren.

Stillpaare brauchen einander – körperlich und gefühlsmässig. Wie von der Wissenschaft genügend bestätigt wurde, ist Muttermilch für das optimale körperliche Gedeihen von grösster Bedeutung – nicht nur in der Kindheit, sondern mit Auswirkungen auf ein ganzes Leben. Stillen schützt vor Allergien und Atemwegsinfektionen und späteren Gewichtsproblemen. Stillen unterstützt das Sehen und die Mund- und Kieferentwicklung; gestillte Kinder haben weniger Infektionen der Ohren. Muttermilch ist besser für das Herz- und Gefässsystem und die Nieren; ausserdem ist die Abwehr gegen Infektionen der Verdauungsorgane besser. Diabetes vom Typ 1

(Juvenile Diabetes) kommt bei gestillten Kindern seltener vor. Herzkrankheiten und hoher Blutdruck im Erwachsenenalter sind ebenfalls seltener.
Muttermilch ist Nahrung für das Gehirn. Stillen fördert die kognitive Entwicklung des Kindes: einerseits, weil es ihm beim Füttern mehr Eigenkontrolle erlaubt – und die Möglichkeit, seine eigenen Handlungen zu kontrollieren, ist ein wichtiger Teil der Entwicklung eines Menschen – andererseits fördert auch die Zusammensetzung der Muttermilch mit ihrem hohen Gehalt an Fettsäuren DHA und AA eine optimale Gehirnentwicklung. Studien zeigen, dass gestillte Kinder durchschnittlich einen höheren Intelligenzquotienten haben als Flaschenkinder.

Und natürlich ist Babys gefühlsmässiges Bedürfnis nach Liebe und Geborgenheit genauso stark wie sein körperliches Bedürfnis nach Milch. Während manchen mit der Flasche ernährten Kindern bald einmal beigebracht wird, selbst die Flasche zu halten, wird das gestillte Kind bei den Mahlzeiten immer von der Mutter gehalten. Es spürt nicht nur das Wohlbehagen an der warmen Brust, es kommt vor, während und nach den Mahlzeiten auch in den Genuss von zusätzlichen Streicheleinheiten, es wird gewiegt und hat Augenkontakt. Die Mutter ihrerseits hat das körperliche Bedürfnis, ihre Milch abzugeben. Das Fliessen der Milch erleichtert und befriedigt, wie das Trinken von einem Glas Wasser, wenn man durstig ist.

Selig lächelnd: Ein gestillter Säugling

Wenn das Neugeborene beginnt, an der Brust zu saugen oder nur schon wenn es die Brustwarze in den Mund nimmt, wird das Hormon Oxytocin ausgeschüttet. Dies beschleunigt das Zusammenziehen der Gebärmutter und löst den Let-Down- oder Milchspendereflex aus. Auch als „Liebeshormon" bezeichnet (weil es auch beim Liebesakt ausgeschüttet wird), gibt Oxytocin ein Gefühl von Zufriedenheit und Vergnügen beim Stillen des Kindes. Auf diese Weise werden Sie und Ihr Baby beim Stillen ein glückliches Team: gegenseitig belohnen Sie sich für Ihre Anstrengung.

Eltern mit Selbstvertrauen

Erfolgreiches Stillen macht Kinder gesund und glücklich und gibt Müttern Selbstvertrauen. Eine Kinderärztin und Mutter von fünf Kindern sah dies in ihrer Praxis. „Ich begann zu realisieren, welchen Einfluss frühe Erfahrungen bei der Kinderbetreuung, wie zum Beispiel das Stillen, auf die späteren Fähigkeiten der Eltern haben. Eine Frau, die soviel Unterstützung und Information bekommt, dass es ihr möglich ist, so lange zu stillen, wie sie dies will, schaut später auf diese Erfahrung mit Stolz und Befriedigung zurück. Ihr Selbstvertrauen überträgt sich auch auf andere Bereiche des Mutterseins und sie fühlt sich kompetent und erfolgreich."

Wissenschaftliche Studien bestätigen diese Beobachtung. In zwei amerikanischen Staaten wurden in einer gross angelegten Langzeituntersuchung Hunderte von Familien begleitet, in denen die Mutter in den ersten Wochen nach der Geburt mehrere Besuche einer Mütterberaterin bekommen hatte. Diese unterstützte die Mutter beim Stillen und in anderen Bereichen der Kinderbetreuung. Die positiven Auswirkungen auf Mutter und Kind waren gross und dauerten über Jahre an. Mütter, die von der Beraterin besucht wurden, stillten häufiger und länger als diejenigen einer Kontrollgruppe ohne solche Besuche. Sie litten seltener unter Depressionen nach der Geburt und hatten mehr Freude am Muttersein. Ihre Kinder wurden bis sechs Jahre nach der Geburt beobachtet und zeigten einen höheren IQ, bessere Sprachkompetenz und weniger Verhaltensauffälligkeiten als die Kinder aus der Kontrollgruppe. Die Kinder hatten auch ein besseres Konfliktlöseverhalten. Die Unterstützung der Beraterinnen hatte den Müttern zu mehr Selbstvertrauen verholfen, was Auswirkungen auf die Stillfähigkeit hatte.

> «Das Stillen beeinflusst auch andere Bereiche mütterlichen Verhaltens.»
>
> Niles Newton

Das Selbstvertrauen der Eltern hat auch Einfluss darauf, wie sie mit ihren Kindern umgehen und dieses Verhalten beeinflusst wiederum zu einem wesentlichen Teil das Verhalten und die Entwicklung ihrer Kinder.

Stillen schenkt einer Frau Vertrauen in ihre Fähigkeiten als Mutter, während sie mit ihrem Körper und ihrem Verstand ihr Baby nährt. Eltern, die ihrem Kind die Flasche geben, verlassen sich häufig auf die Ratschläge von Nahrungsmittelherstellern und Ärzten/Ärztinnen. Unsere Kinder zu ernähren ist die erste und fundamentalste Verantwortung von uns Eltern. Alles andere kommt an zweiter Stelle. Wenn wir an diesem Schlüsselpunkt kein oder nur wenig Vertrauen in unsere Fähigkeit entwickeln können,

Stillen ist mehr als eine Ernährungsform.

diese Aufgabe selbsttätig zu erfüllen, dann werden wir wahrscheinlich ebenfalls unsicher sein, ob wir imstande sein werden, andere Aufgaben des Elternseins zu bewältigen. Während eine stillende Mutter die Zusammensetzung der Milch, Temperatur, Hygiene und die richtige Menge ihrem Körper und dem Baby überlassen kann, sind all diese Aspekte für nicht stillende Eltern ein Grund zu Sorge, Kontrolle und zu Diskussionen, was ihr Vertrauen in sich selber weiter schwächt.

Erziehungs- und Betreuungsstile sind von Familie zu Familie unterschiedlich und aus vielen verschiedenen Familien gehen glückliche, gesunde Kinder hervor. In der Tendenz gilt aber, dass Mütter und Väter, die Selbstvertrauen als Eltern haben, eher selbstsichere Kinder erziehen. Diese Eltern lehren ihre Kinder nicht nur Selbstvertrauen durch ihr Vorbild, sondern, sie sind auch einfühlsamer, weil sie sich etwas zutrauen. Sie gehen auf die Bedürfnisse ihrer Kinder ein und helfen ihnen damit, sich sicher und geliebt zu fühlen und Vertrauen in sich und ihre Welt zu haben.

Viel wichtiger als alle Ratschläge von Verwandten, Freunden und Experten, ist die innere Überzeugung einer Mutter, dass sie völlig in der Lage ist, für ihr Neugeborenes zu sorgen und es aufzuziehen.

Der Kinderpsychologe Bruno Bettelheim schreibt in seinem Buch ‹A Good Enough Parent›: „Das Handeln nach den Empfehlungen anderer, kann in uns nie das gleiche Gefühl der Bestätigung auslösen, wie wenn wir *selbst* auf unsere *eigene Weise* verstanden haben, was in einer speziellen Situation nötig ist und was wir deshalb tun können." Erfolgreiches Stillen gibt dieses Gefühl der Bestätigung, weil die stillende Mutter in ihrem Innersten überzeugt ist, dass sie ihr Kind richtig nähren und pflegen kann.

Kurz gesagt, Stillen ist viel mehr als eine Ernährungsform. Natürlich ist es die perfekte Nahrung für jedes Entwicklungsstadium des Babys, es ist aber auch eine subtile und intime Sprache zwischen der Mutter und ihrem Kind und es ist ein stolzer und wunderbarer Ausdruck ihrer einzigartigen Fähigkeiten als Frau und Mutter.

Mit dem Stillen lernen Sie, ihrer Intuition zu vertrauen und sich sicher zu sein, dass Sie und Ihr Baby unentbehrlich füreinander sind. Gehen Sie zurück ins Berufsleben, kann das Stillen sichern, dass das Band zwischen Ihnen durch Ihre häufige Abwesenheit nicht geschwächt wird.

Berufstätigkeit – Risiko für das Bonding?

Die Bindung zwischen Mutter und Baby entwickelt sich normalerweise ohne dass die Mutter viel darüber nachdenkt: Wir werden schwanger, wir gebären, wir verlieben uns in unsere Babys, wir entscheiden uns fürs Stillen, wir werden Mütter, die harmonisch auf ihre Babys eingestimmt sind – und Voilà! Wir haben einen der wichtigsten Übergänge des Lebens geschafft, wir sind Mutter geworden.

Manchmal aber machen Frauen den Schritt von der kinderlosen Frau zur Mutter nicht wirklich. Sie haben zwar ein Baby, aber sie lassen sich nicht ganz auf die grundlegend neue Verpflichtung ein, die das Muttersein bedeutet. Schliesslich ist das Mutterwerden ein Angst auslösender, riesiger Sprung in einen neuen, alles verändernden Lebensabschnitt. Die Mutterschaft relativiert nicht nur die Leistungen in der Vergangenheit, sondern auch Zukunftspläne und –ziele und als ob das noch nicht genug wäre, muss auch die eigene Identität neu definiert werden. Die Angst, sich in dieser Flut zu verlieren, ist völlig normal.

Hinzu kommt, dass in unserer westlichen Kultur das Muttersein nicht gerade grosse Wertschätzung geniesst, vor allem nicht von so genannt erfolgreichen und karrierebewussten Menschen. Für Frauen, die ihre Selbstachtung bisher hauptsächlich aus ihrer Arbeit gezogen haben, vor allem, wenn Konkurrenz und Wettbewerbsdruck darin eine grosse Rolle spielten, kann die Rückkehr in diese Berufswelt – mit dem Etikett „Mutter" versehen – gelinde gesagt, sehr schwierig sein. Trotz der Schlüsselkompetenzen, die Mütter nachweislich entwickeln, werden sie von der Geschäftswelt oft verdächtigt, sich nicht wirklich mit ihrer Arbeit und ihrem Arbeitgeber zu identifizieren – und jede aufs Kind bezogene Tätigkeit, die während ihrer Arbeit sichtbar wird, bestätigt diesen Verdacht.

Katharine Ellison zitiert in ihrem Buch ‹The Mommy Brain: How Motherhood Makes Us Smarter› (Das Muttergehirn: Wie das Muttersein uns intelligenter macht) eine Untersuchung der Universität Princeton USA. Darin ergibt sich deutlich, dass berufstätige Frauen vor und nach dem Mutterschaftsurlaub an ihrem

Da wurde Bonding bereits vollzogen – auch mit der Erstgeborenen.

Arbeitsplatz ganz unterschiedlich wahrgenommen werden. „Wenn berufstätige Frauen Mütter werden", schreibt Ellison, „werden diesen, ohne dass sich etwas geändert hat, plötzlich ganz andere Eigenschaften zugeschrieben. Anstatt als „kompetent", betrachtet man sie nun als „warmherzig". Dies kostet sie ihre professionelle Glaubwürdigkeit und hindert sie daran, angestellt, befördert oder überhaupt beruflich unterstützt zu werden." Im Gegensatz dazu werden Männer in der Arbeitwelt dafür belohnt, wenn sie Väter werden, weil dies bei ihnen mit einem Zuwachs an Zuverlässigkeit und Solidität in Verbindung gebracht wird.

Frauen brachen in das männliche Feld der Berufstätigkeit ein, indem sie die gängigen Vorurteile widerlegten und bewiesen, dass sie diese Arbeit ebenso gut und *genau gleich* tun konnten, wie Männer. In den Siebziger und Achtziger Jahren des letzten Jahrhunderts trugen Frauen, die in der Geschäftswelt Fuss fassen wollten, sogar fast die gleichen Anzüge wie Männer. Sie vermieden es, traditionell weibliche Charakterzüge zu zeigen und bemühten sich, zu beweisen, dass sie mindestens ebenso „hart" waren und mindestens ebenso lange arbeiten konnten wie jeder Mann. Der Zutritt zur Männerwelt verlangte, so weit als möglich wie ein Mann zu werden. Wenn Frauen gleiche Chancen wollten, mussten sie sich der existierenden Norm der Arbeitswelt anpassen.

> Berufstätigkeit ist nicht gleichzusetzen mit ‹unmütterlichem› Verhalten.

Ohne Zweifel war diese weitgehende Anpassung an die Männerwelt nötig, um den Frauen überhaupt die Türen zu öffnen. Viele der Frauen, die heute gehobene Positionen in früheren Männerdomänen einnehmen, verzichteten darauf, Kinder zu haben. Sylvia Ann Hewlett schreibt in ‹Creating a Life: Professional Women and the Quest for Children› (Das Leben gestalten: Berufstätige Frauen und der Kinderwunsch), dass „diese bestens ausgebildeten Frauen Barrieren überwanden und „gläserne Decken" durchbrachen, es aber sehr schwierig, wenn nicht gar unmöglich fanden, auch noch Kinder zu haben." Bekam eine Frau dennoch Kinder, lernte sie bald, sich am Arbeitsplatz besser so zu verhalten, als hätte sie keine.

An manchen Arbeitsplätzen ist dies auch heute noch so. Eine Rechtsanwältin, die eben vom dreimonatigen Mutterschaftsurlaub zurückgekehrt war, sagte: „Ich arbeite hart daran, mich wieder als Juristin zu etablieren, nicht als Mama. Ich bin schon so weit, dass ich mich beinahe weigere, im Büro über mein Baby zu sprechen."

Bonding, Stillen und die berufstätige Mutter   Kapitel 1

In einem Bericht (1992) über Frauen in Führungspositionen ‹Breaking the Glass Ceiling› (Die gläserne Decke durchbrechen) wird Folgendes geraten: „Für Frauen ist es noch viel wichtiger, dass sie Familienleben und persönliche Beziehungen offensichtlich zurückstellen, um damit zu zeigen, dass sie ihre Arbeit ernst nehmen .... Am deutlichsten zeigen Frauen, dass sie sich mit dem Geschäft identifizieren und darin aufsteigen wollen, wenn sie alles andere, inklusive eine Familie, aufgeben."

Berufsfrau sein und nicht Mutter?

Mehr als zehn Jahre später schreibt Hewlett: „Tatsächlich scheint es heute für die Frauen zwischen 28 und 40 Jahren sogar noch schwieriger zu sein, den Spagat zwischen Karriere und Kindern zu machen, als damals für ihre älteren Schwestern." Wir arbeiten immer noch am gleichen Problem. Untersuchende der Cornell Universität USA stellten kürzlich fest, dass Arbeitgeber immer noch dazu tendieren, berufstätige Mütter als weniger kompetent, engagiert und verdienstvoll wahrzunehmen als kinderlose Frauen mit den gleichen Qualifikationen. In der 2005 publizierten Studie konnten sie zeigen, dass Bewerberinnen, die in ihrem Lebenslauf Kinder erwähnten, nur halb so oft angestellt wurden und wenn doch, zu bedeutend weniger Lohn. Arbeitgeber erwarten laut den Untersuchenden, dass „Mütter weniger engagiert bei ihrer Arbeit sind".

Es liegt mir fern, die mutigen Frauen, die für uns alle Neuland erobert haben, gering schätzen zu wollen; aber es wäre wohl ein grotesker Höhepunkt der feministischen Bewegung, wenn Frauen damit praktisch zu Männern würden. Ein wirklicher Triumph für den Feminismus wird es hingegen sein, wenn Frauen in jedem Arbeitsfeld, das sie sich wünschen, tätig sein können, ohne dafür auf die Freuden oder Verantwortlichkeiten verzichten zu müssen, die das Frau- und Muttersein mit sich bringt. Es wird ein Gewinn für unsere Gesellschaft sein, wenn Frauen öffentlich ihre Kinder nähren können, ohne damit ihre Karriere zu riskieren – wenn sie die Mutterschaft ausleben können, ohne sich dafur zu entschuldigen. Ganz bestimmt wird jedenfalls dadurch das Leben unserer Kinder besser.

Es ist das Resultat dieser Sozialen Revolution, dass neue Mütter, die ins Erwerbsleben zurückkehren, mit einer Arbeitswelt konfrontiert sind, die nicht so recht weiss, wie sie mit ihnen umgehen soll. Über die Diskussionen um Mutterschaftsurlaub und flexible Arbeitszeiten hinaus, gibt es eine andere Schwierigkeit. Zur allgemeinen Verunsicherung in unserer Kultur über Frauenrollen und das Image der Leistung kommt die jeweils persönliche Herausforderung durch den Wechsel von der Rolle der berufstätigen Frau zu derjenigen einer berufstätigen Mutter. Es ist gut nachvollziehbar, wenn eine Frau diesen Konflikt zwischen Mutterschaft und Berufsleben zu umgehen versucht und ihr Leben lieber so weiterführt, als ob das Baby, wenn überhaupt, kaum Einfluss darauf hätte. Leider wird sie wahrscheinlich herausfinden, dass sich mit dieser Haltung zwischen ihr und dem Baby eine zunehmende Distanz, eine gewisse Fremdheit entwickelt und sich beide nicht mehr so ganz wohl fühlen, wenn sie zusammen sind.

Die Distanzierung kann schon im Krankenhaus beginnen. Eine neue Mutter entschliesst sich möglicherweise, ihrem Kind von Anfang an die Flasche zu geben, weil sie vermutet, dass sie bei ihrer Rückkehr an den Arbeitsplatz ohnehin abstillen muss. Vielleicht meint sie, künstliche Nahrung sei ebenso gut wie Muttermilch und erst noch viel praktischer. Sie hat gehört, dass ihr Baby nie eine Flasche nehmen wird, wenn sie einmal anfängt zu stillen. Vermutlich denkt sie sogar, dass die Rückkehr an den Arbeitsplatz für sie und ihr Kind einfacher sein wird, wenn sie verhindert, dass ihr Baby jetzt allzu abhängig wird. Wenn sie dem Stillen überhaupt eine Chance gibt, fragt sie eventuell bereits nach einer Milchpumpe, bevor die Milch überhaupt eingeschossen ist, weil sie schon jetzt an den Tag denkt, an dem sie wieder zur Arbeit gehen wird. Vielleicht füttert sie ihrem Baby sogar die abgepumpte Milch und nimmt es kaum an die Brust.

Die gleiche Mutter akzeptiert gerne den Vorschlag der Krankenschwester, ihr Baby zwischen den Mahlzeiten im Säuglingszimmer zu lassen, so dass sie „etwas Ruhe" bekommt. Wenn sie die Pflege ihres Kindes dem Krankenhauspersonal überlässt, wird sie das Krankenhaus mit dem Gefühl verlassen, dass sie und ihr Kind sich noch kaum kennen.

Zu Hause betreut sie ihr Baby so, dass seine „Unabhängigkeit gefördert" wird. Sie hofft, dass sie es vor ihrem ersten Arbeitstag zum Durchschlafen bringt, auch wenn dies bedeutet, dass sie es schreien lassen muss. Ihr wich-

Muttersein und Berufstätigkeit endet nicht in einer Sackgasse.

tigstes Ziel während des Mutterschaftsurlaubs ist das Finden eines zufriedenstellenden Betreuungsplatzes. Vielleicht stellt sie sogar eine Kinderfrau an, bis sie eine längerfristige Betreuung sichergestellt hat. Sie beherzigt eventuell Empfehlungen, wie sie ein Ratgeber für Karrierefrauen aus den Achtzigerjahren gibt, nämlich „das Bestmögliche aus Ihrem Mutterschaftsurlaub zu machen" indem „Sie täglich zweimal im Büro anrufen und einmal pro Woche an den wichtigsten Sitzungen teilnehmen". Kurz gesagt, konzentriert sich diese Frau auf den organisatorischen Teil des Lebens als Mutter und Berufsfrau – anstatt darauf, erst einmal wirklich die Mutter ihres Babys zu werden.
Wenn der Mutterschaftsurlaub zu Ende ist und die Mutter an ihren Arbeitsplatz zurückkehrt, kommt ihr dieser wie eine vertraute Zuflucht vor. Die Arbeitsstunden laufen ab wie früher, ganz im Gegensatz zu der Zeit, die sie zu Hause mit einem kleinen Fremden verbringt. Ihre Arbeit ist gut organisiert. Sie kann eine Aufgabe beginnen und ohne Unterbrechung abschliessen. Ihre Arbeit hat vorzeigbare Resultate. Sie kann mit anderen Erwachsenen interessante Gespräche führen. Sie vermeidet es, über ihr Baby oder das Muttersein zu sprechen, da sie das Gefühl hat, wieder ein professionelles Image aufbauen zu müssen. Dass sie ein Kind hat, zeigt sich nur an einem diskret gerahmten Foto auf ihrem Schreibtisch.
Falls sie überhaupt noch stillt, versucht sie vielleicht abzupumpen; sie realisiert aber bald, dass sie mit der ausgeliehenen Pumpe nicht viel Milch gewinnen kann. Ihre Milch scheint überhaupt zurückzugehen und das Baby zieht ohnehin die Flasche vor. Sie gibt das Pumpen bald einmal auf und kurz darauf das Stillen überhaupt. Vielleicht ist sie erleichtert darüber, vielleicht auch etwas traurig, aber alle (ihr Arzt/ihre Ärztin, andere berufstätige Mütter und auch ihre Verwandten) hatten ihr ja schon vorher prophezeit, dass es wahrscheinlich so kommen würde.
Die Fähigkeiten, die die Frau zu einer guten Arbeitskraft machen, nützen ihr zu Hause wenig. Sie verlässt sich immer mehr auf die Ratschläge, die ihr die Betreuerin ihres Kindes gibt und beginnt zu denken, dass sie sich wahrscheinlich vom Temperament her einfach nicht so zur Mutter eignet. Vielleicht ist es ja wirklich besser, wenn sie die Kinderbetreuung den Fachleuten überlässt. So erklärt eine Mutter: „Ich bedaure es nicht, berufstätig zu sein und zwar aus folgenden Gründen: Erstens zeige ich damit meinem Sohn, dass Erwachsene arbeiten müssen und zwar Frauen ebenso wie Männer, zweitens bin ich für Kinderbetreuung nicht ausgebildet und ich will schliesslich nur das Beste für mein Kind." Obwohl diese Mutter ihr

Kind bestimmt ebenso liebt wie andere Eltern, glaubt sie nicht an ihre Kompetenz als Mutter. Ausserdem ist ihr die Bewunderung ihrer Berufsgenossinnen und der übrigen Gesellschaft sicher – sie gehört schliesslich zu diesen erstaunlichen Superfrauen, die Familie und Beruf vereinbaren können, ohne dass sich auch nur eine Strähne in ihrer Frisur löst – und das bestätigt sie in ihrer Entscheidung, die Kinderpflege zu delegieren.

Unsichtbar bleibt dabei die Distanz, die sich zwischen einem Baby und einer Mutter entwickelt, die nicht an ihre eigenen Fähigkeiten glaubt, ihr Kind nähren und für es sorgen zu können – eine Distanz, die weder für sie noch für ihr Kind gut ist, ihr aber erlaubt, ihr Leben so weiter zu führen, als ob sich nichts geändert hätte. Ihr Baby wächst und entwickelt sich, wie von der Natur vorgesehen, aber sie selbst entwickelt sich als Mutter nicht weiter. Sie findet es schwierig, herauszufinden, weshalb es schreit und wie man es beruhigen kann. Wenn es grösser wird, kommt es häufig zu Zusammenstössen und sie sucht den Rat von Freunden und Experten für den Umgang mit ihrem „Problemkind". Sie und ihr Kind lieben sich zwar sehr, aber sie können nicht wirklich etwas miteinander anfangen.

Das Problem der Berufstätigkeit der Mutter ist nicht so sehr eine Frage der Anzahl der Stunden, die sie vom Kind getrennt ist, sondern dass die Berufstätigkeit dazu führen kann, dass das Leben der Mutter und das ihres Kindes auf völlig separaten Schienen – mit unterschiedlicher Geschwindigkeit und in entgegengesetzter Richtung – verlaufen. Berufstätigkeit, vor allem wenn es eine Arbeit ist, die verlangt, dass die Mutter täglich ihr Engagement demonstriert, kann dazu führen, dass die Mutter zwei zusammen konkurrierende, unvereinbare Leben führt. Das Risiko der mütterlichen Berufstätigkeit kommt nicht von der Abwesenheit der Mutter, sondern von den Erwartungen am Arbeitsplatz.

> **Wenn Sie sich zunächst ganz auf das Kind einstellen, wird manches leichter.**

Allzu oft muss eine Frau ihr Muttersein verborgen halten, um in ihrer Rolle als Berufstätige glaubwürdig zu bleiben. So wird sie bald einmal zwei völlig voneinander getrennte Leben führen. Die Mühe, die es kostet von einer Rolle zur anderen zu wechseln, kann mit der Zeit dazu führen, dass eine der beiden die Überhand bekommt. Für manche Frauen dominiert das Leben mit dem Baby und die Berufstätigkeit kommt auf den zweiten Platz. Diejenigen, die die Möglichkeit haben, arbeiten weniger oder hören für einige Jahre ganz auf. Für andere dominiert der Beruf und das Muttersein kommt auf den zweiten Platz. Diese Mütter haben Mühe, sich in ihrem Muttersein zu entwickeln und gehen emotionell auf Distanz zu ihrem Baby.

Einige glückliche Frauen finden einen Weg, ihre Rollen zu einer Identität zu verbinden, die beide Teile ihres Lebens einschliesst. Gemeinsam haben diese Frauen, dass sie sich für keinen dieser Teile entschuldigen wollen.

Entwicklungspsychologen sind beunruhigt über den Einfluss einer Art von Berufstätigkeit, die Frauen zwingt, ihr Engagement auf Kosten der Mutterschaft zu beweisen.

Mama?
Ich bin da!

Nach Dr. Michael Bulmash, einem klinischen Psychologen in Gramford, Connecticut, haben wir „eine Generation von Müttern hervorgebracht, die die Fähigkeit verloren hat, Bedürfnisse und Signale ihrer Kinder zu verstehen". Natürlich gibt es in jeder Generation Mütter, die ihre Kinder verstehen und solche, die dies nicht tun, doch die Sorge, dass sozialer und ökonomischer Druck uns von unseren Kindern entfremdet, ist sehr wohl begründet.

Untersuchungen über berufstätige Mütter und deren Bindung an ihre Kinder ergeben unzählige widersprüchliche und schwierig zu interpretierende Ergebnisse. Sicher ist, dass berufstätige Mütter seltener stillen. Eine Studie des Bendheim Thoman Center for Research on Child Wellbeing der Universität Princeton USA ergab, dass Mütter, die im Jahr nach der Geburt wieder berufstätig sein wollen, mit 15 % geringerer Wahrscheinlichkeit stillen, als andere. Häufig fangen sie überhaupt nicht damit an, weil sie dabei Schwierigkeiten erwarten, wenn sie ihre Arbeit wieder aufnehmen. Mit relativ grosser Wahrscheinlichkeit stillten die berufstätigen Mütter in dieser Studie im Monat vor oder nach der Wiederaufnahme der Arbeit ab. Wenn aber das Stillen wirklich eine so grosse Rolle dabei spielt, dass eine Mutter lernt, die Bedürfnisse und Signale ihres Kindes zu verstehen, dann wird der Verlust der Stillbeziehung in dieser Situation einen weitreichenden Einfluss haben.

Wenn wir uns jedoch des gesellschaftlichen Druckes bewusst werden, der uns dazu bringen will, unser Muttersein an die zweite Stelle zu setzen oder möglichst zu verbergen, dann können wir auch etwas dagegen tun. Sie *können* ihrem Baby trotz den beruflichen Anforderungen nahe bleiben. Stillen ist ein wichtiges Hilfsmittel auf diesem Weg. Es hilft Ihnen, die

Kapitel 1 Bonding, Stillen und die berufstätige Mutter

Einzigartigkeit Ihres Babys zu sehen und seine Bedürfnisse zu verstehen, so dass Sie sich zusammen mit ihm auch als Mutter entwickeln.

Ausser Haus zu arbeiten, heisst nicht, dass Sie unweigerlich weniger auf Ihr Baby eingestimmt sind, als Mütter, die zu Hause bleiben. Um dieses Risiko auszuschalten, braucht es aber Wissen über mögliche Schwierigkeiten, Einfühlung und Verständnis für das Baby und seine Bedürfnisse.

Um die Gefahr der Entfremdung von Müttern und Babys gering zu halten, braucht es auch ein Umdenken in unserer Gesellschaft über Arbeit und Elternschaft. Die mangelnde Unterstützung von Eltern im Allgemeinen und die traurigen Konsequenzen daraus, wurden von verschiedenen Untersuchenden gut dokumentiert. Sylvia Ann Hewlett und Cornel West schrieben darüber 1998 das Buch ‹The War Against Parents› (Der Krieg gegen die Eltern). Die Kluft zwischen einer idealisierten Mutterschaft und der Unterstützung für die Realität einer wirklichen Mutter ist besonders gross bei berufstätigen Müttern. Gunn Johannsson, Professor für Arbeitspsychologie an der Universität von Stockholm, verglich das Leben von Managerinnen in Schweden und im früheren Westdeutschland. Diese zwei Länder sind in mancher Hinsicht vergleichbar; Schweden stellt jedoch allen Familien ein breites Angebot zur Verfügung, wie einen ausgedehnten Mutterschaftsurlaub und sehr gute Kinderbetreuungsmöglichkeiten, während dies in Deutschland nicht in diesem Masse ausgebaut ist. In Schweden haben die meisten Managerinnen mindestens zwei Kinder, im Gegensatz zu Deutschland, wo diese meist alleinstehend und kinderlos sind. Johannsson schliesst daraus, dass deutsche Frauen mit Kindern sich vor die Wahl gestellt fühlen, entweder berufstätig zu sein und ihre Familien zu vernachlässigen oder eben ausschliesslich für die Familie da zu sein. Schwedinnen hingegen betrachten es als ihr Recht, beide Rollen zu vereinbaren.

> Stillen hilft, dem Kind auch bei Erwerbstätigkeit nahe zu sein.

In den USA hängen die Möglichkeiten der Frauen mehr vom Goodwill privater Firmen ab, als von politischen Entscheiden. Wenn Arbeitgeber ihren Angestellten, die auch Eltern sind, entgegenkommen, dann haben diese als Eltern wie auch als Berufstätige bessere Chancen. Ein zu kurzer, unbezahlter Mutterschaftsurlaub und lange, unflexible Arbeitszeiten sind bekannte Hinderungsgründe für die Vereinbarkeit von Beruf und Familie. Wie gut eine Frau die Rollen als Mutter und Berufsfrau vereinbaren kann, hängt deshalb meistens davon ab, welche Art Arbeit sie tut und wo sie angestellt ist.

Berufstätige Frauen in der Geschichte

Was sollen wir also tun? Unser Leben einer interessanten Karriere widmen und dafür die harmonische Beziehung zu unseren Kindern opfern? Unsere Arbeit aufgeben, um eine „gute" Mutter zu sein und glückliche Kinder aufzuziehen?

Frauen, die die zweite Variante wählen, denken oft, sie füllten damit eine traditionelle Rolle aus. Die Wahrheit ist aber, dass Frauen immer gearbeitet haben. In Jäger- und Sammlergesellschaften, auch in der Landwirtschaft, war die Arbeit von Frauen – nicht nur die Pflege und Fürsorge für Kinder – über Jahrtausende hinweg für das Überleben der Familie und der Gemeinschaft unentbehrlich. In den meisten Teilen der Erde ist dies auch heute noch so. Ausserhalb der hoch industrialisierten Länder, müssen 90 % aller Frauen für ihren eigenen Unterhalt und den ihrer Familien arbeiten. 40 % aller Landwirte der Welt sind Frauen. Wo sind ihre Kinder während sie arbeiten? Ihre Babys tragen sie in Tragevorrichtungen mit sich, während die älteren Kinder nebenher wackeln oder später mithelfen so gut sie können. Die Mutter macht hin und wieder eine Pause, um zu stillen und arbeitet dann weiter, während das Kind neben ihr spielt oder auf ihrem Körper einschläft – eingelullt durch die gleichmässigen Bewegungen. Vielleicht ist auch eine Grossmutter oder eine andere Verwandte da, die auf eine Gruppe von Kindern aufpasst, während die Mutter ihrer Arbeit nachgeht. Wenn die Kinder älter werden, helfen sie bei der Arbeit, sie haben ja schon früh gesehen, was getan werden muss und wie man es tut. Irenäus Eibl-Eibesfeldt, ein Ethnologe, der in der ganzen Welt Stammesgesellschaften studiert hat, weist darauf hin, dass solche Frauen mindestens 40 Stunden pro Woche hart arbeiten. Diese Mütter wären sehr erstaunt, zu hören, dass es sich gegenseitig ausschliesst, wirtschaftlich produktiv und Mutter kleiner Kinder zu sein.

Auch im Westen wäre es durch den grössten Teil der Geschichte hindurch für die meisten Frauen undenkbar gewesen, dass sich Arbeit nicht mit Kinderbetreuung vereinbaren lässt. Gärten, Textilverarbeitung und Viehzucht waren bis in die Mitte des 19. Jahrhunderts die Basis der Heimindustrie. Ein faszinierendes Zeugnis über die Arbeit von Frauen ist das Buch ‹The Midwife's Tale: The Life of Martha Ballard, Based on Her Diary 1785-1812› von Laurel Thatcher Ulrich. Martha Ballard war Mutter von neun

„Mami schafft im Laden."

Kapitel 1   Bonding, Stillen und die berufstätige Mutter

Kindern und half als Hebamme 816 Babys auf die Welt. Ihr Tagebuch dokumentiert das Leben von Frauen im Amerika des 18. und 19. Jahrhunderts, die sich, wie Generationen vor ihnen, ihren Unterhalt verdienten, während sie ihre Kinder aufzogen. Martha und andere Frauen in ihrer Gemeinschaft hielten sich ihre eigenen Haushaltungsbücher, in denen sie ihre getätigten Geschäfte in Waren oder Dienstleistungen aufzeichneten. Die Herstellung von Heilmitteln, Textilien und Gartenprodukten war Teil einer breiten und häufig unsichtbaren lokalen Ökonomie, die von Frauen verwaltet wurde, wie Ulrich schreibt. Diese Frauen bauten an und konservierten, sodass die Lebensmittel von einer Ernte bis zur nächsten reichten und sie arbeiteten bestimmt ebenso hart wie wir heute. Im Gegensatz zur Gegenwart, verlangte ihre Arbeit jedoch nicht von ihnen, sich von ihren Kindern zu trennen oder ihre Identität als Mutter zu unterdrücken. Traditionelle Frauenarbeit liess sich gut mit dem Aufziehen von Kindern vereinbaren.

Die industrielle Revolution veränderte zuerst nur den Ort, an dem die Arbeit der Frauen getan wurde. Als die Industrie vom Haus in die Fabrik umzog, kamen sowohl Frauen wie Kinder mit. Dies war für die Kinder natürlich eine Katastrophe, da sie dort unter härtesten und oft gefährlichen Bedingungen mitarbeiteten, bis die Gesetze gegen Kinderarbeit gemacht wurden. Mit der Zeit wurden die meisten Fabriken Arbeitsstätten für Männer, während die Frauen zu Hause blieben, Kinder aufzogen, den Garten bestellten, kochten und nähten. Diese häuslichen Tätigkeiten verloren mit der Zeit ihre ökonomische Bedeutung und dadurch auch ihre Wertschätzung und wurden auf den trivialen Status von Hobbys zurückgestuft. Während des zweiten Weltkrieges mussten viele Frauen berufstätig sein, um die eingezogenen Männer zu ersetzen. Nach Kriegsende wurden sie aber wieder nach Hause geschickt, um den zurückgekehrten Soldaten Platz zu machen. Erst in den späten vierziger und fünfziger Jahren wurde also die exklusive Rolle der Frauen als Ehefrauen und Mütter zum kulturellen Ideal erhoben.

Genau wie heute war dieses Ideal aber schon damals nur für Frauen möglich, deren Ehemänner genug verdienten, um eine Familie zu unterhalten. In ärmeren Verhältnissen oder wenn sie allein

Stillstube einer Fabrik um 1911

erziehend waren, hatten Frauen nie die Wahl Vollzeitmütter und -hausfrauen zu sein. Diese Frauen mussten immer Arbeit und Familie vereinbaren; sie entschuldigten sich für keinen der Bereiche und taten in beiden ihr Möglichstes.

Die Phase, in der von Müttern erwartet wurde, wirtschaftlich unproduktiv zu sein und sich völlig den Kindern und dem Haushalt zu widmen, war nur eine kurze Episode in der Geschichte. Heute ist diese Zeit vorbei; ein grosser Teil der Mütter mit Kindern unter einem Jahr arbeitet ausser Haus. Das Bild der „traditionellen" Familie – ein berufstätiger Vater, eine zu Hause beschäftigte Mutter und ein oder mehrere Kinder – stimmt heute nur noch für einen geringen Anteil der Haushalte. Trotzdem lebt die Vollzeithausfrau als Ideal weiter und verbreitet Schuldgefühle unter Frauen, die weder diesem Ideal noch demjenigen der Karrierefrau genügen können.

Wer es sich leisten konnte, ging zurück an den Herd.

Mütter sind heute wieder berufstätig. Neu daran ist nur die Trennung von Mutter und Kind bei der Arbeit. Und wenn wir in traditionell männlich geprägten Berufsfeldern arbeiten, werden wir nicht nur körperlich von unseren Kindern getrennt, es wird auch von uns erwartet, dass wir uns emotional von ihnen distanzieren.

Und in Zukunft?

Heutige Familien haben sich noch immer nicht erholt von den Auswirkungen dieser fundamentalen Änderungen in unserer Lebensstruktur. Unsere Entwicklung – körperlich, sozial und instinktmässig – dauerte ungefähr hunderttausend Jahre. In einem winzigen Bruchteil unserer menschlichen Existenz, haben wir mehr oder weniger alle unsere sozialen Strukturen auf den Kopf gestellt und die meisten unserer bewährten instinktiven Kenntnisse verschütten lassen. Wir sind dabei, uns als menschliche Wesen neu zu definieren. Es ist, als ob wir das ganze Kartenspiel in die Luft geworfen hätten – und die Karten regnen nun bunt durcheinander auf die Köpfe von Eltern und Kindern, die als einzige konstante soziale Einheit aus den Anfängen der menschlichen Existenz übrig geblieben sind.

Kapitel 1   Bonding, Stillen und die berufstätige Mutter

Wie können wir wieder zu uns selbst kommen, das kulturelle Treibgut abschütteln und Methoden finden – alte oder neue – die uns wirklich dabei helfen, wenn wir gebären, Kinder aufziehen und nützliche, befriedigende Arbeit leisten? Dieses Buch untersucht einige dieser Methoden – darunter vor allem das Stillen, die bewährteste, effizienteste und erfolgreichste Art für unsere Babys zu sorgen, während wir unser Leben weiterführen.

Warum Stillen wichtig ist

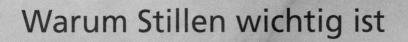

Kapitel 2

Warum Stillen wichtig ist

Trotz aller Beweise geht die Diskussion weiter: Macht es wirklich einen Unterschied, ob ein Baby gestillt oder mit künstlicher Nahrung gefüttert wird? Die Antwort ist eindeutig Ja. Keine geringere Autorität als die American Academy of Pediatrics (Amerikanische Vereinigung der Kinderärzte/-ärztinnen) gab 2005 folgende Erklärung zum Stillen ab: „Vor allem in den letzten Jahren ergaben breit abgestützte Untersuchungen, dass das Stillen viele entscheidende Vorteile hat – sowohl für das Kind und die Mutter, als auch für Familie und Gesellschaft im Gesamten. Positive Auswirkungen sind bekannt für die Bereiche Gesundheit, Ernährung, Immunologie, Entwicklung, Psychologie, Gesellschaft, Ökonomie und Ökologie."

Obwohl es also viele gute Gründe für das Stillen gibt, ist wahrscheinlich einer der wichtigsten die Zusammensetzung der Muttermilch. Muttermilch enthält Nährstoffe, die eine optimale Ernährung des Babys garantieren und seine Gesundheit auf vielfältige Weise schützen – bis weit in die Zukunft. Viele dieser Bestandteile werden durch die Säuglingsnahrungsindustrie nie kopiert werden können.

Früher wurde angenommen, dass gestillte Kinder nur deshalb seltener an Infektionen leiden, weil Milch direkt aus der Brust kaum mit Keimen verunreinigt werden kann. Da künstliche Säuglingsmilch mit Wasser vermischt und in eine Flasche abgefüllt werden muss, dann durch einen Sauger fliesst, vielleicht stehen gelassen und später nochmals verabreicht wird, besteht natürlich ständig die Gefahr, dass sich Bakterien vermehren. Aber auch Säuglinge, die ihre Flasche unter den besten hygienischen Bedingungen bekommen, haben häufiger Hirnhautentzündungen, Durchfälle, Harnwegsinfektionen, Ohren- und Atemwegsinfektionen als gestillte Kinder. Es braucht also eine andere Erklärung dafür, dass nicht gestillte Kinder krankheitsanfälliger sind.

«Spielt es wirklich eine Rolle, ob ich mein Baby stille oder nicht?»

Kapitel 2 Warum Stillen wichtig ist

Heute liefern Laboruntersuchungen Bände von Beweisen, dass Muttermilch – neben anderen gesundheitlichen Vorteilen – Babys gegen Infektionen schützt. Wissenschaftler/innen sind fasziniert von den Eigenschaften der menschlichen Milch. Mit jeder neuen Entdeckung vergrössert sich ihre Hochachtung vor der Perfektion dieses natürlichen Systems für die Ernährung des Säuglings. Berufstätige Mütter, die während der Mittagspause in Büros oder anderswo ihre Milch abpumpen, tun dies, weil auch sie wissen, dass ihre Milch durch nichts anderes zu ersetzen ist.

Immunologische Eigenschaften der Frauenmilch

Alle Säugetiere ernähren ihre Jungen mit Milch, aber genauso wie eine Maus sich von einem Elefanten unterscheidet, eine Katze von einem Känguru und eine Frau von einer Kuh, ist die Milch jeder Gattung ganz anders zusammengesetzt. Pferde und Kühe produzieren Milch, die schnelles Knochen- und Muskelwachstum fördert – für Jungtiere, die sofort nach der Geburt imstande sein müssen, zu stehen, zu gehen und zu rennen. Die sehr fetthaltige Milch von Walen hilft dem jungen Wal sein Gewicht in wenigen Wochen zu verdoppeln und der eisigen Kälte des Meeres zu trotzen. Die Milch von Primaten – einschliesslich des Menschen – fördert das schnelle Wachstum des Gehirns.

Neugeborene Säuger können zwar im Notfall manchmal auch mit der Milch einer anderen Art zurechtkommen. Schweine haben zum Beispiel schon Kätzchen gesäugt und Katzen junge Schweinchen. Obwohl diese damit überleben können, bekommen sie dabei nicht die optimale, auf ihre Bedürfnisse zugeschnittene Nahrung. Dies spielt vor allem dann eine wesentliche Rolle, wie Karen Pryor in ihrem Buch ‹Nursing Your Baby› sagt, wenn die Arten sehr unterschiedlich sind, wie dies bei Menschen und Kühen der Fall ist.

> «Die Probleme sind gross, wenn Milch von Huftieren für die Ernährung von menschlichen Säuglingen verändert werden muss – eine viel bessere Möglichkeit wäre das Melken von Gorillas.»
>
> Karen Pryor

Aus welchen Bestandteilen besteht also „massgeschneiderte" Muttermilch? Sie ist erstens etwas Lebendiges: Frisch aus der Brust, enthält sie eine Million lebender Zellen pro Milliliter (etwa ein Drittel eines Teelöffels). Kolostrum, die honigfarbene Flüssigkeit, die das Baby in den ersten Lebenstagen bekommt, enthält sogar bis zu sieben Millionen lebender Zellen pro Milliliter. Die mütterliche

Plazenta und ihr Blut ernährten und beschützten das Baby vor der Geburt – die Brust, das Kolostrum und die Muttermilch sind dafür da, die gleiche lebenswichtige Funktion nach der Geburt zu erfüllen. Die meisten der lebenden Zellen in der Frauenmilch sind Leukozyten, wie die so genannten weissen Blutkörperchen im Blut. Diese Zellen suchen und vernichten fremde Bakterien auf der Oberfläche von Babys Verdauungsorganen und in seinem Gewebe. Kolostrum, die Vormilch, ist voll von Leukozyten, deshalb ist Ihr Baby von Geburt an geschützt gegen das Coxsackie B Virus, gegen Salmonellen, Streptokokken, Pneumokokken und die besonders gefährlichen Kolibakterien. Jeder Schluck Kolostrum oder reife Muttermilch enthält eine kleine Armee von Leukozyten und Makrophagen, die schädliche Keime suchen und zerstören. Obwohl die grösste Anzahl dieser Zellen gleich nach der Geburt produziert wird, bleiben

Jeder Schluck schützt.

sie in wirksamer Menge während des ganzen ersten Jahres und länger erhalten. Tatsächlich erhöht sich der Lysozymspiegel (ein Enzym, von Leukozyten produziert, das die Zellwände von pathogenen Keimen auflöst und in Muttermilch in 5000-mal höherer Konzentration als in Kuhmilch vorkommt) während sechs Monaten nach der Geburt und bleibt dann während mindestens zwei Jahren Stillzeit auf diesem Niveau.

Dank dieser „Armee" von antiinfektiösen Zellen, ist die Frauenmilch eine viel stabilere Substanz als pasteurisierte Kuhmilch oder künstliche Säuglingsmilch. Wenn ein Behälter mit Frauenmilch in einem warmen Raum für einige Stunden offen stehen gelassen wird, hat es anschliessend darin wahrscheinlich sogar *weniger* Bakterien als am Anfang. Die schützenden Zellen haben nämlich unterdessen die Zeit dafür verwendet, pathogene Keime zu suchen und zu vernichten. Diese Zellen können sogar das Einfrieren der Milch überleben, wenn dies korrekt gemacht wird. Sie setzen ihre Arbeit einfach später fort, wenn die Milch aufgetaut wird. Sie überleben allerdings nicht das Erwärmen, auch nicht Mikrowelle und Pasteurisieren – und sie können nicht künstlich hergestellt werden.

In der Frauenmilch wimmelt es auch von Immunoglobulinen. Es gibt grundsätzlich fünf Typen von Immunoglobulinen und alle fünf sind in der Frauenmilch vorhanden. Der in grösster Menge vorkommende ist das Sekretorische IgA. In der Brust hergestellt, binden sich IgA Moleküle

Kapitel 2 — Warum Stillen wichtig ist

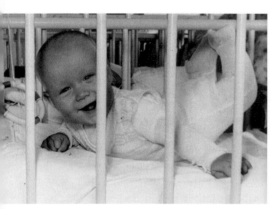

Gestillt hat jede Generation gut lachen.

an pathogene Keime, die ihren Weg in Babys Magen und Verdauungsorgane gefunden haben und hindern sie daran, in das Gewebe einzudringen, das den Verdauungstrakt auskleidet. In den ersten Monaten sind Babys Verdauungsorgane noch sehr durchlässig; sie lassen fremde Moleküle und Proteine bis ins Blut durch, wo sie Infektionen und Allergien bewirken können. IgA schützt und kleidet diese verwundbaren Oberflächen aus.

Babys beginnen erst mit sechs bis neun Monaten selbst Sekretorisches IgA zu produzieren, bis dahin ist die Muttermilch die einzige Quelle für diesen Schutz.

Sekretorisches IgA unterstützt auch die Wirksamkeit der Antikörper, die Ihr Körper produziert und durch die Milch dem Baby zukommen lässt. Diese Antikörper passen genau auf die Pathogene, die in Ihrer (und Babys) Umgebung vorkommen. Wann immer Sie etwas Problematisches einnehmen, einatmen oder auf andere Art damit in Kontakt kommen, produziert Ihr Immunsystem die entsprechenden Antikörper, die diesen speziellen Keim bekämpfen. Die Kollektion von Antikörpern, die Sie Ihrem Baby durch Ihre Milch weitergeben, schützt es also genau vor denjenigen Keimen, mit denen es in Berührung kommt. Leider verursachen Antikörper Entzündungen, wenn sie Krankheitskeime umgeben und bekämpfen und diese können das empfindliche Gewebe der Lunge und des Verdauungskanals angreifen. Sekretorische IgA Moleküle schwächen diesen Prozess ab und unterstützen die Antikörper dabei, Infektionen abzuwehren, ohne schädigende Entzündungen auszulösen.

Es gibt aber noch andere antiinfektiöse Elemente in der Frauenmilch, die dazu beitragen, Ihr Baby gesund zu erhalten. Der Bifidus Faktor fördert das Wachstum eines wichtigen Organismus, des Lactobazillus bifidus, der schädliche Organismen verdrängt. Diese gutartige Darmflora ist der Grund, dass der Stuhl von gestillten Kindern nicht übel riecht, wie derjenige von mit Muttermilchersatz ernährten Kindern. Lactoferrin, ein Protein, das in der Kuhmilch nicht vorkommt, begrenzt das Wachstum von Bakterien, (Staphylococcus aureus) indem es das Eisen bindet, von dem sich dieser ernährt und dessen Verdauung von Kohlehydraten stört. Ähnliches macht ein anderes Protein, das die Vermehrung von Vitamin B12 benötigenden

Bakterien verhindert, indem es dieses bindet. Interferon, das in grosser Menge im Kolostrum vorhanden ist und auch in reifer Milch noch vorkommt, ist ein bekannter antiviraler Wirkstoff. Fettsäuren, die in Muttermilch vorkommen, beschädigen die Membranen von gewissen Viren, wie Windpocken und schützen Babys wahrscheinlich gegen Parasiten des Verdauungstraktes wie Giardia lamblia und Entamoeba histolytica, die die Amöbenruhr verursachen. Fibronectin, ein weiteres Protein, verbessert die Fähigkeit von weissen Zellen Pathogene aufzuspüren. Dieses Protein hilft auch Entzündungen zu minimieren; man vermutet sogar, dass es Gewebe repariert, das von Entzündungen beschädigt wurde. Studien belegen, dass zahlreiche Hormone und Proteine in Kolostrum und reifer Milch dafür verantwortlich sind, dass das Immunsystem von gestillten Kindern schneller reift, als dasjenige von nicht gestillten Säuglingen. Dies ist wahrscheinlich der Grund, dass gestillte Kinder nach einer Impfung höhere Mengen an Antikörpern produzieren.

Die Untersuchenden sind immer wieder fasziniert von den Inhaltsstoffen der Frauenmilch und forschen weiter über deren Bedeutung für eine lebenslange Gesundheit. Mit Sicherheit kann schon jetzt gesagt werden, dass weitere Entdeckungen folgen werden. Längst ist bewiesen, dass Muttermilch Babys viel mehr gibt als nur Nährstoffe. In umfassender Weise schützt Stillen Babys solange, bis ihr eigenes Immunsystem fähig ist, unabhängig von der Mutter zu funktionieren.

Der Nährwert des Stillens

Natürlich ist die vordringlichste Aufgabe der Muttermilch, das Baby zu nähren. Frauenmilch besteht aus einer Lösung von Proteinen, Zucker und Salzen und verschiedensten Fetten. Sie enthält alle notwendigen Nährstoffe und genügend Flüssigkeit von der Geburt bis zum Alter von sechs Monaten und garantiert auch nach dem Einführen von Zusatznahrung eine konstante, gut verdauliche Quelle essentieller Vitamine, Proteine, von Kohlenhydraten, Cholesterin und Spurenelementen.

Anders als künstliche Säuglingsnahrung, ist Muttermilch von Frau zu Frau unterschiedlich, von Woche zu Woche und sogar manchmal von einer Stunde zur anderen. Die Änderungen entsprechen dem wechselnden Appetit und den Bedürfnissen des grösser werdenden Babys. Die Milch von Müttern frühgeborener Babys hat zum Beispiel einen viel höheren Proteingehalt als bei Müttern mit termingerecht geborenen Kindern.

> Bis heute konnte Muttermilch mit allen ihren Vorteilen noch nicht identisch nachgebildet werden.

Fett macht 40 bis 50 % der Kalorien in Muttermilch aus. Obwohl viele Erwachsene auf möglichst geringen Fettgehalt ihrer Nahrung achten, ist Fett äusserst wichtig für Babys; es verschafft ihnen die nötige Energie, die sie für ihr schnelles Wachstum benötigen. Das Fett in der Muttermilch beinhaltet Triglyzeride, die speziell leichtverdaulich sind und Prostaglandine. Obwohl deren Funktion noch nicht vollständig geklärt ist, nimmt man an, dass Prostaglandine viele wichtige physiologische Prozesse beeinflussen.

Die Fettmenge in der Frauenmilch hängt von verschiedenen Faktoren ab. Milch wird im Laufe der Mahlzeit fetthaltiger, sodass das Baby am Ende der Mahlzeit die reichhaltigste Milch bekommt. Auch die Tageszeit spielt eine Rolle, der Fettgehalt ist normalerweise in der Mitte des Vormittags und am frühen Nachmittag am höchsten. Berufstätige Mütter, die zu diesen Zeiten abpumpen, können also besonders reichhaltige Mahlzeiten für den nächsten Tag bereitstellen.

In letzter Zeit wurden Untersuchungen über die Rolle von Fett, insbesondere der Fettsäuren DHA und AA, in der Muttermilch gemacht. Besonders interessierte der Zusammenhang mit der Gehirnentwicklung. Obwohl zahlreiche Studien zeigen, dass gestillte Kinder mit acht Jahren durchschnittlich einen um fünf bis acht Punkte höheren IQ aufweisen als mit Muttermilchersatz ernährte, wurde die Vermutung geäussert, dass dieser Unterschied anderen Faktoren zuzuschreiben sein könnte: In unserer westlichen Kultur stillen häufiger gut gebildete Frauen und dies würde sich auch auf den IQ der Kinder auswirken. Ausserdem bewirken die Stillhormone bei der Mutter ein grösseres Bedürfnis nach Körperkontakt zu ihrem Kind und auch dies fördert die Intelligenzentwicklung.

Im Gegensatz zu dieser Meinung stehen Ergebnisse von Untersuchungen an Frühgeborenen, die Muttermilch aus der Flasche bekamen. Obwohl sie nie an der Brust ernährt wurden, hatten diese Kinder eine höhere Punktzahl bei späteren Intelligenztests, als eine Kontrollgruppe von Frühgeborenen, die Ersatzpräparate bekamen.

Auch weitere Studien deuten darauf hin, dass der statistisch erwiesene höhere IQ von gestillten Kindern einen direkten Zusammenhang mit der Muttermilch hat. Eine Studie fand signifikante Unterschiede bei der kognitiven (Gedächtnis, Problemlösefähigkeit, Sprachkompetenz) und der visuellen Entwicklung zwischen Babys, die mit gewöhnlicher Säuglingsnahrung gefüttert wurden und solchen, die angereicherte Nahrung (Fettsäuren DHA und AA) bekommen hatten. Diese Unterschiede sind auch vorhanden, wenn nicht gestillte mit gestillten Kindern verglichen werden, sogar wenn die Ersatznahrung mit DHA und AA angereichert wurde. Die gestillten Babys zeigen bessere kognitive und visuelle Leistungen, als diejenigen, die angereicherte Nahrung bekamen.

Untersuchungen, die auch die Dauer der Stillzeit berücksichtigen, ergeben, dass die Punktwerte der Intelligenztests und die späteren Schulleistungen umso besser sind, je länger gestillt wurde. Diese Ergebnisse entsprechen den Erwartungen des gesunden Menschenverstands: Das menschliche Gehirn wächst am schnellsten in den ersten zwei Lebensjahren. Muttermilch unterstützt dieses Wachstum optimal, so wie es auch jeden anderen Aspekt der kindlichen Entwicklung fördert.

Babys brauchen auch Cholesterin und bekommen sie durch die Muttermilch in der richtigen Menge. Im Gegensatz dazu hat es wenig Cholesterin in Kuhmilch und in künstlicher Säuglingsnahrung kommt es sogar nur in Spuren vor. Das Baby braucht Cholesterin für sein schnell wachsendes Nervensystem. Obwohl gestillte Kinder als Säuglinge einen überdurchschnittlich hohen Cholesterinspiegel aufweisen, ist dieser im Erwachsenenalter tendenziell unter dem Durchschnitt. Mehrere Untersuchungen an Jugendlichen und Erwachsenen lassen vermuten, dass das Stillen einen lebenslang niedrigeren Cholesterinspiegel und ein gesundes Kreislaufsystem fördert.

Die wichtigste Zuckerart in der Frauenmilch ist die Laktose. Diese ist in Frauenmilch in weit höherer Menge vorhanden als in jeder Tiermilch. Frauenmilch enthält 20 bis 30 % mehr Laktose als Kuhmilch, deshalb schmeckt sie auch viel süsser. Laktose fördert das Wachstum von gutartigen Bakterien im Verdauungstrakt des Babys, hält das Wachstum von schädlichen Bakterien unter Kontrolle und hat zahlreiche andere Schutzfunktionen. Laktose unterstützt die Kalziumabsorption, die für das Wachstum der Knochen wichtig ist und wird zerlegt, um Galaktose zu produzieren, einen essentiellen Nährstoff für die Entwicklung des Gehirns. Die Forschung zeigt eine Gesetzmässigkeit bei allen Säugetieren: Je grösser das Gehirn, desto mehr Laktose in der

So gut!

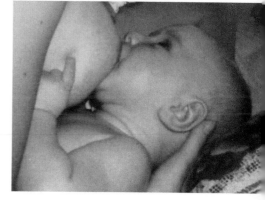

betreffenden Milch. Da Muttermilch viel mehr Laktose enthält als künstliche Säuglingsnahrung aus Kuhmilch, haben gestillte Kinder auch hier wichtige Vorteile.

Verschiedene Tierarten wachsen in unterschiedlichem Tempo und dies hängt offensichtlich mit der Menge an Proteinen in der Milch jeder Art zusammen. Menschen wachsen langsamer als andere Säugetiere und Frauenmilch enthält am wenigsten Protein. Kälber wachsen schnell und Kuhmilch (und die künstliche Säuglingsnahrung, die daraus hergestellt wird) hat einen hohen Gehalt an Protein. Die wichtigsten Proteine in Frauen- und Kuhmilch sind Kasein und Molke; während aber Kuhmilch 80 % Kasein und 20 % Molke enthält, überwiegt der Molkenanteil in der Frauenmilch. Mit ihrem geringen Kaseingehalt gerinnt die Frauenmilch zu kleinen, weichen, fast flüssigen Flocken, die leicht verdaulich sind und eine kontinuierliche Nährstoffzufuhr gewährleisten. Im Gegensatz dazu gerinnt die Kuhmilch mit ihrem hohen Kaseingehalt zu einer zähen gummiartigen Masse, die bei der Verarbeitung viel Energie benötigt und trotzdem nicht vollständig verdaut werden kann. Die veraltete Empfehlung, dass Babys (ob gestillt oder nicht) im Vierstundenrhythmus gefüttert werden sollten, kommt wahrscheinlich daher, dass es ungefähr diese Zeit braucht, bis das Kind die schwer verdauliche Kuhmilch verarbeitet hat. Die Idee, dass ein Baby länger schläft, wenn man ihm eine Flasche gibt, kommt ebenfalls von diesem längeren, schwierigeren und weniger effizienten Verdauungsprozess. Im Gegensatz dazu leert sich der Magen eines gestillten Babys schnell und ohne Mühe und die Nährstoffe werden fast restlos absorbiert. Natürlich folgt daraus, dass das Baby häufiger trinken will; in den ersten zwei bis drei Monaten nach der Geburt tagsüber meistens etwa alle anderthalb bis drei Stunden (manchmal auch nachts). Dies stimuliert wiederum die Milchproduktion der Mutter und stabilisiert sie auf hohem Niveau.

Das Protein in der menschlichen Milch kann vom Baby nahezu vollständig verwertet werden; es wird davon nur sehr wenig bis gar nichts ausgeschieden. Das Baby, das mit künstlicher Säuglingsnahrung gefüttert wird, „verschwendet" bis zur Hälfte des enthaltenen Proteins. Eine gewisse Menge wird unverdaut im Stuhl ausgeschieden. Einiges wird zwar verar-

> **Wie in der Schwangerschaft alles da ist, um das Ungeborene optimal zu ernähren, steht in der Stillzeit für das Neugeborene alles in ausgewogenem Verhältnis parat.**

beitet, kann aber von den Zellen nicht aufgenommen werden und wird im Urin ausgeschieden. Um genügend verwendbares Protein zu bekommen, muss dieses Baby mehr Nahrung zu sich nehmen als das gestillte Kind.

Eine berufstätige Mutter, die dies weiss, macht sich deshalb keine Sorgen, wenn ihr Baby während ihrer Abwesenheit nur 2,5 dl ihrer abgepumpten Milch trinkt, während andere Babys in der gleichen Zeit zwei- bis dreimal mehr künstliche Säuglingsnahrung brauchen.

Schön schwanger

Cystin ist eine Aminosäure, das in künstlicher Nahrung nicht vorkommt, während es in Muttermilch reichlich vorhanden ist. Es ist sehr wichtig für das Skelettwachstum. Während das Blut gestillter Kinder reich an Cystin ist, findet man diese wichtige Aminosäure bei nicht gestillten Kindern in viel geringerer Menge.

Einer der auffallendsten Unterschiede zwischen Frauen- und Kuhmilch findet man in der mineralischen Zusammensetzung. Dieser Unterschied hängt wahrscheinlich wie beim Protein mit der Wachstumsrate der Art zusammen, für die die Milch gedacht ist. Frauenmilch enthält weniger als ein Viertel des Kalziumgehalts von Kuhmilch; dies scheint für das termingeborene Baby völlig ausreichend zu sein. Das Skelett von Babys, die mit künstlicher Säuglingsnahrung (auf Kuhmilchbasis) gefüttert werden, wird im ersten Jahr grösser und schwerer als bei gestillten Kindern.

Vom Eisen/Ferrum, das wichtig ist zur Bildung der roten Blutkörperchen, wurde früher angenommen, dass es in der Muttermilch völlig fehle. Heute weiss man, dass es zwar nur in geringer Menge vorkommt, aber eine umso höhere Verfügbarkeit für das Baby hat; beinahe 50 % wird durch den Körper aufgenommen. Im Gegensatz dazu wird nur 10 % des Ferrums aus Kuhmilch aufgenommen und 4 % aus Eisen angereicherter künstlicher Säuglingsnahrung; der Rest wird verdaut oder über die Nieren ausgeschieden.

Es gibt noch andere Mikronährstoffe in der Frauenmilch, deren Rolle aber heute noch nicht völlig geklärt ist. Bevor die Notwendigkeit eines Spurenelementes für das Baby nicht bewiesen ist, wird es von der Säuglingsnahrungsindustrie der Nahrung nicht zugefügt. Der künstlichen Säuglingsnahrung fehlen also mit grosser Wahrscheinlichkeit viele wichtige

Kapitel 2 Warum Stillen wichtig ist

Stillen wirkt auch später.

Spurenelemente. Muttermilch versorgt Ihr Baby mit allen notwendigen Stoffen, ob deren Funktion nun von der Wissenschaft bereits verstanden wird oder nicht.

Beim Stillen wird absolut frische Milch geliefert, mit einem optimalen Gehalt von intakten, voll verwertbaren Vitaminen, während bei der künstlichen Nahrung durch die Verarbeitung, das Aufbewahren und Erwärmen manche Vitamine unwiederbringlich verloren gehen.

Solange die stillende Mutter ausgewogene Nahrung zu sich nimmt und an den meisten Tagen eine Viertelstunde Sonnenlicht bekommt, damit ihr Körper genügend Vitamin D herstellen kann (für dunkelhäutige Mütter sind bis zu 30 Minuten nötig), kann sie davon ausgehen, dass ihre Milch die Bedürfnisse ihres termingeborenen, gesunden Babys an Vitaminen und Mineralien deckt. Auch wenn die Ernährung der Mutter nicht ganz ideal ist, enthält ihre Milch normalerweise alle Nährstoffe, die ein Baby in den ersten fünf bis sechs Monaten braucht. Muttermilch bleibt auch nach dem Einführen von Zusatznahrung ein wichtiger Bestandteil der Ernährung. Mütter, die ihr Kind bis ins zweite und dritte Jahr stillen, haben auch dann noch die Gewissheit, dass ihre Kleinkinder – die ja manchmal wählerisch beim Essen sind – beim Stillen das ganze nötige Spektrum an Nährstoffen bekommen.

Muttermilch und Allergien

Es wird angenommen, dass Nahrungsmittelallergien entstehen, wenn fremde Moleküle in die Wände des Verdauungstraktes des Babys eindringen können, von dort in die Blutbahn übergehen und dabei milde bis lebensbedrohliche Reaktionen bewirken. Weil Muttermilch das Sekretorische IgA und andere Elemente enthält, die die Darmwände beruhigen und „versiegeln", kann das gestillte Baby die fremden Proteine und Moleküle verdauen, anstatt dass sie in die Blutbahn eindringen. Der nicht gestillte Säugling kann hingegen bis ins zweite Lebensjahr ganze Proteine absorbieren und dagegen allergische Reaktionen entwickeln.

Warum Stillen wichtig ist — Kapitel 2

Allergische Reaktionen sind bei gestillten Kindern seltener als bei nicht gestillten. Kuhmilch, Eier, Schokolade oder Zitrusfrüchte in der Nahrung der Mutter, können zwar gelegentlich beim Baby zu Koliken oder Unwohlsein mit längeren Schreiphasen führen und wenn die Mutter zu viel Kaffee trinkt, kann auch das Baby nervös werden. Oft verwachsen Kinder diese Überempfindlichkeit gegenüber gewissen Nahrungsmitteln, mit denen sie durch die Muttermilch in Kontakt kommen. In der Zwischenzeit ist das Problem gelöst, wenn die Mutter das betreffende Nahrungsmittel weglässt. (Erdnüsse und andere Nüsse scheinen dabei eine Ausnahme zu sein. Die Zunahme solcher Allergien hat dazu geführt, dass gewisse Forscher/innen empfehlen, Erdnüsse und andere Nüsse während Schwangerschaft und Stillzeit zu vermeiden, damit Babys damit gar nicht in Berührung kommen und das Risiko einer Allergie gesenkt wird.) Nicht gestillte Kinder, die allergische Reaktionen auf Proteine in ihrer Nahrung zeigen, finden dagegen nicht so schnell Erleichterung. Viele von ihnen vertragen keine andere Nahrung als die sehr teure hypoallergene.
Nach sechs Monaten, wenn die Natur vorgesehen hat, dass das Baby Zusatznahrung braucht, sind Nahrungsmittelallergien bereits viel seltener. Zu diesem Zeitpunkt beenden viele berufstätige Mütter das Abpumpen und lassen dem Baby während ihrer Abwesenheit künstliche Nahrung oder andere Zusatznahrung geben. Kinder aus Familien mit Allergien tendieren jedoch dazu, später als andere Kinder Sekretorisches IgA zu produzieren. Wenn es also in Ihrer Familie Nahrungsmittelallergien gibt, sind Sie vielleicht gut beraten, wenn Sie mit dem Einführen von Zusatznahrung länger zuwarten, vor allem mit dem Nahrungsmittel, gegen das ein anderes Familienmitglied allergisch ist.
Wie beeinflussen nun die immunologischen und ernährungsmässigen Eigenschaften der Muttermilch die Gesundheit des Babys?
Unzählige Studien beweisen, dass voll gestillte Kinder seltener unter Durchfallerkrankungen und Erbrechen, Infektionen des Magen/Darmtraktes, Infektionen der Atmungsorgane und Ekzemen leiden. Gestillte Kinder sterben seltener am plötzlichen Kindstod (SIDS). ‹Pediatrics›, die Zeitschrift der American Academy of Pediatrics (Amerikanische Vereinigung der Kinderärzte/-ärztinnen) berichtete 2004, dass in den USA „gestillte Kinder viel seltener während der Neugeborenenzeit sterben, als Säuglinge, die nie gestillt wurden. Je länger die Kinder gestillt wurden, desto geringer war die Sterblichkeit während dieser Zeit." 2006 publizierte ‹Pediatrics› eine weitere Studie, die bestätigte, dass frühes und ausschliessliches Stillen

eine wichtige Rolle für die Gesundheit der Kinder auf der ganzen Welt spielt: „16 % aller Todesfälle in der Neugeborenenzeit könnten vermieden werden, wenn alle Babys vom ersten Tag an gestillt würden und sogar 22 %, wenn sie schon in der ersten Stunde nach der Geburt gestillt würden."

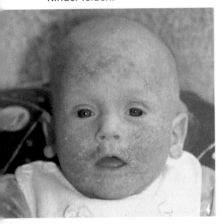

Allergiegeplagte Kinder leiden.

Die guten Eigenschaften der Muttermilch wirken auch noch lange nach dem Entwöhnen weiter. Wie zahlreiche Studien zeigen, schneiden gestillte Babys bei Intelligenztests besser ab als nicht gestillte Gleichaltrige. Ausserdem erkranken Kinder, die mindestens sechs Monate voll gestillt wurden, seltener an Krebs in der Kindheit, an Juveniler Rheumatoider Arthritis oder an Diabetes Typ 1. Sie scheinen auch im Erwachsenenalter seltener an Multipler Sklerose, Morbus Crohn, Zöliakie, Diabetes Typ 2, Herzkrankheiten und Krebs zu erkranken. 1994 wurde eine Studie in der Zeitschrift ‹Epidemiology› veröffentlicht, die belegte, dass Frauen, die als Babys gestillt worden waren (auch für kurze Zeit), ein mehr als 25 % geringeres Risiko tragen, vor oder nach der Menopause an Brustkrebs zu erkranken. Im Allgemeinen wurde wissenschaftlich festgestellt, dass der von der Muttermilch erzeugte Schutz gegen Krankheiten am grössten ist, wenn künstliche Säuglingsnahrung ganz ausgeschlossen wird; er nimmt proportional zur eingenommenen Menge an künstlicher Zusatznahrung ab.

Die Vorteile des Stillens für Mütter

Gibt es ausser der Freude am gesunden, glücklichen Kind auch noch konkrete Vorteile des Stillens für die Mutter? Die Natur kann dies gar nicht anders geplant haben. Der Zusatznutzen für die Mutter ist enorm – sowohl in körperlicher wie gefühlsmässiger Hinsicht, während der eigentlichen Stillzeit und auch längerfristig.

Während und nach der Geburt produziert Ihr Körper das Hormon Oxytocin um den Milchspendereflex einzuleiten. Oxytocin stimuliert dabei gleichzeitig Kontraktionen der Gebärmutter; diese helfen, den Blutverlust zu kontrollieren und die Gebärmutter wieder auf die normale Grösse zurückzubilden. Das Hormon Prolaktin, das ausgeschüttet wird, wenn die Brustwarzen stimuliert werden, unterdrückt den Eisprung, so lange noch häufig gestillt wird, das heisst, keine längeren Stillpausen eingelegt werden.

Warum Stillen wichtig ist — Kapitel 2

In Ländern, in denen es normal ist, dass Kinder zwei bis vier Jahre lang gestillt werden, wirkt Stillen als wichtige Methode zur Geburtenkontrolle und garantiert so, dass jedes Baby genügend Nahrung und Schutz vor Krankheiten bekommt, bevor das nächste geboren wird. Ausserdem wird die Mutter nicht durch zu häufige Schwangerschaften geschwächt.

Stillen reduziert das Brustkrebsrisiko der Mutter. Eine 1994 erschienene Studie im ‹New England Journal of Medicine› erklärt: „Wenn alle Frauen, die nicht stillen oder weniger als drei Monate stillen, dies während vier bis zwölf Monaten tun würden, würde das Risiko von Brustkrebserkrankungen unter Frauen im gebärfähigen Alter, die mindestens ein Kind geboren haben um 11 % sinken; wenn alle Frauen mit Kindern während 24 Monaten oder länger stillen würden, wäre die Reduktion sogar 25 %." Obwohl die Forschung eine ganze Menge an Faktoren kennt, die das Brustkrebsrisiko einer Frau beeinflussen, ist Stillen ganz klar einer der Wichtigsten. In Kulturen, in denen das Stillen die Norm ist, tritt Brustkrebs sehr selten auf. Unter den Tanka im Süden Chinas, die ihre Babys traditionell nur mit der rechten Brust stillen, entwickeln sich 80 % der Tumore bei älteren Frauen in der linken Brust, die zum Stillen nie gebraucht wurde. Der exakte Mechanismus dieses Phänomens ist nicht bekannt. Es scheint jedoch klar, dass Frauenbrüste gesünder sind und bleiben, wenn ihnen erlaubt wird, so zu funktionieren, wie es die Natur vorgesehen hat.

> **Stillen senkt das Risiko von Brust- und Gebärmutterkrebs.**

Stillen schützt auch vor anderen Krankheiten, wie Krebs der Gebärmutter, des Muttermundes und der Eierstöcke. Frauen, die gestillt haben, entwickeln seltener rheumatoide Arthritis als solche, die nicht gestillt haben. Zuckerkranke stillende Frauen brauchen während der Stillzeit weniger Insulin und Frauen, die stillen, erkranken später seltener an Diabetes. Stillende Frauen haben weniger Infektionen des Blasentraktes und erkranken mit 25 % geringerer Wahrscheinlichkeit an Osteoporose.

Stillen verbraucht Kalorien – bei vollem Stillen mehr als 600 pro Tag. Eine Studie zeigt, dass voll- oder teilweise stillende Frauen drei Monate nach der Geburt ihrem Gewicht vor der Schwangerschaft näher waren, als solche, die ausschliesslich künstliche Nahrung fütterten.

Und wie Mütter allgemein berichten, hat das Stillen einen wunderbar beruhigenden Effekt. Eine Studie unterstützt diese Erfahrung: Einen Monat nach der Geburt fühlten sich stillende Frauen signifikant weniger überfordert und ängstlich als solche, die die Flasche gaben. Die Stillhormone Oxytocin und Prolaktin, verursachen ein Gefühl des Wohlbefindens, das wiederum mütterliches Verhalten fördert. Zusätzlich verlangt der Akt des Stillens, dass sich die Mutter entspannt. Ungeachtet jeglicher Hektik, muss sich eine stillende Mutter täglich achtmal oder häufiger mit ihrem Baby hinsetzen oder sogar hinlegen. Und unterschätzen wir auch nicht die ganz simple sinnliche Freude und das friedliche Gefühl, das davon kommt, wenn man mit einem zufriedenen, glücklichen Baby kuscheln darf.

Abgesehen vom gesundheitlichen Aspekt würden wohl die meisten Mütter sagen, dass das Schönste am Stillen die Bequemlichkeit ist. Obwohl gestillte Kinder häufigere Mahlzeiten brauchen, muss die Flaschen fütternde Mutter viel Zeit dafür aufwenden, Säuglingsnahrung zu kaufen, zuzubereiten, Flaschen und Sauger zu reinigen und Nahrung zu wärmen. Ganz anders beim Stillen: Muttermilch ist jederzeit in der richtigen Temperatur bereit, und solange das Baby häufig trinkt, hat es davon immer genug. Wenn das Kind hungrig ist, braucht sich die Mutter nur bequem hinzusetzen. Während andere Eltern nachts aufstehen und Flaschen wärmen müssen, kann die stillende Mutter das Baby zu sich ins Bett holen oder – falls es schon dort liegt – stillen, ohne überhaupt richtig wach zu werden.

Stillen kann frau überall.

Mit einem gestillten Kind ist die Mutter sehr beweglich: Es gibt keine langen Vorbereitungen für einen Ausflug mit ihm; es sind keine Geräte notwendig um Nahrung zu transportieren und trinkfertig zu machen. Eine Reservewindel in der Tasche und die stillende Mutter und ihr Kind sind bereit.

Die besonderen Vorteile des Stillens für berufstätige Mütter

Wenn es um den Wiedereinstieg in den Beruf geht, denken unerfahrene Frauen häufig, sie würden sich mit Hilfe der künstlichen Säuglingsnahrung den zusätzlichen „Stress" des Stillens ersparen. Was auch immer die Gründe sind, es ist eine Tatsache, dass Frauen, die planen wieder an ihren Arbeitsplatz zurückzukehren, mit grösserer Wahrscheinlichkeit früh abstillen und manchmal gar nie zu stillen anfangen. Viele berufstätige Mütter bestätigen hingegen, dass ihr Leben durch das Stillen sogar einfacher wird. Wie eine erfahrene Mutter sagt, „gehört Stillen zu den unproblematischeren Aufgaben des Lebens als Berufstätige. Viel schwieriger ist es, Zeit zum Bügeln zu finden."

Von den immunologischen Eigenschaften der Muttermilch profitieren berufstätige Eltern mindestens soviel wie ihre Babys. Gestillte Kinder wecken die Eltern nachts seltener mit Ohrenschmerzen und verstopften Nasen. Weil gestillte Babys im Allgemeinen gesünder sind, sind sie meistens auch zufriedener. Sie schreien weniger, lächeln häufiger und sind nach einem langen Arbeitstag weniger mühsam zu unterhalten.

Die antiinfektiösen Eigenschaften der Muttermilch sind ebenfalls sehr wichtig, wenn das Kind in einer Kindertagesstätte betreut wird. Dort sind die Kinder einer viel grösseren Anzahl von Krankheitskeimen ausgesetzt als zu Hause. Gestillte Kinder sind gegen viele vorkommende Bakterien- und Viruserkrankungen und daraus entstehende Komplikationen geschützt. Und wenn das Kind seltener krank ist, bedeutet das auch weniger Arbeitsausfall für die Eltern.

Die Welle der Entspannung, die zugleich mit dem Milchspendereflex kommt, ist genau das Richtige für gestresste berufstätige Mütter. Sie werden sehen, dass Sie nach dem Stillen am Ende eines Arbeitstages plötzlich Mühe haben, sich in Erinnerung zu rufen, weshalb Sie sich nur ein paar Stunden früher bei der Arbeit so geärgert haben. Sie können neu anfangen und sich für den Rest des Abends leichter und ruhiger auf Ihre eigenen und die Bedürfnisse Ihrer Familie einstellen. Eine Kinderärztin sagt dazu: „Das Schönste am Nachhausekommen ist, die Füsse hochzulegen und mein Baby zu stillen. Wir beide fühlen uns dabei wundervoll und ich erhole mich von meinem Arbeitstag."

Der grösste Vorteil des Stillens ist für die berufstätige Mutter wohl die tägliche Bestätigung, dass sie für ihr Baby unersetzlich ist.

Die meisten Frauen entscheiden sich für das Stillen, weil sie das Beste für ihr Baby wollen; erst später realisieren sie den grossen Nutzen für sich selbst. Gerade für berufstätige Mütter ist das Stillen Tag für Tag eine grosse Hilfe, wenn sie sich Sorgen machen, weil sie das Baby jemand anderem überlassen müssen und sich fragen, ob sie auch gute Mütter sind. Schliesslich mag die Babysitterin für ihr Kind ganz lieb sein, aber nur Mama hat diese weichen Brüste mit der warmen, süssen Milch. Und wenn Sie Ihr Baby nach der Arbeit abholen und stillen, sind Sie sofort wieder ein Paar. Sie brauchen keine Zeit, um sich „wieder kennen zu lernen".

KAPITEL 2   WARUM STILLEN WICHTIG IST

Eine Ärztin sagt dazu: „Stillen ist eine wunderbare Möglichkeit, sich nach einem Arbeitstag wieder zu finden. Die Lieblingsstillzeit meiner Tochter ist unmittelbar nachdem ich abends nach Hause komme. Tagsüber braucht sie das Stillen nicht mehr, aber dann wird sie jeweils ganz nervös und will unbedingt sofort an die Brust. Für mich bringt das Stillen das Leben wieder in die richtige Perspektive. Das Gefühl, etwas Wichtiges zu tun, des Verbundenseins und des Wohlbefindens, das mir das Stillen gibt, macht es mir einfacher, wenn ich meine Tochter tagsüber verlassen muss."

Eine Verlegerin pflichtet dem bei: „Mit gefällt es, dass ich durch das Stillen den ganzen Tag mit meinem Baby verbunden bin. Ich bin gezwungen, bei der Arbeit eine „Babypause" zum Pumpen zu machen und ich kann sogar mittags mein Kind besuchen, wenn ich will. Es hilft uns beiden, wenn ich stille, bevor ich es abgebe und wieder, wenn ich es abhole. Ich habe das Gefühl, dass ich es auch bemuttere, wenn wir getrennt sind, wenn ich seine Milch abpumpe."

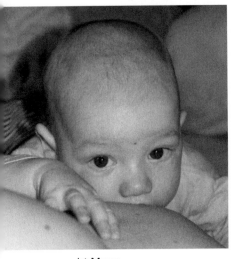

Ist Mama wieder da, gehört sie mir!

Eine Sozialarbeiterin, die ihr erstes Kind mit künstlicher Nahrung gefüttert und erst das zweite gestillt hat, sieht einen grossen Unterschied: „Da meine Schwiegermutter mein erstes Kind täglich acht bis zehn Stunden betreute und es genauso füttern konnte wie ich, hatte ich oft das Gefühl, dass es eigentlich mehr ihr Kind war, als meines. Ich war pro Woche 40 Stunden weg und das Stillen hätte uns am Ende des Arbeitstages wieder aneinander gebunden. Dass ich meinen ersten Sohn nicht gestillt habe, werde ich mein Leben lang bedauern. Ich wollte es deshalb unbedingt anders machen, als meine Tochter geboren wurde."

Das Stillen nach der Arbeit ist eine gute Art, die zwei Hälften Ihres Lebens wieder zusammen zu fügen. Es hilft Ihnen dabei, sich mit der neuen herausfordernden Rolle als Mutter zu identifizieren, während Sie gleichzeitig Ihr Arbeitsleben weiterführen. Lernen, eine Mutter zu sein, ist schon hart genug, ohne dass Sie durch Verantwortung ausser Haus abgelenkt werden. Und wenn Sie versuchen, Ihre Identität als berufstätige Frau zu erhalten, ist das, was Sie beim Stillen lernen, umso wichtiger. Sie können sich auf das Stillen verlassen – es ist die Vorlage für die Intuition, das Umsorgen und das Einfühlungsvermögen, die Sie sich mit zunehmender

Erfahrung als Mutter erwerben. Durch das Stillen geben Sie Ihrem Kind den bestmöglichen Start und Sie bekommen dafür Vertrauen in sich selbst als Mutter.

Eltern sein – hilft der Instinkt?

Wenn wir all diese Aspekte des Stillens betrachten, sind wir beeindruckt, wie perfekt das Ernähren unserer Babys sich bei uns Menschen entwickelt hat. Dies bringt uns zur Frage, welche weiteren speziellen Verhaltensweisen sich im Zusammenhang mit der Babypflege entwickelt haben. Was könnten Sie sehen, wenn Sie einen Besuch bei einer traditionellen Gesellschaft machen würden, vergleichbar mit dem Stand den wir vor Tausenden von Jahren bei uns hatten? Wie pflegen Eltern ihre Kinder in Kulturen, die von technischen Wundern wie der Uhr, der Babyflasche und dem Kinderwagen noch nicht geprägt wurden?

Ethnologen, die sich mit den biologischen Grundlagen des menschlichen Verhaltens befassen, haben traditionelle Kulturen in jedem Teil der Erde studiert. Sie identifizierten eine ganze Kollektion von Verhaltensweisen, die Eltern auf der ganzen Welt im Umgang mit ihren Babys zeigen. Von diesen Verhaltensweisen können wir annehmen, dass sie die ursprünglichsten Praktiken der Menschheit sind – Praktiken, die sich mit unserer Art entwickelt haben. Wie die Frauenmilch passen sie genau zu den Bedürfnissen des menschlichen Säuglings.

In jeder traditionellen Gesellschaft, die wir kennen, sind die Mütter von Geburt an fast ununterbrochen mit ihren Babys zusammen. In den ersten Stunden haben sie ständig Hautkontakt zu ihren Kindern. Sie stillen sie gleich nach der Geburt und dann weiter, bis sich die Kinder entwöhnen oder bis ein anderes Baby erwartet oder geboren wird. Da der Abstand zwischen zwei Babys in traditionellen Gesellschaften etwa drei bis vier Jahre beträgt, wird ein Kind normalerweise auch bis zu diesem Zeitpunkt gestillt. Mütter reagieren sofort auf das Schreien des Babys und ohne die Sorge, das Kind damit zu „verwöhnen". Sie tragen die Babys die meiste Zeit des Tages, wenn nicht gerade jemand anderes der Familie oder des Stamms sie trägt oder mit ihnen spielt. Und fast immer schlafen Mütter gemeinsam mit ihren Babys. Seit Beginn der menschlichen Entwicklung haben Menschen auf diese Art für ihre Kinder gesorgt.

William Sears, ein Kinderarzt in den USA und seine Frau Martha, eine Krankenschwester, untersuchten die Erziehungsstile von Hunderten von

Familien in Südkalifornien. Ihr Augenmerk galt besonders denjenigen Eltern, die ihre Elternschaft zu geniessen schienen und deren Kinder sich gut entwickelten. Aus diesen Beobachtungen ergab sich für die Sears eine Liste von Praktiken, die sich bewähren. Es sind die genau gleichen fünf Verhaltensweisen, die Forscher unter den Eltern in so vielen traditionellen Kulturen beobachten konnten: Hautkontakt unmittelbar nach der Geburt, Stillen bis sich das Baby selber entwöhnt, sofortiges Reagieren auf die Signale des Babys, Tragen und gemeinsames Schlafen.

Die Zoologin Jane Goodall, die in ihrer Dschungelstation keine anderen Vorbilder fand, entschied sich, ihr Baby so zu behandeln, wie unsere nächsten Verwandten, die Schimpansen: Sie trug ihr Baby überall mit sich. Sie liess es in ihrem Bett schlafen. Sie reagierte rasch auf seine Signale, wie sie es bei den Schimpansenmüttern gesehen hatte und sie stillte es. Auch Jean Liedloff, die mehrere Jahre zusammen mit den Yequana Indianern in Südamerika lebte und ihre freundliche, geschickte Art mit den Kindern umzugehen, bewunderte, sagte dazu: „Schon lange bevor wir dem heutigen *Homo Sapiens* überhaupt zu ähneln begannen, hatten wir einen ausgezeichneten präzisen Instinkt für jedes Detail der Kinderbetreuung."

Instinktive Verhaltensweisen des Elternseins
- Stillen ohne Einschränkungen
- Das Baby von Geburt an immer in der Nähe halten
- Das Baby tragen
- Schnell auf die Signale des Babys reagieren
- Gemeinsames Schlafen

Als moderne „zivilisierte" Eltern, werden wir überschüttet von neuen „erprobten" Methoden der Kinderbetreuung – vom Füttern mit der Flasche nach Plan bis zum Schreien lassen über Stunden, um ihnen beizubringen, allein einzuschlafen. Wir versuchen jede neue Methode in der Hoffnung, dass sie uns die Arbeit der Elternschaft – der schwierigsten Arbeit, die wir je getan haben – erleichtert. Vielleicht suchen wir Antworten, weil wir verlernt haben, was wir einst so gut wussten. Vielleicht ist das Elternsein gar nicht so schwierig, wie uns gesagt wird.

Heisst das, dass eine „richtige" Mutter vom Moment der Geburt an gemeinsam mit Ihrem Baby schlafen muss, es jederzeit tragen, bei jedem Piepsen aufspringen und niemals von ihm getrennt sein darf? Nein, natürlich nicht. Für Mütter in traditionellen Kulturen sind diese Praktiken nicht rigide Regeln, sondern ganz einfach diejenigen Verhaltensweisen, die im Normalfall das Leben am einfachsten machen. Diese Mütter tun nur, was ihnen richtig scheint. Und denken Sie daran, sie haben viele helfende Hände bei der Babypflege und auch bei anderen Arbeiten. Ein Kind, das in einer solch familiären Gesellschaft aufwächst, wird den ganzen Tag weitergereicht – von seiner Mutter zu seinem Vater, zu seinen Geschwistern, zur Mutter des Mannes der Cousine und es wird mit Liebe überschüttet, wo immer es sich befindet. Wenige westliche Mütter leben in einer harmonischen, grossen Familie. Aber wenn Sie widersprüchliche Meinungen über die „richtige" Art Kinder aufzuziehen hören, ist es nützlich zu wissen, was Mütter schon immer getan haben, bevor überhaupt jemand auf die Idee kam, ihnen Ratschläge erteilen zu wollen.

Dieses Wissen ist vor allem nützlich, wenn Sie zurück zur Arbeit gehen und die Auswirkungen der täglichen Trennung auf die Beziehung zu Ihrem Kind so gering wie möglich halten möchten. Sie können vom Schatz dieses alten Wissens zehren, um Ihrem Baby möglichst nahe zu bleiben. Denken Sie an diese fünf Praktiken – zusammen bleiben, ein Jahr oder länger stillen, auf die Signale schnell reagieren, tragen und gemeinsam schlafen – als Werkzeug in der Werkzeugkiste des Elternseins. Vielleicht wenden Sie nicht alle davon an, aber vielleicht finden Sie, dass eines oder zwei davon besonders nützlich für Sie sind. Wenn Sie und Ihr Baby nach der Geburt nicht zusammen sein konnten, oder wenn Sie nicht möchten, dass Ihr Kind bei Ihnen im Bett schläft, ist dies auch in Ordnung. Die menschliche Entwicklung hat Sie mit verschiedensten Möglichkeiten ausgerüstet, um sicherzustellen, dass Sie und Ihr Baby eng verbunden bleiben. Und die Tatsache, dass Sie, wie Mütter zu allen Zeiten, auch ausserhalb der Familie arbeiten, braucht keinen Unterschied zu machen. Wann und wie diese instinktiven elterlichen Verhaltensweisen für Sie nützlich sein können, um die Nähe zu Ihrem Baby zu sichern, wird in den folgenden Kapiteln beschrieben.

Stillen – das Grundwissen

Kapitel 3

Stillen – das Grundwissen

Wie der Umgang mit Kindern überhaupt, ist Stillen eine Kunst, die gelernt werden muss. Übung ist nötig und meistens auch Unterstützung von anderen erfahrenen Müttern. Im Idealfall haben Sie zu lernen angefangen, als Sie selbst gestillt wurden und weiter dazugelernt, als Sie grösser wurden und Mütter in Ihrer Familie und Ihrer näheren Umgebung beim Stillen beobachten konnten. Sogar Schimpansenmütter, die ohne weibliche Vorbilder in Gefangenschaft aufgewachsen sind, wissen nicht einfach von selbst, wie sie ihre Jungen halten und stillen müssen; es muss ihnen gezeigt werden. Bei höheren Primaten und auch beim Menschen ist das Ernähren von Neugeborenen nicht in erster Linie eine instinktive Tätigkeit, sondern wird durch Beobachtung und Erfahrung gelernt.

Die meisten Frauen, die während der letzten fünfzig Jahre in den westlichen Industriestaaten aufgewachsen sind, hatten – wenn überhaupt – nur sehr selten Gelegenheit, Mütter beim Stillen zu beobachten. In den Fünfziger-, Sechziger- und bis Anfangs der Siebzigerjahre wurde selten gestillt. Heute ist das Stillen zwar wieder populärer geworden, doch gibt es immer noch Frauen, die Hemmungen haben, vor anderen zu stillen – manchmal sogar schon vor Familienmitgliedern, geschweige denn in der Öffentlichkeit.

So fehlt es jungen Frauen an Gelegenheit, die Kunst des Stillens durch Beobachtung zu lernen. Um es noch schwieriger zu machen, sind sie schon im Kleinkindalter durch entsprechendes Spielzeug und später in Frauenzeitschriften und am Fernsehen ständig mit Bildern aus der Babyflaschenkultur konfrontiert. Eine stillende Mutter war völlig konsterniert, als ihr Kleinkind, das „noch nie eine Flasche im Mund hatte", vorschlug, dem quengelnden Kind einer Bekannten zur Beruhigung eine Flasche zu geben... Kultur durchdringt eben alles; sie sinkt tiefer und früher in unser Bewusstsein, als wir denken.

> «Bevor ich mein eigenes Kind bekam, habe ich nie ein Baby an der Brust gesehen.»

Wenn Sie nicht unter stillenden Müttern aufgewachsen sind, wenn Sie selbst nicht gestillt wurden oder wenn Sie Ihr erstes Kind nicht stillen konnten, dann nehmen Sie sich jetzt die Zeit, um soviel wie möglich von erfahrenen Müttern oder einer Stillberaterin zu lernen. Vielleicht gibt es in Ihrer Gegend ein La Leche Liga Stilltreffen. Die La Leche Liga/League ist eine internationale Organisation stillender Mütter, die mit ihrer Stillerfahrung anderen Müttern hilft und eine unbezahlbare Quelle von Stillwissen und Unterstützung ist. Als berufstätige Mutter erfahren Sie vielleicht, dass gewisse Gruppen oder Stillberaterinnen mehr auf die Bedürfnisse von Frauen, die zu Hause bleiben, ausgerichtet sind. Wenn Sie sich in der ersten Stillgruppe, die Sie besuchen oder mit der ersten Stillberaterin, die Sie anrufen, nicht wohl fühlen, versuchen Sie es bei einer anderen. Jede Gruppe hat ihren individuellen Charakter. Noch hat die La Leche Liga den Ruf, „gegen berufstätige Mütter" zu sein. Tatsächlich ist es aber nur eine Minderheit der Mitglieder dieser Organisation, die dogmatisch gegen eine Berufstätigkeit von Müttern ist. La Leche Liga Stillberaterinnen wollen *jeder* Mutter helfen, ob sie nun zu Hause bleibt oder ausser Haus berufstätig ist und sie geben Ihnen gerne jedwelche Unterstützung für Ihren speziellen Fall. Die nötigen Adressen sind im Anhang dieses Buches angegeben.

Stilltreffen sind eine Quelle von Stillwissen.

Im Anhang finden Sie auch weitere Bücher, die Ihnen beim Stillen helfen. Obwohl Sie in diesem Buch alles Grundsätzliche übers Stillen lesen können, brauchen Sie in speziellen Situationen zusätzliche Informationen. Besuchen Sie wenn möglich schon vor der Geburt einen Kurs über das Stillen. Auch Ihr Partner sollte mitkommen; es ist nämlich gut möglich, dass seine vorbehaltlose Unterstützung und Begeisterung für das Stillen genau der Punkt ist, der über Ihren Stillerfolg entscheidet.

Der Stillbeginn

Am besten ist es, wenn Sie unmittelbar nach der Geburt und sobald das Baby dazu bereit ist, stillen können. Studien lassen vermuten, dass für den Aufbau einer starken gefühlsmässigen Bindung von Mutter und Baby, die ersten Minuten nach der Geburt besonders wichtig sind. Babys sind in der ersten Lebensstunde oft sehr wach und aufmerksam und auch die Eltern sind zu diesem Zeitpunkt ganz auf das Neugeborene ausgerichtet. Zahlreiche Forschungsresultate belegen die langfristigen Auswirkungen dieser ersten Kontaktaufnahme. Eine Studie zeigte, dass Mütter, die ihre Babys während der ersten Stunde halten konnten, auch nach zwei Jahren noch mehr mit ihren Kindern sprachen, als solche, die nach der Geburt getrennt werden mussten. Die Mütter mit dem frühen Kontakt stellten ihren Kindern zweimal so viele Fragen wie diejenigen in der Kontrollgruppe und gaben weniger Befehle. Fragen zu stellen ist ein Zeichen für eine harmonische Beziehung; Befehle drücken dagegen aggressive Dominanz aus. Eine andere Studie zeigte, dass Mütter mit frühem Kontakt sich in der Betreuung ihrer Kinder kompetenter und weniger ängstlich fühlten, als solche, die von ihren Babys getrennt worden waren. Nochmals eine andere Untersuchung zeigte, dass Babys, die während der ersten Stunde Hautkontakt zu ihrer Mutter gehabt hatten, sich in den ersten Monaten leichter beruhigen liessen und generell weniger schrieen.

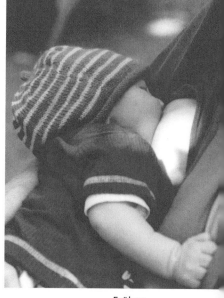

Frühes, ausschliessliches Stillen ist ideal.

Babys zeigen in den ersten zwei Stunden nach der Geburt eine starke Bereitschaft zum Saugen, die erst vierzig Stunden später wieder in gleichem Mass vorhanden ist. Durch das Saugen an der Brust unmittelbar nach der Geburt, wird das Hormon Oxytocin freigesetzt, das unter anderem bewirkt, dass sich der Uterus der Mutter zusammenzieht und damit die Plazenta ausstossen hilft. Das frühe Stillen dient also auch der Gesundheit der Mutter.

Obwohl die meisten Krankenhäuser davon abgekommen sind, Mütter und Babys routinemässig nach der Geburt zu trennen, kann es nötig sein, dass Sie Ihre Meinung zu diesem Thema deutlich machen. Lassen Sie Ihren Arzt/Ihre Ärztin und das Personal wissen, dass Sie sobald als möglich nach der Geburt stillen wollen, sei dies nun im Entbindungszimmer nach einer vaginalen Geburt oder im Aufwachraum nach einem Kaiserschnitt. Wenn es Ihnen trotz der besten Pläne nicht möglich ist, Ihr Baby in der ersten Lebensstunde zu halten und zu stillen, machen Sie sich keine Sorgen. Ein solcher Anfang wäre zwar ideal, aber Mutter und Baby sind so stark aufeinander bezogen, dass sie diese verpasste Gelegenheit auch ein wenig später nachholen können. Sobald dies möglich ist, wird Ihnen beiden viel Hautkontakt, Nähe und Stillen gut tun. Sie haben noch viel Zeit vor sich, um sich kennen und lieben zu lernen. Stillen, Tragen und gemeinsames Schlafen ist in diesem Fall besonders hilfreich für Sie.

> «Moment mal, lassen die mich jetzt einfach mit ihm gehen? Ich kenne mich ja überhaupt nicht aus mit Babys!»
>
> Anne Tyler

Erkundigen Sie sich früh genug, wie in Ihrem Krankenhaus „Rooming-in" gehandhabt wird. Beschreiben Sie sehr deutlich, was Sie wollen. Fragen Sie nicht, ob Sie Ihr Baby so oft bei sich haben können, wie Sie wollen. Sie bekommen wahrscheinlich eine klarere Antwort, wenn Sie stattdessen fragen, zu welchen Stunden Sie Ihr Baby nicht bei sich haben können. Am einfachsten ist es für Sie, wenn Sie in einem Krankenhaus gebären können, das die WHO-Auszeichnung als „stillfreundliches Spital" bekommen hat.

Ganz im Gegensatz zur oft gehörten Meinung, sind Mütter, die ihre Babys 24 Stunden bei sich haben, nicht schlechter ausgeruht als solche, deren Kinder im Säuglingszimmer sind. Schliesslich können Sie auch beim Stillen dösen, wie dies mit einer Flasche unmöglich wäre. Rooming-in ermöglicht es Ihnen, Ihr Baby zu füttern wann immer und solange Sie dies wollen. Dies wiederum ist die beste Art eine gute Milchproduktion zu garantieren. Das Baby wird bei Ihnen auch viel seltener schreien, als es dies im Säuglingszimmer tun würde.

Wenn Sie Ihr Baby bei sich behalten, bedeutet dies auch, dass Sie es besser kennen lernen und sich bei seiner Pflege kompetenter fühlen, als diejenigen Mütter, deren Kinder im Säuglingszimmer betreut werden. Sie werden deshalb kaum die plötzliche Panik beim Krankenhausaustritt erleben, auf einmal auf sich selbst gestellt zu sein, an die sich so viele Eltern erinnern. Wenn Sie sich als Mutter einigermassen kompetent fühlen, ist dies wohl die grösste Hilfe in der ersten Zeit – für Sie selbst und die ganze Familie.

Das erste Stillen

Ihre Hebamme wird Ihnen beim ersten Anlegen helfen. Es ist aber gut, wenn Sie schon einiges darüber wissen.

Eine gute Stillposition ist das Wichtigste zur Vorbeugung von wunden Brustwarzen und für den Aufbau und das Stabilisieren einer ausreichenden Milchproduktion. Halten Sie Ihr Baby so, dass sein Bauch und seine Knie gegen Ihren Bauch gerichtet sind und sein Kopf in Ihrer Ellbogenbeuge liegt. Oder verwenden Sie eine Überkreuzhaltung: Halten Sie das Kind mit dem der jeweiligen Brust entgegensetzten Arm, stützen Sie Hals und Kopf mit Ihrer Hand und halten Sie sein Gesicht direkt vor Ihre Brust. Verwenden Sie Kissen, wenn Sie das Kind, Ihren Arm oder beides stützen wollen. Das Baby sollte seinen Kopf nicht drehen müssen, um mit seinem Mund die Brustwarze zu erreichen und Sie sollten sich nicht vorbeugen müssen, um mit Ihrer Brustwarze zu seinem Mund zu gelangen.

Als nächstes lassen Sie das Baby Ihre Brustwarze erfassen, aber erst wenn sich sein Mund sehr weit öffnet (wie beim Gähnen). Wecken Sie deshalb sein Interesse, indem Sie ein paar Tropfen Milch auf seine Lippen geben oder seine Lippen mit Ihrer Brustwarze kitzeln. Sobald es den Mund weit öffnet, ziehen Sie es so nahe an sich, dass seine Nase Ihre Brust berührt. Lehnen Sie sich nicht über das Baby, bringen Sie es zu sich. Halten Sie es ganz nah; es kann trotzdem durch seine Nase atmen. Halten Sie Ihre Brust mit der freien Hand, um sie zu stützen.

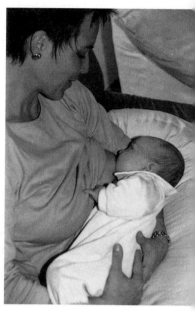

Eine korrekte Stillhaltung ist das A und O.

Wenn das Kind nur an der Brustwarze saugt, anstatt soviel wie möglich vom Warzenhof zu fassen, ist es nicht richtig angelegt. Versuchen Sie es nochmals. Denken Sie daran, dass dies für beide ein Lernprozess ist. Wenn das Baby saugt, sollte Ihre Brustwarze weit hinten in seinem Mund liegen und seine Kiefer sollten den Warzenhof umschliessen. Wenn es richtig angelegt ist, hat es gut zwei Zentimeter des unteren Warzenhofes im Mund (dies kann ein Teil oder der ganze Warzenhof sein) und sein Kinn und die Nasenspitze berühren die Brust. Achten Sie darauf, dass seine Lippen nach aussen gestülpt (ähnlich wie die Lippen eines Fisches) und nicht gegen innen gezogen sind. Das Stillen darf nicht unangenehm sein oder gar schmerzen. Dies könnte ein Zeichen dafür sein, dass das Baby falsch angelegt ist.

Bevor Sie das Baby von der Brust nehmen, achten Sie auf Zeichen, die darauf hin deuten, dass es genug hat. Normalerweise lässt es die Brust von selbst los und oft schläft es ein. Bevor Sie es auf die andere Seite legen, halten Sie es einen Moment aufrecht, um ihm Gelegenheit zum Aufstossen zu geben (dies ist nicht bei allen Babys jedes Mal nötig). Vielleicht wacht es dann auf und trinkt noch auf der anderen Seite etwas weiter.

Wenn Sie das Baby von der Brust nehmen wollen, bevor es selbst loslässt, lösen Sie das Saugvakuum zwischen Mund und Brust, indem Sie einen Finger in seinen Mundwinkel schieben. Wenn Sie es einfach wegziehen, können Sie Ihre Brustwarze verletzen.[1]

Auch wenn Sie den Milchspendereflex (Let-Down-Reflex) nicht fühlen, können Sie feststellen, dass er stattfindet, indem Sie den Schluckrhythmus beobachten. Das schnelle, kurze Saugen ändert sich zu einem gleichmässigen Muster: Ein- oder zweimal saugen, dann schlucken, begleitet von einem kleinen Wackeln seiner Ohren und Schläfen. Zwei- bis fünfmal Stuhlgang täglich nach dem dritten Lebenstag und senffarbiger Stuhl ab dem fünften Tag bestätigen Ihnen, dass das Baby ausreichend trinkt. Wenn dies nicht der Fall ist oder wenn der Stuhl auch nach dem fünften Tag noch sehr dunkel ist, kann dies bedeuten, dass das Baby nicht richtig angelegt ist und nicht effizient saugt. Sprechen Sie mit einer Stillberaterin, wenn Sie unsicher sind.

Satt sein lässt gut schlafen.

Manchmal wird empfohlen, dass Sie die ersten Stillmahlzeiten auf fünf Minuten an jeder Brust beschränken und dann langsam auf zehn bis fünfzehn Minuten steigern, dies mit der Absicht, wunde Brustwarzen zu verhindern. Wunde Brustwarzen haben aber wenig mit der Dauer der Stillmahlzeit zu tun. Dazu kommt, dass die meisten Neugeborenen schon mindestens fünf Minuten saugen müssen, bis die Milch zu fliessen beginnt. Wenn das Baby gut angelegt ist, können Sie ihm Zeit lassen und brauchen keine Minuten zu zählen.

Nach den ersten Stillmahlzeiten versuchen Sie einmal andere Positionen – legen Sie sich hin oder drehen Sie das Baby so, dass seine Füsse in die andere Richtung zeigen. Bei häufigem Stillen (manchmal alle zwei Stunden), werden Sie nach einigen Wochen feststellen, dass Sie sich über die richtige Position oder das korrekte Anlegen keine Gedanken mehr machen müssen. Sowohl Sie wie auch das Baby können das jetzt ganz automatisch, sei es nun sitzend oder liegend oder – mit der Zeit – auch bei einem Gespräch am Telefon oder bei der Arbeit am Computer.

Mit Ihrer ersten Stillmahlzeit haben Sie auch Ihre erste Erfahrung in einfühlsamer Betreuung gemacht. Ab jetzt sind die Signale Ihres Babys oder Kleinkindes die besten Massstäbe für Ihr Verhalten als Mutter.

---

1 Sehr gute Illustrationen und das Grundwissen finden Sie hierfür im Stillbasisbuch der La Leche League Schweiz: ‹Das Handbuch für die stillende Mutter›

Beobachten Sie Ihr Kind und nicht die Uhr. Achten Sie auf Ihre eigenen Gefühle und nicht diejenigen Ihrer Nachbarin oder Ihrer Schwiegermutter. Das Stillen hilft Ihnen beim Verstehen der subtilen Sprache Ihres Neugeborenen. Die Einfühlsamkeit, die Sie auf diese Art erwerben, ist die Grundlage für eine tiefe Bindung und eine harmonische Beziehung zwischen Ihnen beiden – eine Beziehung, die auch die tägliche berufsbedingte Trennung aushalten wird.

Dem Milchstau vorbeugen

Die reife Muttermilch kommt erst nach und nach, meistens am zweiten oder dritten Tag nach der Geburt. Wenn Sie fühlen, dass Ihre Brüste voller werden, sollten Sie häufig stillen, auch wenn Sie das Baby dazu wecken müssen. Dies hält Probleme in Grenzen. Ihre Brüste sind nicht dafür gedacht, Milch längere Zeit aufzubewahren; wenn sie nicht geleert werden, kann dies sehr unangenehm und sogar schmerzhaft werden. Eine gestaute Brust ist für das Baby auch schwieriger zu fassen. Häufiges Stillen von Anfang an bewirkt, dass die Vormilch relativ schnell in reife Milch übergeht, es vermindert Stauungen und macht es für das Baby leichter, die Brustwarze richtig zu fassen.

Wunde Brustwarzen vermeiden

Stillen soll keine Schmerzen verursachen. Wunde Brustwarzen kommen jedoch so häufig vor, dass sie von manchen als unvermeidlich betrachtet werden. Eventuelle Schmerzen in den Brustwarzen sind am intensivsten beim Anlegen und werden erträglicher, wenn die Milch zu fliessen beginnt. Eine anfängliche Empfindlichkeit verschwindet von selbst, wenn das Baby richtig angelegt ist und gut saugt.
Wenn Ihre Brustwarzen zu schmerzen beginnen, lassen Sie sie zwischen den Mahlzeiten an der Luft trocknen und ziehen Sie keinen Büstenhalter an (vor allem nicht zum Schlafen). Beschränken Sie die Zeit an der Brust nicht; ständiges Anlegen und wieder Wegnehmen, kann das Problem verschlimmern und macht das Baby ärgerlich.
Für weitere Tipps zur Heilung wunder Brustwarzen sehen Sie Seite 72.

Wenn Sie Hilfe brauchen

Falls das Stillen sehr schmerzhaft wird oder wenn Ihr Baby Schwierigkeiten hat, die Brust zu fassen und daran zu bleiben, suchen Sie Hilfe bei einer Stillberaterin – wenn möglich schon im Krankhaus. Viele Geburtsabteilungen haben eine diplomierte Stillberaterin IBCLC; sie wird bei Ihnen vorbeikommen, wenn Sie dies möchten. Manchmal dauert dies leider einige Zeit, entweder weil sie nur Teilzeit arbeitet oder weil sie zu viele Frauen betreuen muss. Bitten Sie deshalb so früh wie möglich um den Besuch der Stillberaterin. Auch wenn Sie kein Problem haben, ist es beruhigend zu hören, dass alles in Ordnung ist. Sie können aber auch eine Stillberaterin in Ihrer Praxis aufsuchen oder einen Hausbesuch verlangen. Auch eine La Leche League Stillberaterin wird Ihnen gerne helfen. Indem Sie schon früh eine Expertin beiziehen, können Sie in den meisten Fällen ernsthaften Stillproblemen vorbeugen. Hüten Sie sich dagegen vor beiläufigen Ratschlägen von Freunden, Verwandten (oder manchmal sogar von Kinderärzten und Krankenschwestern), die über das Stillen kaum Bescheid wissen oder selbst nicht gestillt haben. „Vielleicht hast du zuwenig Milch", heisst es schnell einmal oder „warum gibst du nicht einfach mal eine Flasche?" Sorgfältiges Beobachten hilft beim Erkennen des Problems (zuwenig Milch ist es meistens nicht!) und eine erfahrene Person kann Ihnen helfen, eine Lösung zu finden.

> Zögern Sie nicht, die Hilfe einer erfahrenen Beraterin anzunehmen.

Wie die Milch gebildet wird

Falls Sie planen, nach einer gewissen Zeit Ihre Arbeit wieder aufzunehmen, machen Sie sich wahrscheinlich Gedanken darüber, wie die tägliche Trennung von Ihrem Kind das Stillen beeinflussen wird. Wenn Sie verstehen, wie und wann die Brust Milch bildet, hilft Ihnen dies, mit Ihrer Milchproduktion und Babys Nahrungsbedarf umzugehen.

Wenn Ihre Brustwarzen durch das Saugen stimuliert werden, werden die Hormone Prolaktin und Oxytocin freigesetzt. Prolaktin ist das Milch bildende Hormon. Je häufiger und effizienter Ihr Baby saugt, desto mehr Prolaktin wird ausgeschüttet und desto mehr Milch wird gebildet. Oxytocin ist das Hormon, das die Milch zum Fliessen bringt. Es kontrahiert die Zellen in den Milchbläschen (in denen die Milch gebildet wird), damit die Milch durch die Milchgänge zu den Brustwarzen gepresst wird. Dieses Fliessen der Milch nennt man den Milchspendereflex oder Let-Down-Reflex. Ihr Baby *nimmt* die Milch durch Saugen aus Ihrer Brust, aber Sie *geben* auch Milch, indem Sie sie loslassen. Für erfolgreiches Stillen braucht es beide Vorgänge. In den frühen Wochen des Stillens kann der Milchspendereflex so stark sein, dass die Milch wie bei einem Springbrunnen spritzt.

Wenn der Milchspendereflex einsetzt, braucht das Baby kaum mehr zu saugen; die Milch wird regelrecht in seinen Hals gepumpt. Der Milchspendereflex kann mehrmals pro Mahlzeit ausgelöst werden.
Die Milch loszulassen, ist wesentlich für die Ernährung des Babys. Die Milch, die in den Brüsten gespeichert und nur durch Saugen freigesetzt wird (am Anfang einer Mahlzeit), ist sehr fettarm. Sie befriedigt Babys Flüssigkeitsbedürfnis und ist genau das Richtige, wenn es nur durstig ist, oder Trost braucht. Nach dem Milchspendereflex kommt die eigentliche Mahlzeit – nämlich die Milch, die weiter hinten aus den Milchbläschen kommt und mit Fortdauer der Mahlzeit immer cremiger wird. Es konnte gezeigt werden, dass die Fettpartikel in der Muttermilch dazu tendieren, an den Wänden der Alveoli (Milchbläschen) und Milchgänge zu kleben und erst am Schluss freigegeben werden. Babys letzte Schlucke an einer Brust enthalten also das meiste Fett – jedenfalls wenn ein Milchspendereflex erfolgt ist und wenn das Baby die Länge der Mahlzeit selbst bestimmen darf. In der zweiten Brust mischt sich das Fett gleichmässiger (der Milchspendereflex wird gleichzeitig an beiden Brüsten ausgelöst), obwohl auch dort Unterschiede bestehen. Es kommt immer wieder vor, dass Babys mangelhaft zunehmen, weil ihren Müttern eingeschärft worden ist, die Stilldauer an jeder Seite auf zehn Minuten zu beschränken. Diese Kinder bekommen im Prinzip nur Magermilch.

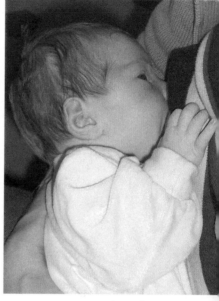

Intensives Schlucken deutet auf den Milchsprendereflex.

Eine gute Milchpumpe kann ebenfalls den Milchspendereflex auslösen. Wenn Sie später am Arbeitsplatz eine angemessene Menge Milch abpumpen wollen, ist es von grösster Wichtigkeit, dass Sie auch mit einer Pumpe Milch „loslassen" können.
In den ersten Monaten kann die Milch jederzeit zu fliessen beginnen, auch wenn Sie nur an Ihr Baby denken. Vielleicht erzählen Sie einer Freundin am Telefon von Ihrem Kind und fühlen plötzlich, dass Ihre Bluse nass wird. Auch das Schreien Ihres Babys kann die Milch zum Fliessen bringen. Wenn Sie am Arbeitsplatz Milch abpumpen, können Sie diesen Vorgang unterstützen, indem Sie ein Bild von Ihrem Baby anschauen oder an einem Kleidungsstück von ihm riechen. Mit der Zeit verbinden Sie vielleicht das

Pumpen schon automatisch mit dem Baby und fühlen die Milch kommen, sobald Sie die Pumpe bereitmachen.

Der Milchspendereflex kann auch dazu konditioniert werden, dass er regelmässig zu gewissen Tageszeiten einsetzt. Wenn Ihr Baby ein sehr regelmässiges Stillmuster entwickelt hat, tropft die Milch zu diesen Zeiten vielleicht schon, bevor Sie es an die Brust anlegen. Ebenso kann es Ihnen am Arbeitsplatz gehen, sodass die Milch schon zu fliessen beginnt, wenn Sie die Türe des Raums aufschliessen, in dem sie abpumpen.

Mit der Zeit beruhigt sich das Ganze; das Ausfliessen oder Spritzen von Milch gehört dann nur noch zu den Erinnerungen an die Anfangszeit. Bis dahin verwenden Sie Stilleinlagen.

Die Milchproduktion aufbauen

Das Stillen ist ein Angebot-Nachfrage-System, was bedeutet, dass Ihre Brüste Milch produzieren, wenn gesaugt wird. Wenn häufig und richtig gesaugt wird (von einem gut angelegten Baby oder einer guten Pumpe), wird mehr produziert; wenn seltener oder weniger effizient gesaugt wird, gibt es weniger Milch. Wann immer Sie das Gefühl haben, dass Ihre Milch zurückgeht, legen Sie Ihr Baby häufiger an. Wenn nötig, pumpen Sie zusätzlich ab; entweder gleich nach dem Stillen oder eine bis zwei Stunden nachdem Ihr Baby für eine längere Pause eingeschlafen ist. Häufige kurze Stillmahlzeiten bewirken mehr, als längere seltenere. Auch die entnomme Menge bestimmt die Nachproduktion mit.

Das Gesetz von Angebot und Nachfrage:
Je häufiger Sie stillen (oder abpumpen),
desto mehr Milch wird produziert.

Als berufstätige Mutter erleben Sie unter Umständen häufiger ein Auf und Ab bei Ihrer Milchproduktion. Vielleicht geht Ihre Milch im Laufe der Arbeitswoche zurück, baut sich über das Wochenende wieder auf, um dann wieder zurückzugehen. Weil Sie das Gesetz von Angebot und Nachfrage verstehen, können Sie damit umgehen. Spezielle Techniken dafür finden Sie in Kapitel 5.

Zu Hause mit dem Baby

Heute ist es üblich, dass Sie zwei oder drei Tage nach einer normalen Geburt nach Hause geschickt werden und nach einem Kaiserschnitt vielleicht nach vier bis fünf Tagen. Vielleicht ist nach dieser Zeit der Milcheinschuss noch gar nicht erfolgt. Wenn Ihr Baby eher schläfrig ist, hat es vielleicht noch sehr wenig gesaugt. Vor sechzig Jahren blieben Mutter und Kind eine bis zwei Wochen nach der Geburt im Krankenhaus. Nach dieser Zeit hatten sie das Wichtigste gelernt (zumindest was das Füttern mit der Flasche betraf) und konnten erwarten, selbst zurecht zu kommen. Wenn heute eine Frau, die erst seit 24 Stunden Mutter ist, mit ihrem winzigen Neugeborenen bereits entlassen wird, geschieht dies nicht, weil moderne Frauen viel schneller alles Nötige gelernt haben, sondern weil die Krankenkassen auf diese Weise viel Geld sparen können.

Natürlich gibt es Mütter, die glücklich sind, das Krankenhaus so schnell wie möglich hinter sich zu lassen. So brauchen sie sich an keine Krankenhausregeln und Stundenpläne zu halten, die möglicherweise mit ihren eigenen Überzeugungen zum Stillen kollidieren. Aber, so kurz nach der Geburt ohne die nötige Unterstützung auf sich allein gestellt zu sein, kann eine ebenso grosse Herausforderung darstellen, wie unerwünschte Krankenhausinterventionen.[2]

In den letzten Jahren kam aus irgendwelchen Gründen wieder der Mythos der urtümlichen Frau auf, die morgens ihre Felder bestellt, am Mittag ohne Hilfe ein gesundes Kind gebärt und am Nachmittag schon wieder ihren Brotteig knetet. Die Moral davon ist, dass auch wir das schaffen müssten: Wir sollten problemlos bis am Tag vor der Geburt berufstätig sein, dann im Krankenhaus das Kind zur Welt bringen, am nächsten Tag nach Hause gehen und uns baldmöglichst am Arbeitsplatz zurückmelden! In einem 1985 erschienenen Ratgeber zu Schwangerschaft und Geburt für Karrierefrauen wird die Frau hochgelobt, die so dringend wieder zur Arbeit will, dass sie ihre Haushälterin in die Eingangshalle des Krankenhauses bestellt und ihr dort das Baby abliefert, während sie selbst ins Büro eilt... Aber auch neue Mütter, die sich nicht zu diesen Superfrauen zählen, glauben oft an den Mythos der Frau, die mit Leichtigkeit beim Pflügen gebärt und zweifeln an sich, weil bei ihnen nicht alles ganz so einfach ist.

In vergangenen Jahrhunderten hatten die verschiedenen Kulturen genaue Regeln und Rituale, wie neue Mütter und Babys zu umsorgen war. In manchen Kulturen gibt es sie noch heute. Traditionen gaben die Gewähr, dass Mütter gut ausgeruht und ernährt waren und stärkten die Bindung, die so wesentlich für das Überleben des Babys ist – oder jedenfalls früher

---

2 Im deutschsprachigen Raum haben viele Frauen nach Spitalaustritt eine Nachsorgehebamme und sind somit nicht ganz auf sich gestellt.

war. In Jamaika zum Beispiel (wie anderswo auch), blieb die Hebamme bis einige Tage nach der Geburt da, um nach den anderen Kindern zu sehen und den Haushalt für die Familie zu führen, sodass die Mutter ruhen und sich um das Neugeborene kümmern konnte. In Südindien blieb die Mutter mit ihrem Neugeborenen für 90 Tage in einer speziellen Hütte, wo sie nur von ihrem Ehemann und der Hebamme besucht wurde. Bei den Hopi Indianern blieben Mutter und Kind für 18 Tage in einem abgedunkelten Raum. Ein anderer Stamm verlangte eine 12-tägige Absonderungszeit für Mutter, Vater und Kind, während diese von Helferinnen betreut wurden. Im alten Japan wurden beide Eltern und das Kind für 35 Tage abgesondert und sogar im heutigen Japan wird ein Baby selten aus dem Haus gebracht, bevor es einen Monat alt ist. In den meisten Kulturen bekommt die neue Mutter immer noch spezielle Nahrung, um sich „zu stärken und die Milch aufzubauen". „So wird die Anfangszeit, in der Mutter und Kind sich kennen und binden lernen, geschützt und durch spezielle Rituale anerkannt", schreibt Sheila Kitzinger, Sozialanthropologin und Autorin zahlreicher Bücher über Geburt und Mutterschaft. Auch Frauen in traditionellen Kulturen müssen natürlich wieder arbeiten, aber erst nachdem sie genügend Zeit für den Übergang zur Mutterschaft bekommen haben.

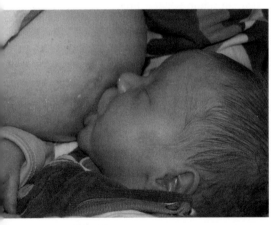

Sich am Anfang genügend Zeit zum Kennenlernen geben

Zweifellos gibt es biologische Gründe für diese weltweit bestehenden Traditionen nach der Geburt. Der Prolaktingehalt (Prolaktin bildet Milch) im Blut der Mutter ist in den ersten 40 Tagen nach der Entbindung am höchsten. Er sinkt dann wieder, aber, wenn die Mutter weiterstillt, nur ganz allmählich. Wie kommt es dann, dass Mütter ihre Kinder für zwei Jahre oder länger stillen können, also über den Zeitpunkt hinaus, wo das Prolaktin eine Rolle spielt? Was erhält die Milchproduktion? Eine Hypothese geht davon aus, dass der hohe Prolaktinspiegel, der durch ausschliessliches Stillen in den ersten sechs Wochen erzeugt wird, die Brust dazu befähigt, nach dieser Zeit unabhängig von der Anregung durch Prolaktin zu funktionieren. Vielleicht erkannten die Menschen in alter Zeit, dass eine grosszügige Betreuung der Mütter in der Anfangszeit zu einer längerfristigen guten Milchproduktion führte. Sie stellten möglicherweise höhere Überlebenschancen bei solchen Kindern fest.

Kittie Frantz, eine bekannte Kinderschwester in den USA, setzte diese Hypothese in Santa Monica, Kalifornien in die Praxis um. Ungefähr 90 % ihrer Patientinnen waren berufstätige stillende Mütter und fast alle von ihnen klagten über Schwierigkeiten mit ihrer Milchproduktion nach dem Wiedereinstieg in den Beruf. Nach der üblichen Routine hatten sie zwei Wochen nach der Geburt angefangen abzupumpen und die Milch den Babys mit der Flasche zu verabreichen – in der Absicht, diese früh genug mit der Flasche vertraut zu machen. Kittie Frantz begann nun zu empfehlen, die abgepumpte Milch einzufrieren und das Füttern mit der Flasche zu verschieben bis die Kinder mindestens vier bis fünf Wochen alt waren. Der Erfolg beim Erhalten der Milchproduktion war laut Frantz „phänomenal". Warum hatten diese Mütter soviel Milch, während ihre Freundinnen weiter darum kämpfen mussten? Die Antwort von Kittie Frantz: „Wir haben von den Frauen gelernt, die vor uns waren."

Vorbild sein wird weiter gegeben.

Lassen Sie sich diese erste Zeit (ungefähr die ersten sechs Wochen) nicht nehmen – es sind sozusagen die Flitterwochen mit Ihrem Baby. Bitten Sie vor der Geburt Ihre Mutter, Schwiegermutter, eine Schwester oder gute Freundin zu Ihnen zu kommen und Ihnen zu helfen – nicht mit dem Baby, sondern mit Mahlzeiten, Haushalt oder den anderen Kindern. Im Idealfall ist diese Helferin oder Doula, wie sie auch genannt wird, eine erfahrene Frau, die selbst gestillt hat oder es zumindest unterstützt. Auch der Vater kann diese Rolle übernehmen; es kommt aber leider selten vor, dass ein Vater mehr als eine Woche von der Arbeit frei nehmen kann, um zu Hause zu helfen. Im Übrigen sollte auch er Gelegenheit haben, sich auf das Neugeborene einzustellen ohne ständig durch Hausarbeit abgelenkt zu werden. Viele Grossmütter helfen nach der Geburt gerne für ein paar Wochen aus, sodass die neue Mutter ganz für ihr Baby da sein kann. Eine Mutter erinnert sich gerne an diese Zeit; „Ich habe während der ersten vier Wochen nie eine Windel gewechselt. Ich kaufte nicht ein, kochte und putzte nicht. Ich lebte von einer Stillmahlzeit zur nächsten, alle zwei Stunden."

Ihre Mutter oder Schwiegermutter kann für oder gegen das Stillen sein. Vielleicht ist sie damit einverstanden, dass Muttermilch das Beste ist, kann Ihnen aber nicht die richtigen Ratschläge und Informationen geben. Mangelnde Unterstützung ist für viele Frauen der Hauptgrund, wenn sie das Stillen schon in den ersten Tagen oder Wochen aufgeben. Denken Sie daran, dass damals, als Ihre Mutter oder Schwiegermutter geboren haben, das Füttern mit der Flasche möglicherweise noch der Normalfall war. Sie fühlt sich vielleicht beim Gedanken ans Stillen nicht wohl oder sogar schuldig, weil sie es nicht getan hat. Vielleicht hat sie sich darauf gefreut, ihrem Enkelkind die Flasche zu geben und ist nun enttäuscht.

Flaschenfütterung war normal, aber nicht vom Vater.

In dieser Situation ist es umso wichtiger, dass Sie die Unterstützung und Hilfe einer erfahrenen Freundin, einer diplomierten Stillberaterin oder einer La Leche Liga Stillberaterin haben. Rufen Sie bei der La Leche Liga oder beim Verband diplomierter Stillberaterinnen (siehe Anhang für Adressen) an oder fragen Sie im Krankenhaus danach. Machen Sie sich über die nachgeburtlichen Betreuungsmöglichkeiten in Ihrer Gegend kundig. Es gibt in grösseren Orten auch „Doulas," die angestellt werden können und manchmal neben der Hilfe im Haushalt auch Stillberatung machen. Schauen Sie nach Inseraten in Elternzeitschriften. Vielleicht wäre es möglich für die ersten drei bis vier Tage nach der Geburt eine professionelle Hilfe zu bekommen (Familienhelferin, Haushalthilfe), während für später ein Familienmitglied hilft – auch in der Zeit, wenn Sie wieder in den Beruf einsteigen. (Beachten Sie auch Kapitel 6)

Nehmen Sie alle Hilfsangebote von Freunden und Nachbarn an. Wenn Sie noch nicht wissen, welche Hilfe Sie benötigen werden, dann behalten Sie sich vor, sich zu melden sobald Sie mit dem Baby zu Hause sind. Eine allein stehende Mutter erinnert sich an einen Abend kurz nach der Geburt, als ein Besucher aus ihrer Kirchengemeinde, ein Mann in den Sechzigern, an ihre Tür kam: Er wollte etwas für sie und das Baby tun und fragte: „Was würden Sie sich wünschen wenn eine gute Fee an Ihrer Tür erscheinen würde und Sie einen Wunsch äussern könnten? Zu welcher Arbeit sind Sie zu erschöpft und getrauen sich nicht zu fragen?" „Ich darf es nicht sagen", sagte sie, „es ist zu peinlich." Aber er überzeugte sie schliesslich zu gestehen, dass unbedingt das Bad geputzt werden müsste. Er verbrachte eine Stunde damit, Badewanne, Toilette und das Waschbecken zu schrubben, mit Putzmittel und viel heissem Wasser. „Ich sass auf dem Sofa, während er arbeitete, schaute fern, fühlte mich etwas schuldig und stillte Sam in den Schlaf."

Solche guten Feen sind leider viel zu selten. Wir sind nicht dafür geschaffen, allein und ohne Hilfe in die Elternschaft einzutreten.

Nehmen Sie beim Austritt aus dem Krankenhaus keine künstliche Säuglingsnahrung für „alle Fälle" mit. Sie werden sie nicht benötigen und kommen so gar nicht erst in Versuchung. Die Hersteller von Säuglingsnahrung hoffen natürlich, dass Sie ihr Produkt irgendeinmal in diesen ersten Wochen ausprobieren werden und so den Teufelskreis in Gang setzen, der so oft zum verfrühten Abstillen führt.

Manche Mütter sind erstaunt, dass die Entlassung aus dem Krankenhaus und der Weg nach Hause so anstrengend sind. Gehen Sie zu Hause sofort ins Bett und nehmen Sie das Baby zu sich. Sie brauchen Ruhe, damit Sie bald wieder zu Kräften kommen und Sie sollten häufig stillen, damit Ihre Milch bald einschiesst, wenn dies noch nicht der Fall war. Vorausgesetzt, dass Sie viel liebevolle Hilfe und Unterstützung haben, sind die eigenen vier Wände der beste Platz, um die Milchbildung in Gang zu setzen.

Geschwister kümmern sich rührend um die Jüngeren.

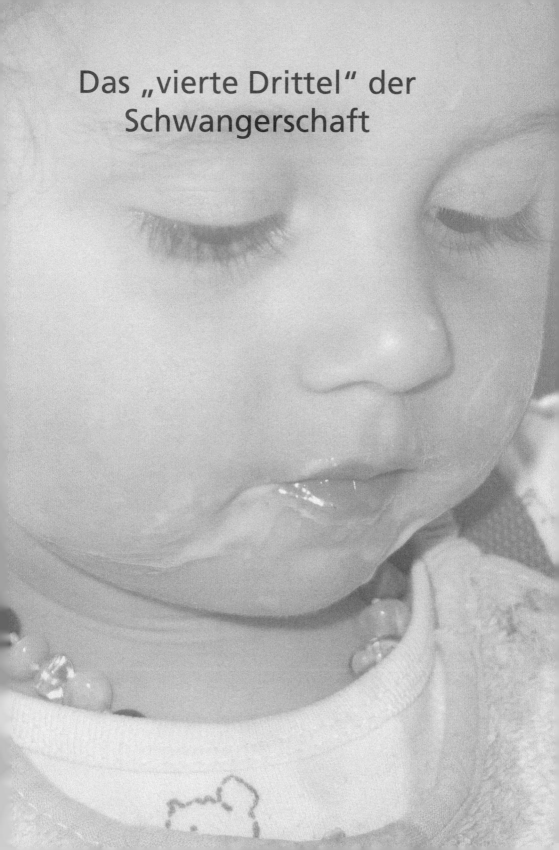

Das „vierte Drittel" der Schwangerschaft

Kapitel 4

Das „vierte Drittel" der Schwangerschaft

Mutter werden

Mit dem Baby zusammen wird auch eine Mutter geboren. Stellen Sie sich darauf ein, dass die Wochen oder (falls Sie Glück haben) Monate Ihres Mutterschaftsurlaubes eine sehr intensive Zeit für Sie werden. Sie lernen nicht nur mit Ihrem Baby umzugehen, sondern Ihre ganze Identität macht eine grundlegende Veränderung durch.

Wenn es Ihr erstes Baby ist, haben Sie jetzt die Aufgabe, das Muttersein in Ihr Selbstbild zu integrieren. Jede Frau erlebt diesen Prozess anders. Wenn Sie Ihre Identität bisher zu einem grossen Teil aus Ihrer Berufsarbeit gezogen haben und Ihnen Unabhängigkeit sehr wichtig war, dann ist diese neue Rolle für Sie möglicherweise schwierig. Und falls Ihr Arbeitgeber von Ihnen verlangt, dass Sie Ihr persönliches Leben strikte vom Berufsleben trennen (wie dies für Männer schon immer üblich war), kommt noch ein zusätzliches Problem auf Sie zu. Aber, wie eine Psychologin sagt: „Muttersein ist eine Erfahrung, die sich nicht leicht eingrenzen lässt." Als Mutter sind Sie nicht länger ein einzelnes Individuum.

Obwohl die Nabelschnur durchtrennt ist, bleiben Sie gefühlsmässig mit Ihrem Baby verbunden und falls Sie stillen, besteht auch körperlich noch für einige Monate eine Abhängigkeit. Für Ihr Neugeborenes sind Sie die Welt. Es verlässt sich darauf, dass Sie seine Bedürfnisse kennen,

«Durch das Stillen kann ich meinem Baby Dinge sagen, die es mit Worten noch lange Zeit nicht verstehen würde.»

sein Schreien verstehen und dass Sie es nach der Geburt genauso schützen und nähren, wie Sie dies durch Ihre Gebärmutter in den letzten neun Monaten getan haben. Und Sie selbst sehen das Leben mit anderen Augen an – jeder Blickwinkel schliesst immer auch Ihr Kind ein.

Kapitel 4 — Das „vierte Drittel" der Schwangerschaft

Das gefühlsmässige Band zu Ihrem Baby, das schon bei der Geburt besteht, wird während dieser ersten Monate noch viel stärker. Sie werden vielleicht in dieser Zeit die wunderbarsten Erfahrungen Ihres Lebens machen – aber auch verzweifelt und erschöpft sein. Manchmal scheint Ihnen vielleicht Ihr früheres Leben weit weg und völlig ohne Zusammenhang mit diesem neuen Zustand. Die Umwälzungen sind so massiv, dass Sie sich am liebsten verbarrikadieren möchten, bevor Sie völlig den Boden verlieren und Ihr Leben sich zur Unkenntlichkeit verändert hat.

Geschwister – welch eine Bereicherung.

Vielleicht versuchen Sie aber auch zu verdrängen, dass alles anders geworden ist. Natürlich, Sie haben jetzt ein Baby, aber sonst beharren Sie darauf, dass sich nichts geändert hat. In Wahrheit ist nichts mehr gleich und wird auch nie wieder so werden wie vorher. Sie haben jetzt die Aufgabe, eine neue Realität für sich zu schaffen, in der die Mutterschaft ihren Platz hat. Sie werden nach dieser Phase immer noch (oder wieder) sich selbst sein, Sie werden aber eine neue, reichere Dimension dazu gewonnen haben.

Bei vielen Gelegenheiten fordert unsere Kultur von den Eltern, ihre Instinkte zu verleugnen, aus der Angst heraus, das Kind zu „verwöhnen". So ungefähr alles, was eine Mutter tun möchte, weil es am einfachsten scheint und weil es das Baby so mag – es aufnehmen, wenn es schreit, stillen ohne Zeitplan, mit dem Baby im gleichen Bett schlafen – wurde schon von Experten als schädigende Erziehungsmassnahme bezeichnet. Vor allem das gemeinsame Schlafen ist in den letzten Jahren besonders ins Visier genommen worden. Die Empfehlungen an neue Eltern – auch solche von anerkannten Autoritäten wie der American Academy of Pediatrics (Amerikanische Vereinigung der Kinderärzte/ärztinnen) – ergaben sich teilweise aus einem Zahlenmix der Resultate verschiedener Studien, statt dass sie vom gesunden Menschenverstand und Verständnis für die Situation junger Familien getragen wären. Zwar basieren veröffentlichte wissenschaftliche Studien meistens auf gesicherten Daten, aber die Interpretation dieser Daten wird allzu oft durch kulturelle Tendenzen beeinflusst. So schreibt der Journalist John Seabrook 1999 in einem Zeitungsartikel: „Vielleicht ist die amerikanische Ehrfurcht vor einem ungestörten Nachtschlaf nur ein weiteres gesellschaftliches Vorurteil, das sich wissenschaftlich gibt." Die Empfehlungen der Experten/Expertinnen und die wissenschaftlichen Untersuchungen, auf die diese abstellen, sind bestimmt eine wichtige Informationsquelle für Eltern, die sich um die Gesundheit und Sicherheit ihrer Kinder bemühen. Und trotzdem, kein wissenschaftliches Ergebnis kann es mit Ihrer Intuition aufnehmen. Ihr ureigenes Wissen darüber, was für Sie und Ihr Kind richtig ist, wird in den ersten Wochen und Monaten der Mutterschaft immer sicherer: Trauen Sie dieser Intuition und handeln Sie danach. Mit grösster Wahrscheinlichkeit wird die Forschung in absehbarer Zeit wieder andere Schlüsse ziehen und die Medien werden solche Studien für ihr Publikum wieder auf griffige Richtlinien im Schlagzeilenformat reduzieren.

Wenn Sie für Ihre Entscheidungen die Rückendeckung der Biologie brauchen – Ihr Körper liefert sie: Wenn Ihr Baby schreit und Sie das Bedürfnis spüren, es an Ihre Brust zu nehmen, hat sich schon die Durchblutung Ihrer Brust verstärkt. Ihr Körper weiss, was zu tun ist und reagiert sofort, sogar wenn Sie im Kopf noch zögern.

Die Forschung bestätigt, dass Sie den wichtigsten Beitrag zu Babys körperlicher, gefühlsmässiger und intellektueller Entwicklung leisten, wenn Sie auf seine Signale eingehen – zum Beispiel wenn es schreit, nach der Brust sucht, jammert, Augenkontakt will und vieles mehr. Ihr spontanes, einfühlsames Reagieren sagt dem Baby, dass seine „Sprache" Bedeutung hat, dass es ein Mensch ist, dessen Bedürfnisse zählen. Es kann darauf vertrauen, dass Sie ihm geben was es braucht. Dieses Urvertrauen ist für sein später aufkeimendes Selbstbewusstsein wichtig.

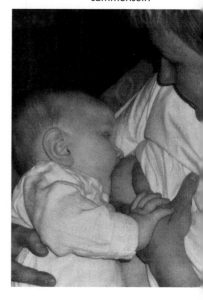

Trautes Beisammensein

Ihrem mütterlichen Instinkt zu trauen, ist aber für Ihre eigene Entwicklung ebenso wichtig, wie für diejenige des Babys. Jedes Eingehen auf das Kind verfeinert Ihre mütterlichen Fähigkeiten und hilft Ihnen, es besser zu verstehen. Indem Sie für Ihr Baby sorgen, wächst auch Ihr Selbstvertrauen als Mutter.

Kinder, die mit Einfühlung und Respekt behandelt wurden, werden sich später anderen gegenüber eher einfühlsam und respektvoll verhalten. Dies zeigen Resultate einer breit angelegten Studie von Michael Schulmann und Eva Mekler. Wenn Sie versuchen, Ihren Beruf und Ihr Familienleben im Gleichgewicht zu halten, möchten Sie die Stunden zu Hause lieber in einer positiven Atmosphäre mit dem Kind verbringen, als Machtkämpfe auszufechten. Jetzt haben Sie die Gelegenheit, eine tiefe, stabile Harmonie zu begründen.

Kapitel 4   Das „vierte Drittel" der Schwangerschaft

Ihrem mütterlichen Instinkt zu folgen ist für Ihre eigene Entwicklung ebenso wichtig, wie für diejenige ihres Babys. Jede Interaktion mit Ihrem Baby verfeinert Ihre Fähigkeiten und vergrössert Ihr Einfühlungsvermögen. Indem Sie für Ihr Kind sorgen, wachsen auch Sie als Mutter.

Erfahrene Mütter, die das Muttersein geniessen – ob berufstätig oder nicht – raten Ihnen, sich jetzt „gehen zu lassen". Schwelgen Sie in Ihrer Leidenschaft für das Baby und geniessen Sie seine Leidenschaft für Sie! Halten Sie sich nicht zurück, vielleicht weil Ihnen gesagt wurde, Sie müssten seine Unabhängigkeit fördern, um ihm die spätere Trennung zu erleichtern. Dies behindert den natürlichen Lernprozess des Mutterwerdens. Wenn Sie sich Ihre überwältigenden Liebesgefühle für das Baby gestatten, werden Sie bald das intuitive Wissen und die Einfühlsamkeit entwickeln, welche die Basis einer harmonischen Mutter-Kind-Beziehung sind.

> Die Qualität der Bindung steht vor der Quantität des Beisammenseins!

Was das Kombinieren von Mutterschaft und Berufsarbeit betrifft, ist folgende Einsicht für mich am wichtigsten: Es zählen nicht die Anzahl der Stunden, die Sie mit Ihrem Kind zusammen sind, sondern die Qualität Ihrer Bindung und Ihr Selbstvertrauen als Mutter.

Stillen in den ersten Wochen: Die Lernphase

Sie und Ihr Baby werden in den nächsten sechs bis acht Wochen das Stillen lernen. Wie einfach oder schwierig das für Sie beide ist, hängt vom Temperament des Kindes ab und von Ihrem Wissen über das Stillen und die Entwicklung des Babys. Zwar ist jedes Kind anders – es gibt aber doch einige Meilensteine der Entwicklung, die voraussehbar sind. Ungefähr acht Wochen nach der Geburt ist zum Beispiel für die meisten Mütter und Babys das Stillen selbstverständlich geworden.

Ganz am Anfang können Sie erwarten, dass Ihr Baby tagsüber etwa alle zwei bis drei Stunden an die Brust will und auch nachts mehrmals. Im Allgemeinen brauchen Neugeborene acht- bis zwölfmal innerhalb von 24 Stunden eine Mahlzeit, wobei es kaum Pausen gibt, die länger als vier Stunden dauern. Die häufigen Mahlzeiten sind notwendig, da die Muttermilch sehr schnell verdaut wird. Wenn Sie so oft stillen, wie das Baby dies möchte, ist es zufrieden, Ihre Brust wird nicht unangenehm voll und das Milchangebot baut sich gemäss seinen Bedürfnissen auf.

Schon bevor es zu schreien beginnt, können Sie erkennen, wenn das Baby Hunger hat. Es dreht seinen Kopf zur Brust und sucht mit dem Mund, es schiebt seine Zunge nach vorn und macht Saugbewegungen. Stillen nach Bedarf heisst, dass Sie die Brust anbieten, wann immer Sie diese Zeichen sehen, und nicht darauf warten, dass das Baby lauthals schreit.

Sie können auch von sich aus die Brust anbieten, wenn Ihre Brüste sich sehr voll anfühlen. Wenn das Neugeborene am Anfang eher ruhig und schläfrig ist, müssen Sie es vielleicht aufwecken. Dies hilft Ihnen, Milchstaus zu vermeiden und baut die Milchproduktion auf. Das Baby braucht die häufigen Mahlzeiten, auch wenn es sie nicht von sich aus verlangt.

Wenn das Kind grösser wird, werden die Abstände zwischen den Mahlzeiten grösser und auch nachts gibt es längere Pausen. Dies geschieht bei allen Kindern, aber nach einem individuellen Zeitplan. Wenn Sie von sich aus Stillzeiten hinausschieben oder nach Plan stillen, kann es geschehen, dass das Baby plötzlich ungenügend zunimmt und unzufrieden ist.

Meilensteine während der ersten Wochen sind auch die phasenweise auftretenden Wachstumsschübe. Etwa zehn Tage nach der Geburt, mit vier bis sechs Wochen, mit drei Monaten und dann wieder mit sechs Monaten, wachsen Babys plötzlich schneller. Nachdem Sie sich an einen gewissen Rhythmus gewöhnt haben, will das Baby von einem Tag auf den anderen wieder häufiger an die Brust und scheint ganz unersättlich zu sein. Manche Mutter glaubt (nachdem man es ihr vielleicht so gesagt hat), dass ihr Baby hungrig ist, weil die Milch zurückgegangen sei. Aber die Unersättlichkeit dauert nur einen Tag oder zwei; nämlich solange, bis die Milchproduktion wieder soweit angeregt ist, dass sie mit dem zunehmenden Bedarf Schritt halten kann. (Das kommt übrigens auch bei älteren Kindern vor, die – obwohl sonst sehr wählerisch – plötzlich ihren Teller leer essen und dann immer noch Hunger haben.) Ihr Baby weiss genau, wie es dieses einfache und doch vollkommene System nützen muss. Es verwendet eine bestimmte Saugtechnik, um

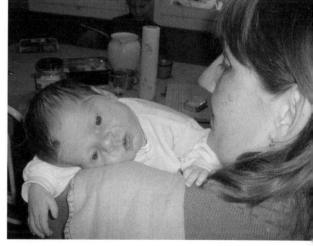

Nach dem Stillen: vollständig entspannt

Kapitel 4 Das „vierte Drittel" der Schwangerschaft

Wachstumsschub: Stillen immer und überall

den Milchspendereflex zu stimulieren und eine andere, um die sprudelnde Milch zu schlucken. Und wenn es für sein beschleunigtes Wachstum zusätzliche Energie benötigt, steuert es mit häufigeren Stillmahlzeiten die Milchproduktion nach seinem Bedarf.

Der plötzliche Appetit während eines Wachstumsschubs kann für Sie alarmierend aussehen. Das Kind wirkt ständig hungrig und ist den ganzen Tag unzufrieden. Sie befürchten, dass Ihre Milch zurückgegangen ist und fragen sich, ob Sie eine Flasche anbieten sollten. Sie können sicher sein, dass diese Situation nur vorübergehend ist. Ihre Milch ist nicht einfach weg; es ist nur so, dass der Bedarf plötzlich grösser geworden ist. Die häufigeren Mahlzeiten sind nötig, damit die Milchproduktion erhöht wird und sich Angebot und Nachfrage wieder einpendeln. Stillen Sie, so oft das Kind danach verlangt, ohne Einschränkungen und ohne zusätzliche Flaschen. Natürlich kann dies bedeuten, dass Sie in diesen Tagen nicht viel anderes erledigen können, weil das Baby fast rund um die Uhr an der Brust liegt. Nehmen Sie dies gelassen, auch das gehört zum Muttersein. (In Kapitel 5 finden Sie Ratschläge zum Umgang mit Wachstumsschüben, wenn Sie schon wieder zurück am Arbeitsplatz sind.)

Manchmal will ein Neugeborenes immer wieder an die Brust – alle 20 bis 40 Minuten, über zwei oder mehr Stunden. Dies geschieht oft nachts und in den ersten ein oder zwei Wochen nach der Geburt. Nach einem solchen Stillmarathon fällt das Kind meistens in einen tiefen Schlaf. Dies ist ein Mittel der Natur, das Stillen zu etablieren.

Die durchschnittliche Stilldauer ist bei jedem Baby anders. Manche Kinder trinken längere Zeit am Stück, andere machen immer wieder kleine Pausen dazwischen. Ihre Brust wird sich dem Rhythmus Ihres Kindes anpassen, mit einem starken Milchspendereflex am Anfang und dann wieder je nach Bedarf. In den ersten Wochen, wenn das Baby noch lernen muss, effizient zu saugen, braucht es vielleicht noch ziemlich lange, um die nötige Milch zu bekommen. Um wunde Brustwarzen und überfüllte Brüste zu vermeiden und eine gute Milchproduktion aufzubauen, lassen Sie das Baby bestimmen, wie lange es an der Brust ist – allerdings nur wenn es auch richtig saugt.

Wie können Sie sehen, dass das Kind genug getrunken hat? Sie sehen es, wenn es seine Fäustchen entspannt, wenn es ein kleines Neugeborenenlächeln versucht, die Brustwarze loslässt und vielleicht einschläft. Wenn Ihr Milchspendereflex sehr stark ist, reicht ihm vielleicht eine Brust, um (für eine Stunde) satt zu werden und es will die andere gar nicht mehr. Reichen Sie ihm in diesem Fall bei der nächsten Mahlzeit die volle Seite zuerst.

Sie sollten normalerweise bei jeder Mahlzeit beide Brüste anbieten, auch wenn das Baby einzuschlafen scheint. Geben Sie immer zuerst die Seite, die beim letzten Mal zuletzt kam. Das Baby wacht vielleicht auf und will wieder trinken, wenn Sie es an die andere Brust legen, vor allem wenn Sie es dazwischen noch aufstossen lassen. Sie können ihm auch eine Schicht Kleidung ausziehen, um es zu wecken und es Haut an Haut kuscheln lassen. Streicheln Sie sanft über seinen Rücken, über den Kopf, spielen und sprechen Sie mit ihm, suchen Sie Augenkontakt. Damit stimulieren Sie es vielleicht genügend, um es zum Trinken zu bringen.[3]

Ausschliesslich Stillen reicht.

Vermeiden Sie zusätzliche Flaschennahrung

Jede Zusatznahrung aus der Flasche kann den Stillbeginn erschweren und auch den Aufbau der Milchproduktion stören. Ein gesundes gestilltes Neugeborenes braucht keine Flüssigkeit ausser Muttermilch. Ergänzende Flüssigkeit kann seinen Appetit auf Muttermilch verderben, sodass es dann weniger eifrig an der Brust saugt. Ausserdem erfordern künstliche Sauger eine andere Saugtechnik und können damit das Baby verwirren. Das Saugen an der Brust muss es erst lernen. Das Trinken aus der Flasche erfordert weniger Anstrengung vom Kind. Hat es sich an diese bequeme Art der Nahrungsaufnahme gewöhnt, wird es ärgerlich reagieren, wenn es an der Brust saugt und Ihre Milch nicht ebenso schnell kommt.

Es ist besser, wenn das Baby zuerst lernt, Milch aus der Brust zu saugen, bevor es Erfahrungen mit dem leichteren Saugen aus der Flasche macht. Wenn das Stillen einmal gut funktioniert, kann das Baby sich ohne negative Folgen auch an die Flasche gewöhnen. (Siehe auch Kapitel 6.)

---

3 Bei Unsicherheiten lesen Sie mehr darüber in:
‹Das Handbuch für die stillende Mutter› der La Leche League Schweiz.
Es enthält alle dazu notwendigen Informationen.

Bekommt das Baby genug Milch?

Am meisten Sorgen machen sich Mütter am Anfang über die Milchmenge. Wie praktisch wäre es doch, wenn die Brust durchsichtig wäre – wenn wir zusehen könnten, wie die Milch produziert wird, sich sammelt und dem Kind in den Mund fliesst! Das Füttern mit der Flasche hat den psychologischen Vorteil, dass die Mutter sehen kann, wie viel das Baby trinkt. Möglicherweise wäre die Flasche sonst gar nie so populär geworden.

Sie können sicher sein, dass Ihr Baby genug Milch bekommt, wenn:
- es mindestens acht Mahlzeiten in 24 Stunden bekommt
- wenn Sie sehen und hören, dass es mindestens nach jeder zweiten Saugbewegung schluckt
- wenn sein Stuhl ab dem fünften Lebenstag eine senfgelbe Farbe annimmt
- wenn es klaren, hellen Urin hat (nicht dunkelgelb)
- wenn es ein- oder mehrmals täglich Stuhlgang hat und
- wenn es ab dem fünften Lebenstag mindestens 30 g pro Tag zunimmt.

Natürlich gibt es immer Unterschiede. Nach etwa sechs Wochen gibt es auch Babys, die viel Milch bekommen und nur alle paar Tage Stuhlgang haben. Auch die Gewichtszunahme ist unterschiedlich; manche Babys legen am Anfang mehr an Länge zu als an Gewicht. In den ersten drei bis vier Lebensmonaten sollte ein Baby aber pro Tag mindestens 30 g zunehmen. Nach diesem Zeitpunkt genügt auch eine tägliche Gewichtszunahme von etwa 15 g.

Wenn die Milch ausläuft

In der ersten Zeit nach der Geburt müssen Sie sich daran gewöhnen, dass Ihre Milch tropfen und laufen und spritzen kann – auch dann, wenn Sie es am wenigsten erwarten. Während das Baby an der einen Seite trinkt, kann es auf der anderen Seite tropfen oder sogar spritzen. Dies ist ein gutes Zeichen – Sie wissen dann, dass Ihr Milchspendereflex funktioniert, auch wenn Sie vielleicht nie das stechende, prickelnde Gefühl haben, das oft auftritt, wenn die Milch zu fliessen beginnt. Manchmal fliesst die Milch auch schon, wenn Sie nur an Ihr Baby oder ans Stillen denken, wenn Sie es hören oder sogar wenn Sie nur in den Stuhl sitzen, in dem Sie normalerweise stillen. Auch die entspannende Wärme unter der Dusche kann die Milch zum Fliessen bringen. Über die nächsten Wochen wird dies langsam weniger häufig vorkommen, obwohl das Problem auch später an Ihrem Arbeitsplatz noch auftreten kann, vor allem wenn Ihre Brüste sehr voll sind, oder wenn Sie das Abpumpen einmal ausgelassen haben.

Wenn Milch ausläuft, halten Stilleinlagen Ihren Büstenhalter und die Kleidung trocken. Waschbare Stoffeinlagen sind gut für Frauen, die das Gefühl von Stoff auf der Haut vorziehen. Einlagen gibt es in unterschiedlichen Qualitäten. Eine gute Einlage sollte die Flüssigkeit rasch aufnehmen und von der Brustwarze wegtransportieren. Wegwerfeinlagen mit einer Kunststoffschicht können die Brustwarzen feucht halten und damit die Heilung wunder Brustwarzen verzögern; in Situationen, in denen Sie auf keinen Fall plötzlich mit Milchflecken auf der Bluse dastehen möchten, sind undurchlässige Einlagen trotzdem zu empfehlen.

Manchmal verschlucken sich Neugeborene am starken Milchfluss.

Stilleinlagen sind in Drogerien, Supermärkten oder Babyartikelläden erhältlich, gute Stoffeinlagen müssen Sie vielleicht extra bestellen oder selber aus Windeln herstellen. Stilleinlagen eines neuen Typs, so genannte *LilyPadz*, sind waschbar und über Monate wiederverwendbar. Sie nehmen keine Milch auf, sind atmungsaktiv und üben einen sanften Druck auf die Brustwarze aus, wodurch das Auslaufen der Muttermilch verhindert wird. Diese besonders weichen Silikoneinlagen können mit oder ohne Büstenhalter getragen werden, auch in einem Badeanzug.

Wunde Brustwarzen

Wunde Brustwarzen sind ein sehr häufig vorkommendes Problem zu Beginn der Stillzeit. Dabei kann es von leichtem Unbehagen bis zu so starken Schmerzen gehen, dass auch die hingebungsvollste Mutter ans Aufgeben denkt. Meistens ist die Ursache eine unkorrekte Stillhaltung oder eine falsche Saugtechnik des Babys. Wenn Sie nicht sicher sind, ob Ihr Baby richtig saugt, rufen Sie eine diplomierte Stillberaterin oder eine La Leche League Stillberaterin an. Sie muss Ihnen vielleicht beim Stillen zusehen, bevor Sie eine Diagnose stellen und Ihnen bei der Korrektur helfen kann. Wenn das Problem identifiziert und behoben ist, sollten die Schmerzen innerhalb von wenigen Tagen verschwinden.

Kapitel 4   Das „vierte Drittel" der Schwangerschaft

Unterstützen Sie die Heilung auch, indem Sie die Brustwarzen trocken halten und häufig der Luft aussetzen. Medizinisch reines Wollfett/Lanolin (*PureLan* oder *Lansinoh*) beruhigt wunde Brustwarzen, verhindert Narbenbildung und macht die Stillmahlzeiten weniger schmerzhaft. Diese Produkte sind in Apotheken und Drogerien erhältlich oder bei Ihrer Stillberaterin. Verletzte Brustwarzen sind infektionsanfälliger und erhöhen das Risiko einer Brustentzündung. Wenn Ihre Brustwarzen bluten und sehr schmerzhaft sind, fragen Sie Ihren Arzt/Ihre Ärztin.

> Wunde Brustwarzen sind kein Grund, mit dem Stillen aufzuhören, können aber die Freude daran verderben.

Beim Anlegen sind die Schmerzen meistens am stärksten. Sie lassen nach, wenn der Milchspendereflex einsetzt. Beginnen Sie immer an der Seite, die weniger schmerzt; das Stillen an der anderen Seite wird anschliessend weniger schmerzhaft sein. Stillen Sie häufig, so dass das Baby nicht allzu heisshungrig an die Brust kommt und mit seinem ungeduldigen Zupacken die Schmerzen noch grösser macht. Wenn Sie die Brust vor dem Stillen massieren oder eine warme Kompresse auflegen, kommt der Milchspendereflex schneller und die Schmerzen sind geringer. Fragen Sie Ihren Arzt/Ihre Ärztin, ob Sie ein Schmerzmittel vor dem Stillen nehmen können.

Mit unterschiedlichen Stillhaltungen können Sie die Schmerzen ebenfalls verringern, weil dadurch der Druck des Unterkiefers beim Saugen nicht immer auf die gleiche Stelle fällt. In jeder Position achten Sie darauf, dass Sie das Baby ganz nahe an sich ziehen (Bauch an Bauch) und dass es hoch genug liegt, sodass es die Brust nicht nach unten ziehen oder seinen Kopf drehen oder recken muss.

Schmerzhafte Brustwarzen können auch von Soor, einer Pilzinfektion (Candida albicans), kommen. Dieser Pilz lebt von der Milch auf den Brustwarzen, in den Milchgängen und in Babys Mund. Wenn Ihre Brustwarzen nach der ersten Woche plötzlich rot werden, jucken oder brennen, könnte dies die Ursache sein. Andere Symptome sind rissige Brustwarzen und stechende Schmerzen in einer oder beiden Brüsten während oder nach dem Stillen. Wenn Sie Soor haben, hat ihn das Baby meistens auch. Vielleicht sehen Sie weissliche Flecken auf der Innenseite der Wangen, der Lippen oder auf der Zunge oder auch einen Windelausschlag. Das Baby saugt vielleicht nur ungern oder etwas anders als sonst, weil sein Mund schmerzt.

Wenn Sie eine Soorinfektion vermuten, lassen Sie sich von Ihrem Arzt/ Ihrer Ärztin ein Medikament verschreiben. Verwenden Sie Stoffeinlagen, dann wechseln Sie diese nach jeder Stillmahlzeit, waschen Sie sie in heissem Seifenwasser und kochen Sie sie täglich für einige Minuten aus. Spülen Sie Ihre Brustwarzen nach dem Stillen ab. Behandeln Sie bei Bedarf auch Babys Windelbereich und waschen Sie die Hände häufig, um eine erneute Infektion zu vermeiden. Sie sollten natürlich während der Behandlung weiterstillen; wenn dies zu schmerzhaft ist, pumpen Sie die befallene Brust mit einer vollautomatischen Pumpe ab.

Milchstau und Brustentzündung

Wenn Sie eine schmerzende, druckempfindliche Stelle in Ihrer Brust fühlen, ist dies wahrscheinlich ein Milchstau. Die Milch staut sich, wenn ein Milchgang nicht durchlässig ist. Das umliegende Gewebe entzündet sich in der Folge und schmerzt. Aus einem unbehandelten Milchstau kann sich eine Brustentzündung entwickeln. Oft ist der Milchstau ein Hinweis darauf, dass Sie sich zuviel zumuten und mehr Ruhe brauchen.

Ein Milchstau ist sehr unangenehm. Das beste Mittel dagegen ist aber nicht das Abstillen, sondern häufiges Stillen – mindestens alle zwei Stunden in den nächsten 24 Stunden oder solange wie die Brust empfindlich ist. Wenn möglich, gehen Sie sofort ins Bett – zusammen mit dem Baby! Beginnen Sie jede Mahlzeit mit der empfindlichen Brust und stillen Sie in verschiedenen Positionen. Stillberaterinnen raten, das Baby in einer Position zu stillen, in der sein Kinn gegen die schmerzende Stelle gerichtet ist (sogar wenn Sie sich dafür „auf den Kopf stellen müssen", wie eine Stillberaterin sagte); so trifft der stärkste Saugreiz auf die gestaute Stelle.

> **Bestes Mittel bei Milchstau: Häufiges Stillen**

Ziehen Sie die Knie Ihres Babys dicht gegen Ihren Bauch, damit es nicht durch seine Bewegungen zusätzlich Zug oder Druck auf Ihre Brust ausüben kann. Legen Sie eine warme Kompresse oder ein Wärmekissen auf die schmerzende Stelle und massieren Sie dann vorsichtig, indem Sie gegen die Brustwarze streichen. Dies kann helfen, den Milchgang zu öffnen, sodass die gestaute Milch wieder frei fliessen kann. Manchmal ist auch ein Milchkanal an der Brustwarze verstopft; Sie können vielleicht getrocknetes Sekret darauf sehen, ein spaghettiähnlicher Faden oder trockene körnige Krümel. Stillen oder pumpen Sie sofort nach der Massage, um den Milchgang frei zu halten. Diese Massnahmen – Ruhe, häufiges Stillen, Wärme und sanfte Massage – können häufig eine Brustentzündung verhindern.

Wenn Sie eine sehr schmerzhafte Stelle (rot, warm und hart) in der Brust haben und Fieber und ein grippeartiges Gefühl dazu kommt, haben Sie sehr wahrscheinlich eine Brustinfektion oder Mastitis. Wenn das Fieber sehr hoch ist oder schon mehr als 24 Stunden andauert, brauchen Sie möglicherweise ein Antibiotikum. Rufen Sie Ihren Arzt/Ihre Ärztin an. Seien Sie aber vorsichtig, wenn der Arzt/die Ärztin Ihnen rät, abzustillen bis die Infektion abgeklungen ist oder bis Sie das Antibiotikum aufgebraucht haben (Sie müssen auf jeden Fall die ganze Kur machen!). Weiterstillen bei einer Brustinfektion schadet dem Baby nicht. Die Antikörper in Ihrer Milch schützen es vor Bakterien. Häufiges Stillen, vor allem auf der entzündeten Seite, ist äusserst wichtig, um den Milchgang durchlässig zu machen.

Eine Mastitis/Brustentzündung führt meist zu einem vorübergehenden Rückgang der Milchproduktion, deshalb will das Baby dauernd trinken, was wiederum die beste Behandlung für die entzündete Brust ist. Die Mastitis wird hingegen verschlimmert, wenn die Milch sich staut und die Brüste übervoll werden, wie es beim Abstillen der Fall wäre. (Wenn die Mastitis noch weiter fortgeschritten ist, kommt es zum Brustabszess, einer lokalen Ansammlung von Eiter, der chirurgisch entfernt werden muss.) Das Antibiotikum, das Ihnen verschrieben wird, muss für Ihr Baby unbedenklich sein; fragen Sie Ihren Arzt/Ihre Ärztin danach. Wie bei einem Milchstau, ist sofortige Bettruhe zusammen mit dem Baby äusserst wichtig, um die Mastitis auszuheilen und einen Rückfall zu vermeiden.

Gelegentlich kommt es vor, dass ein Baby nur ungern an der infizierten Brust trinkt. Bieten Sie in diesem Fall diese Brust erst an, wenn es sehr hungrig oder schläfrig ist oder bereits schläft. Versuchen Sie verschiedene Positionen oder stillen Sie während Sie dazu umhergehen oder schaukeln. Durch die Mastitis kann der Warzenhof hart und geschwollen werden und dadurch für das Baby schwierig zu ergreifen. Um die Stelle weicher zu machen, streichen Sie vor dem Anlegen etwas Milch aus. Vielleicht müssen Sie an dieser Seite auch abpumpen, während Sie das Baby trotzdem so oft wie möglich anlegen (ein Säugling kann die Milch effizienter zum Fliessen bringen als eine Pumpe).

Um Milchstaus und Mastitis vorbeugen zu können, ist es wichtig zu verstehen, wie es überhaupt dazu kommt. Ein Risiko besteht immer, wenn Sie Mahlzeiten auslassen, unregelmässig stillen oder wenn die Brüste nur schlecht geleert werden. Manchmal gibt sich eine Frau zwar in den ersten Wochen sehr Mühe, sich Ruhe zu gönnen und häufig zu stillen, um dann später, wenn sie sich wieder kräftiger fühlt, alles aufholen zu wollen. Sie versucht vielleicht, die Mahlzeiten etwas abzukürzen und mutet sich zuviel zu – und am nächsten Morgen erwacht sie mit einer schmerzenden Brust und vielleicht sogar Fieber.

Lassen Sie sich Zeit und verlangen Sie auch nach den ersten Wochen nicht allzu viel von sich selbst. Gehen Sie nur sehr langsam zu Ihrem normalen Programm zurück und achten Sie darauf, wie oft Sie das Baby anlegen. Wenn Sie aus irgendeinem Grund Mahlzeiten auslassen – auch wenn das Baby nachts länger als gewöhnlich schläft, wenn Sie eine Zusatzflasche oder einen Schnuller geben, wenn Sie Trubel über die Feiertage haben oder Gäste im Haus sind – kann dies zu einem Milchstau führen.

Sich Zeit nehmen zum Stillen

Falsches Positionieren und eine schlechte Anlege- und Saugtechnik – häufige Gründe für wunde Brustwarzen – können ebenfalls Milchstaus verursachen, weil die Milch dadurch nicht frei fliessen kann. Wenn Sie Ihr Problem dort vermuten, konsultieren Sie eine diplomierte Stillberaterin IBCLC oder eine La Leche League Stillberaterin. Sie müssen sicher sein können, dass Ihr Baby mindestens eine Brust pro Mahlzeit gut entleert.

Vermeiden Sie alles, was den Milchfluss hemmt. Dies könnte auch ein schlecht sitzender Büstenhalter sein, das Tragen einer schweren Tasche oder eine schlecht sitzende Tragevorrichtung für das Baby – alles was Druck auf die Brüste ausübt. Tragen Sie keine Büstenhalter mit Drahtbügeln, gehen Sie überhaupt so oft wie möglich ohne Büstenhalter oder nehmen Sie ihn mindestens eine Nummer grösser als normal. Auch Bauchlage beim Schlafen kann die Milch stauen.

Stress und Müdigkeit verschlimmern das Problem zusätzlich. Da Ihre Abwehrkräfte reduziert sind, wenn Sie unter Stress stehen oder erschöpft sind, kann aus einem Milchstau schneller eine Mastitis werden. Andere Kulturen, die einer neuen Mutter traditionell einen Monat oder länger Ruhe und Fürsorge gönnen, kennen diese Probleme viel seltener.

Für Mütter, die nicht zurück in den Beruf gehen, sind Milchstaus und Brustentzündungen normalerweise nach dem dritten Monat kein Problem mehr. Bei erwerbstätigen Müttern hingegen können diese Beschwerden in den ersten Arbeitswochen (wieder) auftauchen. Die Ursachen sind die gleichen: plötzlich weniger Stillmahlzeiten, nicht ganz geleerte Brüste, einengende Kleidung, Stress und Müdigkeit. Auch hier hilft es, wenn Sie die möglichen Gründe kennen und vorbeugen oder gegebenenfalls sofort die richtigen Massnahmen ergreifen können.

Eine Mastitis kommt wieder, wenn sie beim ersten Mal nicht ganz ausgeheilt wurde und kann zu einem chronischen Problem werden. Nehmen Sie das verschriebene Antibiotikum unbedingt genau nach Vorschrift ein (lange genug) und gönnen Sie sich anschliessend für mindestens zwei Wochen mehr Ruhe.

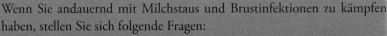

Wenn Sie andauernd mit Milchstaus und Brustinfektionen zu kämpfen haben, stellen Sie sich folgende Fragen:
- Trinken Sie ausreichend?
  Jede stillende Mutter sollte viel (aber nicht zu viel) trinken, ob sie unter Milchstaus leidet oder nicht. Manche Frauen haben immer eine Wasserflasche dabei.
- Ist Ihre Ernährung hoch an gesättigten Fettsäuren? Manche Mütter beobachten, dass reduzierter Fettkonsum – zum Beispiel entrahmte Milch anstatt Vollmilch – ihnen dabei hilft, wiederkehrende Milchstaus loszuwerden.
- Verwenden Sie dauernd zuviel oder zuwenig Salz? Beides kann zu wiederkehrender Mastitis führen.
- Haben Sie das richtige Antibiotikum in der richtigen Dosis bekommen?

Das Baby tragen

Den ganzen Tag für ein Baby da sein, kann mühsam und erschöpfend sein. Was machen Sie, wenn das Baby jedes Mal schreit, wenn Sie es hinlegen? Wie putzen Sie sich die Zähne? Wie schaffen Sie es überhaupt, irgendetwas zu erledigen? In Kulturen, in denen die Tätigkeit der Mutter für das Überleben der Familie und der ganzen Gemeinschaft unentbehrlich ist, geht die Arbeit selbstverständlich auch weiter, wenn ein neues Baby da ist. Diese Mütter tragen ihre Kinder in Tragetüchern. Ihre Hände sind frei, um zu tun, was nötig ist, während die Babys normalerweise zufrieden sind.

In einer entsprechenden Studie zeigte sich, dass Babys, die während der meisten Zeit getragen wurden, 43 % weniger schreien als andere.

Warum ist ein getragenes Baby so viel zufriedener? Heutige Babys funktionieren genau gleich, wie Babys, die Tausende von Jahren vor unserer Zeit geboren sind – lange bevor es Wiegen, Kinderwagen und Kindersitze gab. Sie tragen unser unverändertes Säuger-Erbe von 3 Mio. Jahren in sich. Menschen sind keine Vögel oder Reptilien, die ihre Jungen im Nest lassen, während sie Futter suchen. Wir gehören auch nicht zu den jagenden Säugern, die ihre Jungen in Verstecken lassen und nur in grossen Abständen zum Säugen zurückkommen. Wir sind eine „tragende" Spezies, wie Affen und gewisse andere Säuger, wir tragen unsere Kinder mit uns, während wir arbeiten, essen und schlafen. Wir müssen sie ständig in der Nähe haben, so dass wir sie häufig stillen können, weil unsere Milch verhältnismässig wenig Fett enthält. Deshalb werden Babys mit einem gut entwickelten Greifreflex geboren; dieser soll ihnen helfen, sich am Körper oder an den Haaren der Mutter festzuhalten. Wie der Saugreflex ist auch der Greifreflex bei der Geburt voll funktionstüchtig, da er für das Überleben unserer Vorfahren von wesentlicher Bedeutung war.

Das getragene Baby fühlt sich „richtig". Kleine Säuglinge brauchen Bewegung. Der Ethnologe Irenäus Eibl-Eibesfeldt bemerkt, dass „Mütter ihre Kinder in allen Kulturen hätscheln, tragen und in den Schlaf schaukeln. Dieses Schaukeln, Kuscheln und Tragen von Babys, das Mütter so geniessen, befriedigt das Bedürfnis des Kindes nach vestibulärer Stimulation. Ein erregtes, nervöses Baby wird durch Schaukeln beruhigt. Vestibuläre Stimulation zeigt dem Baby, dass es nicht allein ist."

Überall auf der Welt wissen Frauen, dass getragende Babys zufriedener sind und dass sie auf diese Weise ihre Arbeit besser tun können.

Das Kind, das getragen wird, verbringt seine Tage ähnlich wie in der Gebärmutter. Die vertraute Bewegung der Schritte seiner Mutter, ihre beruhigende Stimme und ihr Herzschlag sind immer noch da. Wenn Sie Ihr Baby tragen, erlauben Sie ihm, diese ersten Monate in einer Art viertem Drittel der Schwangerschaft zu verbringen – ein tröstender Übergang in eine neue ungewohnte Welt.

Wenn es getragen wird, ist das für das Baby nicht nur eine Erinnerung an seine Vergangenheit, sondern auch eine Vorbereitung auf die Zukunft. Es kann Augenkontakt zu jeder anwesenden Person aufnehmen. Es kann zwar wenn nötig jederzeit schlafen oder an der Brust saugen, wenn es aber munter und wach ist, kann es alles sehen und miterleben: Es ist immer Teil der Welt seiner Mutter. Eine Mutter, die zum ersten Mal gekocht hatte, während ihr viermonatiger Sohn im Tragetuch sass, sagte darüber: „Das Schöne

daran war sein Interesse an allem. Wenn ich den Wasserhahn aufmachte, griff er nach dem Wasser, wenn ich den Kühlschrank aufmachte, schaute er hinein. Er war fasziniert, als ich Gemüse schnitt."

Wenn Sie Ihr Baby tragen, wird es dadurch nicht überanhänglich und unfähig, sich später von Ihnen zu trennen. Babys, denen erlaubt wird, in ihrem eigenen Tempo unabhängig zu werden, erreichen dieses Ziel wahrscheinlich eher und sicherer, als diejenigen, die man dazu gedrängt hat. Bei den Yequana Indianern in Südamerika, die ihre Babys tragen, bis sie selber hinunterklettern und davon kriechen, fand die Forscherin Jean Liedloff, dass die Kinder schon erstaunlich früh sehr unabhängig waren. Es hängt vom Temperament Ihres Kindes ab, wann es dazu bereit ist, mehr Zeit ausserhalb Ihrer Arme zu verbringen. Ein Baby, das mit einem grossen Bedürfnis nach taktiler Stimulation (Berührung) geboren wurde, möchte vielleicht getragen werden, bis es zu kriechen beginnt oder noch länger. Ein anderes Baby ist schon mit drei Monaten zufrieden, wenn es auf einer Decke dem Spiel des Sonnenlichts zusehen kann, während Sie das Frühstück zubereiten.

> «Während ein Fötus umgeben von Fruchtwasser im Bauch heranwächst, fühlt er die fliessende Wärme, den Herzschlag, die Körpergeräusche der Mutter und liegt in einer wunderbaren Hängematte, die beim Herumgehen der Mutter sanft schaukelt. Die Geburt muss ein unsanfter Schock sein, nach all diesem Wohlbehagen. Eine Mutter kann dieses beruhigende Gefühl auf verschiedene Weise wieder herstellen; zum Beispiel indem sie das Kind einwickelt, wiegt oder an ihr Herz drückt.»
>
> Diane Ackermann

Wenn Sie fortgehen, gibt Ihnen eine Tragevorrichtung (wie zum Beispiel ein Tragtuch) viel mehr Bewegungsfreiheit als ein Kinderwagen, mit dem jeder enge Durchgang und jede Stufe zum Hindernis wird. Sie gibt Ihnen auch freie Hände zum Kochen, Schreiben, Säen, Telefonieren, Post öffnen oder um die Hand eines anderen Kindes zu halten. Wenn Sie Ihr Baby tragen, wie dies Mütter schon immer getan haben, können Sie seinen Bedürfnissen Rechnung tragen und gleichzeitig Ihre tägliche Arbeit verrichten.

Und noch wichtiger: Wenn Sie Ihr Baby tragen, haben Sie jeden Tag viel länger Körperkontakt mit ihm. Wenn Sie wieder im Beruf arbeiten, wird das ausgiebige Tragen während der Stunden, die Sie zu Hause verbringen, die Wirkung der Trennung ausgleichen. Häufiger Körperkontakt und das

Zusammensein mit Ihrem Baby erhöht auch die Produktion von Prolaktin, dem so genannten Mütterlichkeitshormon.

Auch Väter geniessen es, ihre Kinder zu tragen. Der nahe Körperkontakt, den eine Tragevorrichtung ermöglicht, gibt beiden eine tiefe Vertrautheit mit den Geräuschen, dem Geruch und den Bewegungen des anderen. Sie kennen einander dadurch viel besser, als der Vater und das Kind, die sich täglich eine halbe Stunde „besuchen".

Sie können eine Tragevorrichtung selber herstellen oder in jeder Form kaufen. Vorrichtungen, die man auf dem Bauch trägt, sind praktisch, wenn das Baby noch klein ist. Es gibt auch solche, die dem Baby ermöglichen, nach vorne zu schauen und die Welt zu betrachten. Die meisten Rückentragevorrichtungen sind geeignet für ältere Babys. Vor allem Väter machen gerne lange Spaziergänge damit. Sie belasten Schultern und Nacken weniger und sind für das Baby sicherer, wenn Sie in der Küche arbeiten.[4]

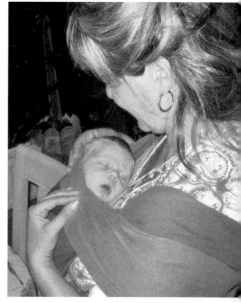

Getragen und geborgen

Ihr Baby ist wahrscheinlich am glücklichsten, wenn Sie es so in die Tragevorrichtung legen, dass sein Kopf auf Ihrer linken Seite liegt. Mütter tendieren dazu, ihre Kinder links zu tragen. Schauen Sie sich Gemälde oder Skulpturen von Müttern und Babys an, zu jeder Zeit und überall auf der Welt war dies so. Erst dachte man, dass dies mit der vorwiegenden Rechtshändigkeit der Mütter zu tun hätte. Aber auch linkshändige Mütter tragen ihre Babys eher links.

Untersuchende konnten zeigen, dass schon Neugeborene eine klare Vorliebe dafür haben, ihren Kopf auf eine bestimmte Seite zu legen. Etwa zwei Drittel der Kinder drehen ihren Kopf nach rechts. (Wenn sie auf der linken Seite der Mutter getragen werden, dann drehen sie den Kopf so, dass sie den Herzschlag ihrer Mutter hören.) Das andere Drittel dreht den Kopf nach links – und ihre Mütter tendieren dazu, sie auf der rechten Seite

---

[4] Auf dem Markt gibt es verschiedene Tragehilfsmittel. Immer beliebter wird das Tragetuch, das es in unterschiedlichen Ausführungen und Längen zu kaufen gibt.
Für welches System Sie sich auch entscheiden, wichtig ist immer die richtige Handhabung der Tragehilfe, damit Sie und Ihr Kind sicher sind. Beraterinnen der La Leche Liga kennen sich aus – holen Sie bei ihnen Rat und lassen Sie sich den Gebrauch der Tragevorrichtung von einer Fachperson zeigen.

Kapitel 4   Das „vierte Drittel" der Schwangerschaft

Spass und Bewegungsfreiheit stehen ins Gesicht geschrieben.

zu tragen. Vielleicht tragen Sie Ihr Kind schon so, wie es dies vorzieht.

Geben Sie nicht gleich auf, wenn sich das Baby anfangs im Tragetuch nicht wohl zu fühlen scheint. Versuchen Sie es ein paar Tage lang, damit Sie sich beide daran gewöhnen können. Es ist wie beim Stillen – wenn Sie sich einmal an das Tuch gewöhnt haben, können Sie es jederzeit und überall verwenden.

Wenn Sie oder Ihr Baby sich mit der Tragevorrichtung trotzdem nicht wohl fühlen, dann machen Sie sich keine Sorgen: Es geht auch ohne. Auch das Tragen ist nur eine von anderen natürlichen Möglichkeiten, die Bindung zum Baby zu fördern. Sie müssen es auch nicht jede Sekunde des Tages tragen, um sicher zu gehen, dass Sie beide eine starke und harmonische Bindung entwickeln. Aber wenn Sie merken, dass Sie zu zögern beginnen, wenn Sie es jetzt schon wieder aufnehmen sollen, weil es schreit oder wenn Ihnen jemand sagt, dass Sie es durch das viele Tragen verwöhnen, denken Sie daran, dass Babys schon immer gehalten und getragen wurden, wenn Sie weinten. Babys sind noch immer gleich, wie sie schon vor Zeiten waren, nur die Ideen der Erwachsenen haben sich geändert.

Wo schläft Ihr Kind?

Schlaflose Nächte kennzeichnen die Neugeborenenperiode. Sehr schnell folgt auf die Fragen nach Alter und Gewicht die nächste: „Schläft es schon durch?" Das Baby zum Durchschlafen zu bringen, ist anscheinend notwendig, um als gute Mutter zu gelten (was immer das auch heisst). Mütter, die ins Erwerbsleben zurückzukehren möchten, fühlen die verzweifelte Notwendigkeit, selbst so früh wie möglich wieder ungestört schlafen zu können. Diese Idee kommt möglicherweise aus einer Kultur, die sehr grossen Wert auf ungestörten Nachtschlaf und „unabhängige" Babys legt.

Über den richtigen Umgang mit Babys Schlaf gibt es so viele unterschiedliche Meinungen wie über seine Ernährung. Eine in letzter Zeit sehr populär gewordene Technik ist das Schreienlassen des Kindes im eigenen Bett über eine sich steigernde Zeitspanne. Dieses Programm scheint zu funktionieren. In relativ kurzer Zeit schreien diese so trainierten Babys nachts nicht mehr. Befürworter dieser Methode sagen, die Babys hätten durch Konditionierung gelernt, allein im Bett einzuschlafen. Sie müssen zum Einschlafen nicht mehr geschaukelt und gestillt werden. Gegner meinen dagegen, dass die Babys einfach gelernt haben, dass auf ihr Schreien – egal wie laut und wie lange – nicht mehr reagiert wird. Sie sind frustriert und haben einen Zustand erreicht, der als „angelernte Hilflosigkeit" bezeichnet wird. Für übermüdete Eltern können diese gegensätzlichen Argumente ungefähr gleich überzeugend wirken.

Richard Ferber, der Arzt, der diese Methode entwickelt hat, bemerkt, dass sie „nicht für alle Familien funktioniert". Er sagt, dass er auch für den anderen Ansatz, das gemeinsame Schlafen viele gute Beispiele kenne. „Ich denke, dass Kinder mit und ohne ihre Eltern schlafen können. Wirklich wichtig ist, dass die Eltern wissen, was sie wollen."

Viele Eltern finden heraus, was sie wollen, wenn sie sich darüber informieren, wie die Babys in den meisten Teilen der Welt betreut werden. Für diese Mütter und Väter macht das westliche Tabu in Bezug auf Kinder im Elternbett keinen Sinn. Sie realisieren, dass *alle* besser schlafen, wenn das Kind in ihrem Bett schläft. Ein junger Vater stellt mit einigem Erstaunen fest: „Unser Sohn hat nicht von Anfang an bei uns geschlafen. Wir waren der festen Meinung, dass er in sein eigenes Bett gehört. Aber nach Wochen gestörter Nachtruhe durch das Aufstehen zum Füttern, Aufstehen zum Nachschauen, Aufstehen weil der Babyfunk rauschte, entschlossen wir uns, ihn bei uns schlafen zu lassen. Es klappte wunderbar. Wir schliefen mehr, unser Sohn schlief besser und fühlte sich sicherer."

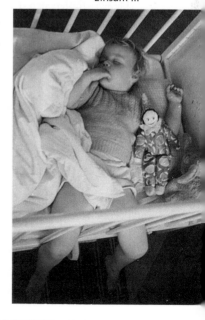

Schlafen: Einsam ...

Trotz der modernen Haltung dagegen, schlafen in den meisten Kulturen die Babys gemeinsam mit ihren Müttern. In ihrem Buch ‹Our Babies, Ourselves› zitiert die Anthropologin Meredith Small eine Studie an 186 nicht industrialisierten Gesellschaften: In keiner davon schlafen Kinder getrennt von der Mutter bevor sie nicht mindestens ein Jahr alt sind. Andere Studien bestätigen dies ebenfalls.

Es erstaunt nicht, dass auch das Stillen in diesen Kulturen die Norm ist. Zum Stillen legt sich die Mutter gern hin, das führt dazu, dass sie einschläft und schon ist sie beim gemeinsamen Schlafen. John Seabrook schreibt dazu: „Das gemeinsame Schlafen ist wie das Kleingedruckte unten auf dem Vertrag, den Sie beim Stillen eingehen." Nach einer ausgiebigen Mahlzeit kann das Baby abends mitten im Saugen einschlafen. Dann ist es einfach, es in sein Bettchen zu legen, bevor die Mutter selbst ihr Abendessen nimmt und sich für die Nacht bereit macht. Ein kleiner Säugling braucht aber wahrscheinlich wieder eine Mahlzeit um 23 Uhr, dann wieder eine um 1 Uhr und um 5 Uhr morgens. Es ist gut möglich, dass die Mutter diese ganze Prozedur von Aufnehmen, Einschlafen, Hinlegen nicht mehrmals durchspielen will und ihn ganz einfach von einer Mahlzeit zur anderen in ihrem Bett behält.

Ein Baby, das allein schlafen sollte, nachts zu versorgen, bedeutet eine grosse Anstrengung. Kein Wunder, dass Eltern alle möglichen Versuche machen, dem Baby diese Nachtmahlzeiten möglichst früh abzugewöhnen. Abends eine besonders nahrhafte, mit Getreide angereicherte Flaschenmahlzeit zu verabreichen, war über Jahrzehnte der Rat der Grossmütter und Nachbarinnen. Dies führte zwar nicht zu einer Verlängerung von Babys Schlafzyklen (hingegen zu einem vergrösserten Risiko für Diabetes Typ 1 bei Babys mit familiärer Belastung), aber immerhin erwachen Flaschenbabys nachts durchschnittlich etwas seltener als gestillte. Die Kuhmilch gerinnt im Magen des Kindes zu viel zäheren, grösseren Flocken, die schwerer verdaulich sind, als diejenigen von Muttermilch. Flaschengefütterte Babys fühlen sich deshalb zwischen zwei Mahlzeiten etwas länger satt (bis zu vier Stunden).

Es ist von der Natur vorgesehen, dass Babys nachts gestillt werden. Der Prolaktinspiegel einer stillenden Mutter ist am höchsten zwischen ein und fünf Uhr morgens und der Fettgehalt ihrer Milch ist nachts ebenfalls höher.

...oder gemeinsam?

Wenn sie nachts nicht stillt, sind ihre Brüste morgens übervoll und ihre gesamte Milchproduktion geht zurück.

Wenn das Baby die Nacht allein verbringt, muss es richtig erwachen und so lange und so laut schreien, dass die Mutter davon aufwacht. Sie muss aufstehen und in sein Zimmer gehen, es aufnehmen, sich zum Stillen hinsetzen, es stillen, zurück in den Schlaf schaukeln und dann sehr, sehr sorgfältig wieder in sein Bett legen, damit es nicht gleich wieder erwacht. Erst dann kann sie wieder in ihr eigenes Bett gehen und versuchen weiter zu schlafen. Diese Prozedur muss sie nachts alle zwei bis drei Stunden wiederholen. (Man stelle sich erst die Mühe vor, wenn noch jedes Mal eine Flasche warm gemacht werden muss!)

Wie ganz anders verlaufen die Nachtmahlzeiten, wenn Ihr Baby in Reichweite schläft – bei Ihnen im Bett oder gleich daneben in seinem Kinderbett (ohne Seitengitter): Es beginnt unruhig zu werden und macht – noch schlafend – Saugbewegungen. Sie wachen gerade so weit auf, um es im Halbschlaf an Ihre Brust zu ziehen. Es saugt, ohne dass es dafür schreien oder ganz aufwachen muss. Schon während des Stillens schlafen Sie vielleicht wieder ein. Wenn das Kind genug getrunken hat, lässt es los und schläft auch schon wieder. Niemand von Ihnen wacht ganz auf und alle geniessen Sie die Nähe des anderen. Ihr Partner schläft friedlich auf der anderen Seite des Bettes, meistens ohne überhaupt zu merken, dass irgendetwas geschieht. (Windeln wechseln? Wenn das Baby nicht ganz nass ist und ausläuft, lassen Sie es bis morgen früh.)

Befürworter sagen, dass gemeinsames Schlafen – gleich wie das Reagieren auf seine Signale – das Baby Vertrauen lehrt. Es weiss, dass Sie immer da sind, um ihm zu helfen und mit diesem Wissen kann es riskieren, zur Unabhängigkeit heranzuwachsen. Der Kinderpsychologe Erik Erikson nennt dieses Wissen „Urvertrauen".

Erfahrene berufstätige Mütter sehen auch einen unmittelbaren Gewinn. Gemeinsames Schlafen ermöglicht ihnen täglich zusätzliche acht bis neun Stunden engen Kontakt zu Ihrem Baby. Mutter und Kind reagieren auch nachts aufeinander, auch wenn sie die meiste Zeit nicht bei vollem Bewusstsein sind.

Gemeinsames Schlafen bereitet Sie auch auf die Möglichkeit vor, dass das Baby seine Hauptmahlzeiten auf die Nacht verlegt. Manche Babys, deren Mütter tagsüber fünf Stunden oder länger abwesend sind, beginnen während dieser Zeit mehr zu schlafen und sind dafür abends und nachts häufiger wach und an der Brust. Wenn die Mutter weg ist, spart das Baby seine Energie. Wenn sie zurückkommt, holt es die verpassten gemeinsamen Stunden nach. Dies ist eine wunderbare und rührende Anpassung, ein Tribut an die geliebte Mutter. Gemeinsames Schlafen macht es Ihnen möglich, diese Anpassung zu akzeptieren und trotzdem die nötige Nachtruhe zu finden.

Wenn Sie Ihrem Baby das nächtliche Stillen gestatten, trägt dies dazu bei, Ihre Milchproduktion trotz häufiger Abwesenheit aufrecht zu erhalten. Ein Baby, das sich der Abwesenheit der Mutter angepasst hat, indem es eher abends aktiv ist, trinkt vielleicht tagsüber nicht alle abgepumpte Milch

Kapitel 4 Das „vierte Drittel" der Schwangerschaft

seiner Mutter; es bekommt den grössten Teil seiner Nahrung, wenn die Mutter zu Hause ist und wartet lieber darauf, dass sie es persönlich stillt. Wenn Sie nachts sehr oft stillen, können Sie vielleicht das Pumpen am Arbeitsplatz früher weglassen.

Die amerikanische Vereinigung der Kinderärzte und Kinderärztinnen (AAP) zeigt sich besorgt über einen möglichen Zusammenhang zwischen gemeinsamem Schlafen und dem plötzlichen Kindstod (SIDS). Aus den Resultaten verschiedener gross angelegter Studien schloss die AAP 2005, dass das Risiko von SIDS leicht erhöht sei, wenn Babys allein schlafen und ebenfalls, wenn sie „auf einer Unterlage schlafen, die nicht ausdrücklich für Säuglinge gemacht wurde" (das heisst jede Matratze, die nicht für ein Kinderbett gedacht ist). Das Risiko sei hingegen kleiner, wenn Babys im gleichen Zimmer schlafen wie die Mutter. Aus den Ergebnissen gehe auch hervor, dass das SIDS Risiko leicht geringer sei, wenn Babys mit einem Schnuller einschlafen.

> Schlafen im selben Bett schenkt Mutter und Kind die Möglichkeit, Nähe zu kompensieren, die während der Erwerbstätigkeit nicht möglich ist.

Die AAP empfahl aus diesem Grund, dass Säuglinge zwar im Zimmer der Mutter schlafen, aber nicht in ihrem Bett und dass sie zum Einschlafen einen Schnuller bekommen.

Die Reaktionen auf diese Empfehlungen fielen, um es gelinde zu sagen, sehr gemischt aus. Einwände kamen von der UNICEF und der Weltgesundheitsorganisation (WHO), den Begründerinnen der Initiative für „Babyfreundliche Krankenhäuser". (Krankenhäuser werden mit dem „Babyfreundlich" Status ausgezeichnet, wenn ihre Standards auf den Geburtsabteilungen den Empfehlungen für das Stillen entsprechen, die von WHO und UNICEF entwickelt wurden.)

Auch die La Leche Liga/League (eine internationale Organisation für stillende Mütter) und die amerikanische Vereinigung für Medizin und Stillen (ABM) sprachen sich gegen die Empfehlungen aus. Dr. Nancy Wight, damalige Präsidentin der ABM, bezeichnete die Empfehlung der AAP ironisch als einen „wirklich erstaunlichen Triumph von ethnozentrischen Annahmen über den gesunden Menschenverstand und die medizinische Forschung." Sie fügte hinzu, dass auch viele Mitglieder der AAP selbst mit diesen Empfehlungen nicht einverstanden seien. Die La Leche League erklärte, dass das AAP Statement „Verwirrung unter den Eltern stifte und alles andere als eine nützliche und umfassend durchdachte Sache" sei.

Als Reaktion auf die AAP Empfehlungen gaben die UNICEF und der Britische ‹National Child Trust› 2005 ebenfalls ein gemeinsames Statement ab, in dem sie forderten, dass Eltern „klare, genaue Informationen über die Risikofaktoren von SIDS bekommen, sodass sie ihre eigenen Entscheidungen treffen können". In ihrem Statement betonten sie, dass gestillte Kinder weniger häufig an SIDS sterben als solche, die künstliche Säuglingsnahrung bekommen und dass die Förderung des Stillens deshalb eine sehr wichtige Massnahme für die Prävention ist. Weiter heisst es, dass „bewiesen ist, dass Mütter, die gemeinsam mit dem Baby schlafen, länger stillen. Da das Nicht-Stillen sowohl kurz- und langfristige Gesundheitsrisiken mit sich bringt, machen wir uns Sorgen, dass die Stilldauer zurückgeht, wenn wir den Müttern sagen, dass sie nicht gemeinsam mit dem Baby schlafen sollten." Gemeinsames Schlafen baut die Milchproduktion der Mutter auf und erhält sie auf hohem Niveau, weil es regelmässige und häufige Nachtmahlzeiten fördert, ohne dass die Mutter deshalb zuwenig Schlaf bekommt. Die UNICEF sagte weiter, dass bisher keine Studie über das gemeinsame Schlafen gemacht wurde, in der die bekannten Risikofaktoren – wie Rauchen, Drogen- und Alkoholmissbrauch der Eltern und unangemessene Schlafunterlagen, wie Sofas oder Wasserbetten, ausgeschlossen worden waren.

Die AAP-Befürwortung des Schnullers gab ebenfalls zu Einwänden Anlass. Die La Leche League meinte: „Die Empfehlungen zum Gebrauch des Schnullers und zum gemeinsamen Schlafen zeigen einen Mangel an Verständnis für die grundlegenden Abläufe des Stillens. Ein Schnuller ist ein künstlicher Ersatz für die Brust und das was diese bewirkt. Gestillte Kinder stillen sich tagsüber und nachts häufig in den Schlaf. Wenn das Kind zum Einschlafen einen Schnuller bekommt, könnte dies zu einer Reduktion der Milchmenge führen (weil die Brust nicht mehr ausreichend stimuliert wird) und damit zu einer Verkürzung der gesamten Stilldauer."

Die UNICEF weist darauf hin, dass die statistischen Daten zwar ergeben, dass der Gebrauch des Schnullers einen zusätzlichen Schutz vor SIDS zeigt, aber nur, wenn er jede Nacht verwendet wird. Wenn ihn das Baby routinemässig zum Ein-

Auch Väter profieren vom gemeinsamen Schlafen.

Kapitel 4   Das „vierte Drittel" der Schwangerschaft

Papa! Aufwachen!

schlafen bekommt, aber gelegentlich eine Nacht nicht, dann ist das SIDS Risiko in den betreffenden Nächten höher, als wenn es gar nie einen Schnuller bekommen hätte. „Ist es realistisch", fragt, die UNICEF, „zu erwarten, dass der Schnuller ohne Ausnahme jede Nacht verwendet wird?"

Die AAP-Empfehlungen erklären nicht, weshalb ein Schnuller einen gewissen Schutz gegen SIDS bietet, aber der Mechanismus kann vermutet werden: Der Schnuller stimuliert Saugbewegungen, die das Baby beruhigen und gleichzeitig bewirken, dass sein Schlaf eher leicht bleibt und nicht so tief wird, dass das noch unreife Nervensystem die Atmung nicht mehr regulieren kann. Dies ergeben die Forschungsresultate von Dr. James McKenna (Direktor des ‹Mother-Baby Behavioral Sleep Laboratory› an der Universität von Notre Dame, Indiana).

Wodurch wird häufiges Saugen im Schlaf ebenfalls stimuliert? Durch die Mutterbrust – wenn sie nachts nahe und leicht zugänglich ist.

Überall auf der Welt gibt es Eltern, die gemeinsam mit ihren Babys schlafen und in Kulturen, in denen diese Praktik allgemein üblich ist, kommt SIDS sehr selten vor. Wenn Sie gemeinsam mit Ihrem Kind schlafen möchten, dann sollten Sie nicht rauchen, keine Drogen und keine Beruhigungsmittel nehmen und vor dem Einschlafen auch keinen Alkohol trinken (dies gilt auch für den Vater). Schlafen Sie auf einer festen Matratze, niemals auf einem Wasserbett, auf einem Sofa oder einer anderen weichen Oberfläche, auf der es für das Baby schwierig wäre, den Kopf zu heben und seine Nase zum Atmen frei zu halten. Ein Säugling ist am sichersten, wenn er sich zwischen den Eltern befindet, solange sein Kopf und sein Gesicht frei von Kissen, Tüchern und Decken sind. Betttücher können in der Mitte des Bettes nach unten gezogen werden, sodass sie mit dem Baby nicht in Berührung kommen. Es kann mit einem dicken Schlafanzug, einer leichten Babydecke und durch die Körperwärme seiner Eltern warm gehalten werden. Wenn das Baby auf der Seite der Mutter liegt und nicht in der Mitte, muss darauf geachtet werden, dass das Bett ganz an die Wand geschoben ist, so dass es nicht herausfallen kann. Die ideale Einrichtung ist der „Seitenwagen": Ein Kinderbett wird mit heruntergelassenem Seitengitter am Elternbett befestigt. So hat das Baby seinen eigenen Platz, ist aber jederzeit in Reichweite der Mutter zum Stillen und Kuscheln. Ein Korb oder eine Wiege an der Seite des Elternbettes ist ebenfalls eine Alternative zum Kinderbett in einem separaten Raum.

Wenn Sie einmal das Baby in Ihrem Bett einquartiert haben, stellen Sie sich vielleicht die Frage, ob es dieses je freiwillig wieder verlassen wird. Babys „entwöhnen" sich selber vom Elternbett, genauso wie von der Mutterbrust. Sie können allerdings den Prozess auch beschleunigen. Manche Paare lieben es, mit einem knuddeligen Zweijährigen aufzuwachen; andere bringen das Baby mit sechs Monaten in ein eigenes Bett. Wenn der Übergang langsam und liebevoll vor sich geht, wird das Kind in jedem Fall lernen, in seinem eigenen Bett zu schlafen. (Neue Bettwäsche mit ihren Lieblingsmotiven haben bei Kleinkindern schon Wunder gewirkt.) Wahrscheinlich werden Sie erleben, dass Ihr Kind auch noch später nachts zu Ihnen kommt, wenn es Sie braucht – wenn es schlecht träumt, wenn es krank ist oder andere Schwierigkeiten hat. Auch hier ist das nächtliche Bedürfnis nach Ihrer Nähe kein Erziehungsproblem, sondern ein Zeichen für die Tiefe seiner Bindung an Sie.

> Häufiges Saugen im Schlaf – ein SIDS-Schutz – wird durch Stillen gefördert.

Und was ist mit Ihrer Privatsphäre? Ehrlich gesagt, der grösste Teil davon geht ohnehin in dem Moment verloren, in dem Ihr Kind geboren wird – und kommt nicht mehr zurück, bis Ihr Jüngstes das Haus verlässt. Aber das Wenige, das davon geblieben ist, muss sich nicht auf Ihr Bett beschränken. Es gibt auch Eltern, die einen Teil der Nacht für sich allein behalten, indem sie das Kind abends in einem anderen Bett einschlafen lassen und es erst zu sich nehmen, wenn es nach ein paar Stunden aufwacht.[5]

Sorgen Sie gut für sich selbst

Sie werden bald merken, dass Sie bei der Sorge um das Baby auch sich selbst nicht vergessen dürfen. Besonders in den ersten Wochen nach der Geburt ist es sehr wichtig, dass Sie genügend Ruhe bekommen und sich ausgewogen ernähren. Sie machen während dieser Zeit nicht nur grosse emotionale Veränderungen durch, sondern Ihr Körper ernährt auch einen

---

[5] Ein umfassendes Buch zu diesem Thema: ‹Schlafen und Wachen› von W. Sears. Es beschreibt die unterschiedlichen Schlafgewohnheiten von Erwachsenen und Kindern und wie damit umzugehen ist.

Kapitel 4 — Das „vierte Drittel" der Schwangerschaft

anderen Menschen, während er sich gleichzeitig von der Geburt erholen und wieder auf den nichtschwangeren Zustand umstellen muss. Wenn Sie sich zuwenig schonen, kann dies schnell zu einem Teufelskreis führen, mit Brustentzündungen, Misserfolg beim Stillen und sogar Depressionen. Befolgen Sie die wichtigste Regel in dieser Zeit: Schlafen Sie immer, wenn das Baby schläft. Wenn es beim Stillen einschläft, strecken Sie sich dort aus wo Sie eben sind und machen Sie ein Nickerchen mit dem Baby im Arm oder auf Ihrer Brust. Auch wenn es nur 20 Minuten dauert, kann es Wunder für Ihr Wohlbefinden wirken.

Diese Regeln sind ganz besonders wichtig, wenn Sie durch einen Kaiserschnitt entbunden haben!

Legen Sie während dieser ersten Wochen besonderen Wert auf eine gute Ernährung. Stillende Mütter sind normalerweise durstig und trinken gerne reichliche Mengen Flüssigkeit. Lassen Sie Ihren Partner wissen, dass es eine grosse Hilfe ist, wenn er dafür sorgt, dass Sie immer ein Glas Wasser oder Saft neben sich finden, wenn Sie sich zum Stillen hinsetzen. Sie fühlen sich vielleicht ganz besonders durstig, wenn der Milchspendereflex erfolgt; so stellt die Natur sicher, dass Sie das Trinken nicht vergessen. (Sie müssen sich jedoch nicht im Wasser ertränken. Trinken Sie einfach, wenn Sie durstig sind.)

Falls Sie normalerweise keine Kuhmilch trinken, ist dies auch jetzt nicht nötig. Kuhmilch ist zwar eine gute Quelle für das nötige Eiweiss und Kalzium, beides können Sie aber auch durch andere Nahrungsmittel in ausreichender Menge bekommen. Bei empfindlichen Babys kann es sogar zu Beschwerden führen, wenn die Mutter zuviel Kuhmilch trinkt.

> **Stehen Sie nicht, sondern setzen Sie sich.**
> **Sitzen Sie nicht, sondern legen Sie sich hin.**
> **Liegen Sie nicht nur, sondern schlafen Sie.**

Die Zeit nach der Geburt ist nicht der Moment für eine Schlankheitsdiät. Stillende Mütter verlieren das während der Schwangerschaft zugelegte zusätzliche Gewicht meistens ohne besonderen Aufwand. Viele Frauen sagen, dass sie während der Stillzeit unbekümmert herzhafte Mahlzeiten und Desserts zu sich nehmen können, ohne an Gewicht zuzulegen. Lange wurde gesagt, dass stillende Mütter täglich zusätzliche 500 Kalorien brauchen; dies wird unterdessen in Frage gestellt. Es ist sicher vernünftig, zu essen, wenn Sie Hunger haben, aber auch nicht im Übermass.

Die Qualität der Muttermilch hängt nicht primär von der Qualität der Lebensmittel ab, die Sie zu sich nehmen; Ihre Milchdrüsen beziehen die nötigen, allenfalls in Ihrer Ernährung fehlenden Nährstoffe ganz einfach aus Ihrem Körper, der dann Mangel leidet. Obwohl Sie also vielleicht mehr essen können, als gewöhnlich, heisst dies nicht, dass Sie sich mit wertloser Nahrung wie Süssigkeiten oder Chips auffüllen sollten. Wenn Sie dies tun, werden Sie kein Gewicht verlieren und sind dauernd müde und ausgelaugt. Während der Stillzeit, vor allem in den ersten Wochen, brauchen Sie zusätzliches Eiweiss und Kalzium. Essen Sie gute, ausgewogene Mahlzeiten mit Hülsenfrüchten, Fleisch, Geflügel, Käse, Eier oder Fisch; mit frischen Früchten, grünem und orangem Gemüse; Vollreis, Vollkornbrot oder Vollkorngetreide. Füllen Sie Ihren Kühlschrank mit vollwertigen, besonders eiweisshaltigen Lebensmitteln, die schnell zubereitet sind. Sie greifen seltener zu Süssigkeiten, wenn etwas anderes schon bereit ist und ohne grossen Aufwand gegessen werden kann. Haferflocken, hart gekochte Eier, Nüsse, Dosenfische, vorgekochte Bohnen und Tofu geben schnell zubereitete, nahrhafte Speisen ab. Ihrem Baby geht es wahrscheinlich gut, unabhängig davon was Sie essen; für Ihre Gesundheit macht es aber einen grossen Unterschied, ob Sie sich während der ersten Wochen gut und ausreichend ernähren oder nicht.

Am Busen der Natur

Wenn Ihr Arzt/Ihre Ärztin Ihnen während der Schwangerschaft ein Multivitamin- und Eisenpräparat verschrieben hat, nehmen Sie es in der Stillzeit weiter. Wenn nicht, wäre es vielleicht gut, ein Vitamin B Präparat zu nehmen, da ein Mangel an Vitamin B zu Depressionen und Ängstlichkeit führen kann. Bierhefe ist eine natürliche Quelle von B-Vitaminen, Eisen und Eiweiss und sehr gut für stillende Mütter – ein Grund weshalb Hebammen früher Bier empfohlen haben.

Normalerweise dürfen Sie während der Stillzeit alles essen; es gibt aber manchmal Babys, die auf gewisse Nahrungsmittel ihrer Mutter empfindlich reagieren. Das kann Koffein, Kuhmilch und Milchprodukte, Eier, Schokolade, Zwiebeln, Kohlgemüse, Bohnen, Knoblauch, Zimt, Tomaten oder Zitrusfrüchte betreffen. Wenn Ihr Kind plötzlich sehr unruhig und quengelig ist, Blähungen oder Durchfall hat, einen Ausschlag oder Rötungen um den Darmausgang, könnte dies ein Hinweis darauf sein (obwohl es auch andere Ursachen für diese Symptome geben könnte). Überlegen Sie sich, was Sie in den letzten 24 Stunden gegessen haben. Wenn Sie eine Vermutung haben (vielleicht weil Sie oder ein anderes Familienmitglied auch empfindlich darauf reagieren), lassen Sie das betreffende Nahrungsmittel für zwei bis drei Tage weg. Wenn die Symptome mit irgendeinem Nahrungsmittel zusammenhängen, treten sie meistens zwei bis acht Stunden nach dem Essen auf.

Vereinfachen Sie Ihren Haushalt

Gestalten Sie Ihren Haushalt ruhiger, indem Sie so viele Abläufe wie möglich vereinfachen. Es muss nicht alles perfekt erledigt werden, schon gar nicht in dieser Lebensphase. Tun Sie nichts, was nicht wirklich nötig ist. Überlegen Sie sich, welche Aufgaben liegen bleiben können, ohne dass dies jemandem auffällt (oder falls es doch auffällt – wen stört es dann?).

- Lassen Sie jemand anderen das Haus putzen oder machen Sie es nur ganz abgekürzt.
- Wenn Sie keine Geschirrspülmaschine besitzen, lassen Sie das Geschirr eingeweicht stehen, bis Sie dazu kommen, es zu waschen.
- Kochen Sie einfache Mahlzeiten und halten Sie dafür nahrhafte unkomplizierte Zwischenmahlzeiten bereit.
- Bitten Sie eine gute Köchin unter Ihren Freundinnen um einige vorgekochte tiefgekühlte Mahlzeiten, anstatt anderer Geschenke bei der Ankunft des Babys.
- Verwenden Sie Wegwerfwindeln oder melden Sie sich bei einem WindelWaschservice.
- Staubsaugen Sie nur die Mitte eines Raumes, aber nicht jedesmal unter dem Sofa.
- Legen Sie die gewaschenen Socken unsortiert in einen Korb und lassen Sie die Familie sich selbst daraus bedienen.
- Räumen Sie Ihr Haus rechtzeitig auf, sodass das Putzen einfacher wird; packen Sie alle Nippsachen und sonstige Staubfänger für die nächsten fünf Jahre weg.
- Verwenden Sie einen Telefonbeantworter.
- Sagen Sie so oft wie möglich Nein – bei Anfragen und sonstigen Störungen.
- Stellen Sie das Telefon in Ihre Nähe, sodass Sie zum Beantworten nicht aufstehen müssen.
- Zahlen Sie Ihre Rechnungen online.

Diese Tipps gelten für das ganze erste Lebensjahr oder auch länger, wenn Sie wieder berufstätig sind und mit Ihren Kräften haushalten müssen.

Die Hilfe Ihres Partners

Irgendwie geschieht es meistens, dass die Frau, die für jedes Bedürfnis ihres Babys zuständig ist, plötzlich auch für jedes Bedürfnis der anderen Familienmitglieder zuständig wird. Vielleicht war Ihre Arbeitsteilung vor der Geburt ganz „gerecht". Ihr Partner kochte das Nachtessen, Sie mähten den Rasen. Sie wuschen und trockneten die Wäsche, er faltete und versorgte sie. Aber auch das modernste und fairste Arrangement zwischen zwei Menschen wird sehr oft traditionell, wenn ein Baby auf die Welt kommt. Damit nicht plötzlich der ganze Haushalt an Ihnen hängt, fragen Sie Ihren Partner ganz konkret um Hilfe (zum Beispiel rechtzeitig zu Hause sein, um noch einige Maschinen Wäsche zu waschen) und danken Sie ihm dafür. Lob ist viel wirksamer als Kritik und er wird eher zusätzliche Pflichten erledigen, wenn er spürt, dass Sie seine Bemühungen zu schätzen wissen. Denken Sie daran, dass Ihr Partner unter einer guten Mahlzeit oder einer sauberen Wohnung vielleicht nicht dasselbe versteht wie Sie. Die „Unfähigkeit" der Männer im Haushalt macht manche Frauen rasend; als Resultat haben Männer das Gefühl, dass es ohnehin nichts bringt, wenn sie ihre Hilfe anbieten, da sie doch nichts recht machen können. Wenn Sie die Bemühungen Ihres Mannes anerkennen und keine Perfektion erwarten, werden sich seine Fähigkeiten viel eher verbessern. Seine Mithilfe im Haushalt ermöglicht Ihnen, sich auf das Stillen zu konzentrieren und Ihr Baby kennen zu lernen. Genau das kann den entscheidenden Unterschied ausmachen, ob Sie Familie und Arbeit vereinbaren können oder ob Sie durch Ihre Doppelrolle total erschöpft werden.

1989 untersuchte die Soziologin Arlie Hochschild die Zeit, die Frauen und Männer zusätzlich zu ihrer bezahlten Arbeit für Hausarbeit und Kinderbetreuung aufwenden. Dabei stellte sich heraus, dass Frauen pro Woche ungefähr 15 Stunden mehr in diesen Bereichen arbeiteten als Männer. Pro Jahr ergab sich daraus ein zusätzlicher Monat mit 24 Stunden-Tagen. Hochschild sagt dazu in ihrem Buch ‹The Second Shift› (Die zweite Schicht): „Genau so wie es am Arbeitsplatz das bekannte Lohngefälle zwischen Männern und Frauen gibt, haben wir zu Hause ein Freizeitgefälle. Die meisten Frauen arbeiten eine Schicht am Arbeitsplatz und dann nochmals eine Schicht zu Hause."

In den Jahren seit ihr Buch erschienen ist, hat sich kaum viel verändert. Es gibt zwar mehr Männer, die zu Hause einen bedeutenden Anteil der Arbeit übernehmen, aber diese sind immer noch in einer Minderheit. Paula Malone, eine Ökonomin an der Universität von Michigan, sieht

Kapitel 4 Das „vierte Drittel" der Schwangerschaft

Jetzt aber mal ran, Daddy

zwar eine Veränderung, aber keine grosse. „Trotz einer kleinen Verschiebung in den letzten Jahren, wird die Hausarbeit und Kinderbetreuung immer noch als Verantwortlichkeit der Frauen wahrgenommen", sagt sie. „Frauen leisten immer noch den grössten Teil der als „weiblich" geltenden Tätigkeiten, wie Kochen, Geschirr spülen, Putzen, Einkaufen, Wäsche, während Männer mit traditionell männlichen Tätigkeiten ihren Beitrag leisten (Gartenarbeit, Reparaturen und Auto)." Ihre Untersuchung zeigt eine weitere interessante Tatsache: Während die Anzahl der Stunden, die Männer im Haushalt leisten, keinen Einfluss auf ihren Lohn hat, sinkt das Einkommen der jüngeren (20 bis 34-jährigen) und mittelalterlichen (35 bis 49-jährigen) Frauen im Verhältnis zur geleisteten Hausarbeit.

Babyblues und was Sie dagegen tun können

Mutter zu werden, kann Ihr Gefühlsleben völlig durcheinander bringen, ob Sie nun planen Ihre Erwerbstätigkeit wieder aufzunehmen oder nicht. Gefühlsschwankungen, unerklärliche Tränenausbrüche, das Gefühl der Verletzlichkeit und Hilflosigkeit sind ganz normal während der ersten sechs Wochen. Man bezeichnet diesen Gemütszustand als Babyblues; seinen Höhepunkt findet er meist um den dritten Tag nach der Geburt (etwa um die Zeit des Milcheinschusses) und verschwindet etwa nach zwei bis drei Wochen. Vielleicht fühlen sich Mütter während dieser ersten Wochen so seltsam, weil sie heute so oft unter anderen als natürlichen Umständen gebären und für ihre Neugeborenen sorgen – allein, unter Fremden und ohne erfahrene vertraute Betreuerinnen. Hormonschwankungen spielen ebenfalls eine Rolle. Suchen Sie Unterstützung, wenn Sie sie nötig haben. Besuchen Sie ein La Leche Liga Treffen oder planen Sie eine Zusammenkunft Ihres Geburtsvorbereitungskurses. Suchen Sie den Kontakt zu anderen Müttern und versuchen Sie vor allem stillende Mütter zu finden, die auch vorhaben, wieder arbeiten zu gehen. Sprechen Sie mit anderen Müttern an Ihrem Arbeitsplatz, die Sie in der Schwangerschaft unterstützt haben. Mit anderen Eltern über Ihre Probleme und Fragen zu sprechen, ist nicht nur praktisch, es entlastet und bestärkt sie. Wenn Sie bisher einen grossen Teil Ihrer Energie und Zeit für Ihren Beruf und die entsprechenden Beziehungen verwendet haben, ist es jetzt an der Zeit ein anderes Beziehungsnetz, bezogen auf Heim und Kinder, aufzubauen. Das heisst nicht, dass Sie Ihr altes Leben und Ihre alten Freunde verlieren; Sie erweitern einfach Ihren Kreis um Menschen, die diese neue Phase in Ihrem Leben mit Ihnen teilen können. Die Freundschaften, die Sie jetzt schliessen, sind diejenigen, die für Sie da sind, wenn Sie verzweifelt nach einem Babysitter suchen oder nach jemandem, der Ihnen aushilft, wenn Sie in Not sind. Sie werden auch froh darüber sein, wenn Sie eine Empfehlung für einen guten Arzt, einen Zahnarzt oder eine Schule brauchen oder vielleicht auch nur einen Ort suchen, an dem man gebrauchte Schlittschuhe findet.

Wenn Sie einen Internetanschluss haben, finden Sie auch dort andere Eltern. Es gibt Internetgesprächsrunden, über jedes denkbare Thema im Zusammenhang mit Elternschaft: Neugeborene, Stillen, berufstätige Mütter, Attachment Parenting, allein erziehende Mütter, gleichberechtigtes Elternsein, Mütter in leitenden Funktionen und anderes. Das Lesen der verschiedenen Meinungen ist faszinierend. Jedes Problem, das Sie jetzt oder in Zukunft beschäftigen könnte, wird wahrscheinlich irgendwo diskutiert. Fragen Sie wegen wunden Brustwarzen, schlaflosen Nächten, Betreuungsplätzen oder Milchpumpen und Sie werden mit grösster Wahrscheinlichkeit ein Dutzend hilfreiche und mitfühlende Antworten von Eltern bekommen, die in der gleichen Situation waren. Eine Mutter schreibt für viele: „Ich bin so dankbar für diese Möglichkeit. Ich weiss nicht, wie ich die letzten paar Wochen geschafft hätte, ohne eure Hilfe." Bedenken Sie aber, dass das Internet nicht die realen Beziehungen in nächster Nähe ersetzen kann.

Auch ganz einfache Dinge können Ihre Stimmung drastisch verbessern.
- Machen Sie zusammen mit dem Baby einen Nachmittagsspaziergang an der Sonne. Die Bewegung an der frischen Luft wird Ihnen beiden gut tun.
- Gehen Sie zu einem Spielplatz in der Nähe. Sie finden dort wahrscheinlich andere Eltern, die mit Ihnen mitfühlen.
- Gehen Sie in ein Einkaufszentrum, um sich andere Leute und Schaufenster anzusehen.
- Wenn Ihnen ums Weinen ist, weinen Sie. (Die Dusche ist ein guter Ort, um hemmungslos zu schluchzen.) Weinen Sie zusammen mit Ihrem Baby – Sie fühlen sich nachher besser.

Kapitel 4   Das „vierte Drittel" der Schwangerschaft

- Kaufen Sie sich etwas Schönes zum Anziehen, in dem Sie sich wohlfühlen und worin Sie stillen können.
- Nehmen Sie ein langes Bad, während Ihr Partner zum Baby schaut oder nehmen Sie zusammen mit dem Baby ein Bad.
- Leihen Sie sich einen lustigen Film aus und sehen Sie ihn zum Stillen an.
- Rufen Sie jemanden an, der Sie zum Lachen bringt.
- Lesen Sie zum Stillen ein spannendes Buch.

Wenn Ihr Babyblues ernsthafterer Natur ist – wenn Sie sich so niedergeschlagen fühlen, dass Sie unfähig sind, überhaupt irgendetwas zu tun – haben Sie vielleicht eine Postpartum Depression. Eine solche beginnt meistens etwas drei Wochen bis fünf Monate nach der Geburt. Hier ist professionelle Hilfe unbedingt nötig. Konsultieren Sie Ihren Arzt/Ihre Ärztin.

Wenn Sie sich von all dem Neuen, das auf Sie zukommt, überwältigt fühlen und sich Sorgen machen, ob Sie es auch schaffen werden, denken Sie daran, dass solche Gefühle normal sind. Sie bedeuten nicht, dass Sie zu einem Leben als Berufsfrau besser geeignet sind als zum Muttersein. Wenn es für Sie schon immer wichtig war, alles unter Kontrolle zu haben, versuchen Sie dieses Bedürfnis für einige Wochen beiseite zu schieben, während Sie sich ans Muttersein gewöhnen. Vielleicht haben Sie schon daran gedacht, Ihren Mutterschaftsurlaub abzukürzen oder eine Kinderfrau anzustellen, um wieder etwas Normalität und Kontrolle in Ihr Leben zu bringen? Bedenken Sie, dass Sie damit nur Ihre Anpassungszeit an die neue Situation verlängern und Distanz zwischen Ihnen und Ihrem Baby fördern. Die ersten Wochen an einer neuen Arbeitsstelle sind immer chaotisch und überwältigend, eine Familie zu werden, bildet dabei keine Ausnahme.

Obwohl diese neue Lebensaufgabe im Moment jede Minute des Tages ausfüllt, wird es nicht immer so bleiben. Ihr Baby wird nicht immer alle zwei Stunden gestillt werden wollen und Sie werden nicht immer mit geschwollenen Augen und im Schlafanzug herumlaufen. Es wird nicht nur möglich sein, dass Sie am gleichen Tag eine Dusche nehmen *und* ein Mittagessen zubereiten; Sie werden sogar imstande sein, morgens um 8.00 Uhr fertig angezogen mit Ihrem Baby zusammen das Haus zu verlassen. In der Tat, die Organisationsfähigkeit und Flexibilität, die Sie als Mutter gewinnen, ist erstaunlich und wird Ihnen wahrscheinlich auch in Ihrem Beruf zustatten kommen. Wie Katherine Ellison in ihrem Buch ‹The Mommy Brain: How Motherhood Makes Us Smarter› (Das Muttergehirn: Wie die Mutterschaft uns intelligenter macht), erklärt, kann die Betreuungsarbeit, zusammen mit den dabei ausgeschütteten Hormonen, tatsächlich die Gehirnstruktur flexibler und komplexer machen und so unsere Fähigkeiten in jeder Beziehung verbessern.

Unterdessen geniessen Sie das Stillen als eine Oase der Ruhe und des Friedens, die Ihnen hilft von den Anforderungen der Arbeitswelt Abstand zu gewinnen. Und Ihr Kind – Partner in einer beidseitig lohnenden Beziehung – wird Ihnen dabei helfen, Ihre verschiedenen Rollen zu einem harmonischen Ganzen zu formen.

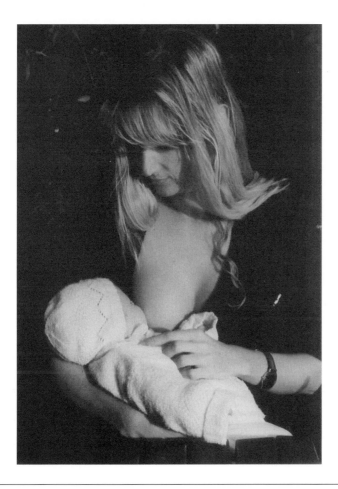

Verschiedene Rollen lassen sich verbinden – nehmen Sie sich Zeit dazu

Zurück an den Arbeitsplatz

Kapitel 5

Den Wiedereinstieg planen

Ganz egal wie schwierig ihnen die ersten Wochen als Mutter erschienen sind, es kommt auf jeden Fall der Tag, ab dem alles ein wenig einfacher wird. Etwa nach vier bis sechs Wochen haben Sie Ihr Baby schon gut kennen gelernt. Sie erkennen, wann es hungrig oder müde ist und Sie wissen es auf vielfältige Weise zu beruhigen. Wenn Sie einmal ohne Ihr Kind zum Einkaufen gehen, vermissen Sie es schon nach zwanzig Minuten und möchten so rasch als möglich nach Hause. Sie haben die schwierigste Zeit hinter sich und können es nun geniessen, dass das Stillen und die Pflege Ihres Babys einfacher und manchmal richtig vergnüglich geworden sind.

Mütter, die planen, auf längere Sicht zu Hause zu bleiben, können sich jetzt entspannen – bei den anderen kommen zu diesem Zeitpunkt immer drängender die Gedanken an den näher rückenden Wiedereinstieg in die Arbeitswelt. Diese Phase ist für berufstätige Mütter einzigartig und kann sich ähnlich wie in den letzten Wochen der Schwangerschaft anfühlen: Erwartung, Furcht und das Gefühl, nicht genau zu wissen, was auf sie zukommt.

Frauen erleben diese Zeit ganz verschieden. Ihre Gefühle hängen stark davon ab, was ihnen persönlich die Erwerbstätigkeit bedeutet. Wer seinen Beruf liebt, freut sich vielleicht darauf und kann sich trotzdem hin und her gerissen fühlen. Falls Sie dagegen Ihre Erwerbstätigkeit sofort aufgeben würden, wenn Sie nicht auf das Einkommen angewiesen wären, dann fühlen Sie sich in dieser Phase vermutlich besonders gestresst. Ob Sie sich nun auf Ihren Wiedereinstieg freuen oder Ihre Stelle am liebsten sofort künden würden, die Intensität und Ambivalenz Ihrer Gefühle in diesem Moment sind völlig normal. Sie stehen nun in einer besonderen Lebensphase vieler Frauen am Anfang des 21. Jahrhunderts. Zwei wichtige Lebensentwürfe kommen zusammen

> «Ich kann mir nicht vorstellen, jetzt ohne mein Baby weg zu gehen.»

Kapitel 5 Den Wiedereinstieg planen

und es gibt noch keine bewährten Traditionen, die uns durch die dabei entstehenden Wirbel führen können; jede von uns muss hier ihren eigenen Weg finden.

Auch wenn Sie mit Ihrer Entscheidung ganz zufrieden sind, machen Sie sich wahrscheinlich Gedanken darüber, wie sich alles organisieren lässt. Vielleicht ist es für Sie auch noch eine Herausforderung, sich und Ihr Baby bis Mittag fertig zu machen, um einkaufen zu gehen. Wie sollen Sie es dann schaffen, jeden Tag frühmorgens Ihr Kind zum Tagespflegeplatz zu bringen und selbst pünktlich an der Arbeitsstelle zu sein? Wie sollen Sie in zwei Monaten eine Konferenz im Ausland bewältigen, ohne vorher abzustillen? Diese Fragen umkreisen Sie wie lästige Fliegen.

Nehmen Sie im ersten Lebensjahr Ihres Kindes einen Tag nach dem andern. Ihre Fähigkeiten wachsen mit den Anforderungen – zwar nicht unendlich, aber doch viel mehr als Sie es für möglich halten. Versuchen Sie die drängenden Fragen für den Moment zur Seite zu legen. Jede Mutter lernt schnell, dass allzu genaues Planen nichts nützt, weil doch alles immer wieder anders kommt. Vertrauen Sie darauf, dass Sie das Richtige tun werden, wenn es soweit ist. Lösungen werden auftauchen und Antworten lassen sich finden – dann wenn Sie sie brauchen. Das Muttersein lehrt Sie, das Leben zu leben, anstatt es zu führen, offen zu sein für Unerwartetes und bereit für plötzliche Veränderungen – genau so spontan und intuitiv wie Sie jetzt auf die ständig wechselnden Bedürfnisse Ihres Babys reagieren.

Nach Bedarf stillen – und Sie kennen Ihr Kind.

Ob Sie sich nun auf Ihre Arbeit freuen oder sich davor fürchten, Sie müssen wissen, dass Sie bereits das Wichtigste für eine erfolgreiche Kombination von Mutterschaft und Beruf getan haben: Sie haben eine starke Bindung zu Ihrem Baby aufgebaut. Dadurch verhindern Sie, dass die Stunden, die Sie täglich getrennt von Ihrem Kind verbringen, Ihre harmonische Beziehung und die Entwicklung Ihrer mütterlichen Fähigkeiten beeinträchtigen. Sorgen Sie weiterhin so für Ihr Kind, wie es sich für Mütter seit jeher bewährt hat: Stillen Sie nach Bedarf und reagieren Sie sofort auf seine Bedürfnisse, tragen Sie es und schlafen Sie auch gemeinsam, wenn dies für Sie stimmt. Vor allem das Stillen sichert nicht nur Ihre gegenseitige Nähe, sondern garantiert Ihnen täglich von einzigartiger Bedeutung für Ihr Baby zu sein.

Anschluss an die ‹restliche› Welt finden

Seit der Geburt haben Sie vielleicht kaum mehr einen Gedanken an die Welt ausserhalb Ihrer jungen Familie verschwendet. Dass Ihre Welt je so klein werden könnte, hätten Sie früher wohl kaum für möglich gehalten; jetzt können Sie es sich hingegen kaum vorstellen, den behaglichen Kokon Ihres Heimes zu verlassen. Ihre erste Aufgabe könnte es sein, Ihren Blick etwas zu erweitern, sodass Sie sich auch in einem weiteren Umfeld wieder wohl fühlen. Beginnen Sie damit, einmal an einem anderen Platz zu stillen oder neben dem Stillen etwas anderes zu tun – am Computer zu arbeiten oder zu telefonieren. Stillen Sie auch einmal im Haus einer Freundin, später vielleicht in einem Restaurant oder auf einer Bank im Park.

Damit Sie ohne grosses Aufheben in der Öffentlichkeit stillen können, ist entsprechende Kleidung – eher weite, komfortable Sachen – praktisch. Es gibt auch spezielle modische Kleider für stillende Mütter, mit unauffälligen Öffnungen. Das Ziel ist jedoch nicht, das Stillen unsichtbar zu machen. Selbstverständliches Stillen in der Öffentlichkeit trägt dazu bei, dass unsere Mitmenschen daran erinnert werden, wozu Brüste in erster Linie da sind und macht unsere Welt immer mehr zu einem Ort, an dem Mütter und Babys willkommen sind.

Im Augenblick geht es Ihnen aber wohl kaum darum, die Gesellschaft zu verändern, sondern mit Ihrem Baby zusammen in sie zurückzukehren. Wenn Sie das Baby immer zu Hause lassen, wenn Sie weggehen, kann dies der Anfang dafür sein, Ihr Leben in zwei voneinander unabhängige Bereiche zu trennen – in einen mit Baby und einen anderen, in dem das Baby keinen Platz hat. Sie selbst rennen vielleicht bis zur totalen

Diskret Stillen – niemand merkt etwas.

Erschöpfung hin und her und die Folge kann eine wachsende Distanz zwischen Ihnen und Ihrem Kind sein. Aber Ihr Kind will Sie nicht zu Hause festhalten, es will einfach bei Ihnen sein, wo immer sie sich aufhalten.

Zu stillen, während Sie andere Dinge parallel machen, hilft Ihnen, die verschiedenen Bereiche Ihres Lebens zu verbinden. Beim Stillen können Sie alles Mögliche tun: Briefe schreiben, am Computer arbeiten oder auch telefonieren. Diese Haltung kann Ihnen dabei helfen, Muttersein und die Wiederaufnahme der Berufstätigkeit zu vereinbaren, wenn es soweit ist.

Anschluss an Ihre Berufstätigkeit finden

Wenn Sie zwei bis drei Monate Mutterschaftsurlaub haben, möchten Sie vielleicht in der zweiten Hälfte davon langsam wieder Kontakt zu Ihrer Arbeitsstelle aufnehmen. Gehen Sie dabei sorgfältig vor. Vorsicht ist angebracht, wenn Sie das Gefühl haben, dass Sie endlich wieder Sie selbst sein werden, wenn Sie mit Ihren Kolleginnen und Kollegen sprechen oder sogar etwas Arbeit nach Hause nehmen können. Zieht es Sie vielleicht an den Arbeitsplatz, damit Sie den endlos scheinenden, verwirrenden Ansprüchen Ihres Babys entfliehen können? So umgehen Sie das Muttersein eher, als dass Sie es in Ihr Leben und Ihre Identität integrieren – die Folge könnte eine zunehmende Entfremdung Ihrem Kind gegenüber sein. Konzentrieren Sie sich jetzt darauf, eine harmonische Beziehung zu Ihrem Baby zu finden und in Ihrer Rolle als Mutter warm zu werden. Es wäre vielleicht keine schlechte Idee, Ihren Mutterschaftsurlaub zu verlängern, anstatt ihn zu verkürzen. (Siehe auch Seite 125.)

Wenn Sie sich hingegen in Ihrer neuen Rolle als Mutter wohl und sicher fühlen, kann die Kontaktaufnahme mit Ihrem Arbeitsplatz vor Ende des Mutterschaftsurlaubs auf die Länge nützlich sein. Eine Mutter, Verkaufsleiterin eines Verlags, brachte ihr vier Wochen altes Baby zu einem Besuch mit ins Büro. Sie liess ihren Vorgesetzten beiläufig wissen, dass Sie vielleicht Zeit hätte, zu Hause etwas zu erledigen. Anschliessend verliess Sie das Büro mit einem Stapel Papiere und jeder Menge Goodwill. Da das Baby morgens zwei Stunden schlief und dann am späten Nachmittag nochmals, konnte sie eine Menge Arbeit

Sie können stillen, wo immer Sie wollen.

erledigen und da sie keine Verpflichtungen eingegangen war, machte sie sich um den Rest keine Sorgen. Um ihr Interesse zu demonstrieren, rief sie mehrmals mit Fragen oder Kommentaren im Büro an und nahm schliesslich sogar freiwillig an einer Sitzung teil.
Diese Entscheidung war sehr wohlüberlegt gewesen. Weil während ihres ersten Besuches mit dem Baby alles gut gegangen war, nahm sie es auch zur Sitzung sechs Wochen nach der Geburt mit. „Ich überlegte mir kurz, ob ich um Erlaubnis fragen sollte", sagte sie, „aber ich befürchtete, dass mein Vorgesetzter ablehnen würde. Ich wusste, dass es keine Störung geben würde und wollte dies beweisen." Also traf sie mit dem Baby im Tragetuch und dem Laptop in der Hand ein, als ob Sie nie daran gedacht hätte, dass seine Anwesenheit ein Problem sein könnte. Niemand der Anwesenden liess sich seine Überraschung anmerken. Sie setzte sich mit ihrem schlafenden Baby im Tuch an den Tisch und wandte ihre Aufmerksamkeit den Geschäften zu. Die anderen taten es ihr nach. Als das Baby einmal aufwachte und unruhig zu werden begann, stand sie ruhig auf und bewegte sich etwas im Raum, um es wieder zum Schlafen zu bringen, während sie dabei weiter an der Diskussion teilnahm. Die Sitzung war kurz darauf beendet und sie fand ein privates Büro, in dem sie das Kind vor der Heimfahrt stillen konnte.

Getragene Kinder können überall teilnehmen.

Auf die Frage, ob sie ihr Baby wenn nötig auch während der Sitzung gestillt hätte, antwortete sie: „Es kommt darauf an. Wenn nur meine nächsten MitarbeiterInnen dort gewesen wären, hätte ich vielleicht diskret im Sitzungszimmer gestillt. Wenn andere, zu denen ich eine formellere Beziehung habe, anwesend gewesen wären, hätte ich mich vielleicht für fünf bis zehn Minuten zurückgezogen – wie andere dies auch tun, wenn sie einen dringenden Anruf entgegennehmen müssen. Ich habe das Baby unmittelbar vor der Sitzung gestillt und sichergestellt, dass diese während des späten Vormittags stattfand, wo ich annehmen konnte, dass es schlafen würde."
Diese selbstsichere, flexible Frau zeigte ihren Kolleginnen und Kollegen, dass sie immer noch ein volles Mitglied ihres Teams war, ohne deshalb ihre neue Rolle als Mutter zu verleugnen. Sie weigerte sich, die Annahme zu akzeptieren, dass die blosse Gegenwart ihres Kindes ihre Professiona-

lität vermindern würde. Da Sie natürlich wusste, dass ein quengelndes, unglückliches Baby die Sitzung tatsächlich gestört und jedermann von der Arbeit abgehalten hätte, befriedigte sie seine Bedürfnisse so früh, dass es keine Unterbrechungen gab und konnte sich deshalb auf die Arbeit konzentrieren. Am Ende der Sitzung hatten alle Beteiligten ihre Haltung zur Anwesenheit von Kindern im Büro revidiert – und sich selbst dazu beglückwünscht, einer so toleranten, fortschrittlichen Firma anzugehören.

> Mütter sind nicht einfach unqualifizierte Mitarbeitende, sondern bleiben vollwertige Mitglieder eines Betriebes.

Das Beste daran war jedoch, dass dieser Mutter gestattet wurde, während der ersten drei Monate nach ihrer Rückkehr nur vier Tage pro Woche zu arbeiten, da sie schon während des Mutterschaftsurlaubs so viel Arbeit erledigt hatte. Später wurde daraus eine Fünftagewoche, von der sie aber zwei Tage zu Hause arbeiten konnte. Ihr Vorgesetzter hatte sich davon überzeugt, dass die Anwesenheit des Kindes seine Angestellte nicht daran hindern würde, ihre volle Leistung zu erbringen.

Diese Frau war fähig, ihre zwei Rollen zu verbinden, weil ihre Arbeit und ihr Muttersein nicht in Konflikt zueinander standen. Ihr Baby hinderte sie nur selten an der Arbeit, weil sie seine körperlichen und gefühlsmässigen Bedürfnisse an die erste Stelle setzte und weil sie ihre Arbeit so plante, dass sie nicht mit diesen kollidierte. Ihre Berufsarbeit störte selten ihr Muttersein, weil sie sich weigerte, beide Rollen als unvereinbar zu betrachten.

Jede Person, die je eine Konferenz der La Leche League besuchte, hat erlebt, dass Mütter, Laktationsspezialistinnen und freiwillige Stillberaterinnen den gleichen nahtlosen Übergang zwischen Mutterrolle und anderen Beschäftigungen schaffen. Auf regionalen oder nationalen Konferenzen können es Hunderte von Eltern sein, die mehrere Tage in einem Hotel verbringen und Weiterbildungsveranstaltungen besuchen – genau gleich wie andere Berufsleute. Der grosse Unterschied besteht darin, dass bei LLL-Anlässen gleichzeitig Hunderte von Kindern unter fünf Jahren anwesend sind. Zwei- und Dreijährige spielen im Hintergrund des Versammlungsraums; die Mutter eines schreienden zwei Monate alten Babys verlässt ein Seminar kurz, um es draussen im Gang zu beruhigen, im Wissen, dass ihr jemand das Verpasste mitteilen wird. Die Toleranz der Erwachsenen für die Anwesenheit der Kinder und normales kindliches Verhalten und ihre Bereitschaft, einander bei der Betreuung zu unterstützen, erlaubt es ihnen produktiv zu arbeiten, während ihre Kinder dabei sind. Und weil deren Bedürfnisse berücksichtigt werden, stören sie auch selten.

Dies heisst nicht, dass Sie nun eine Kampagne starten müssen, um Tagespflege für Kinder abzuschaffen und alle Kinder an den Arbeitsplatz mitzunehmen. Genauso wenig sollten Sie aber einfach davon ausgehen, dass Kinder und Beruf nicht zusammen gehen. Suchen Sie Wege, wie Sie beides miteinander vereinbaren können. Wenn Sie jede solche Idee sofort verwerfen, überprüfen Sie Ihre Annahmen einmal grundsätzlich. Ihr Kind zur Arbeit mitzunehmen, ist vielleicht für Sie keine gute Möglichkeit, aber sicher gibt es andere Wege, wie Sie diese beiden Seiten Ihres Lebens zusammenbringen können. Der letzte Teil dieses Kapitels gibt Ihnen dafür Anregungen.

Die geeignete Tagesbetreuung finden

Der Wiedereinstieg ins Berufsleben ist für Sie unendlich viel einfacher, wenn Sie eine Betreuung für Ihr Kind gefunden haben, der Sie wirklich Vertrauen schenken. Leider ist die Tagespflege – und die Suche danach – oftmals ein Schreckgespenst für berufstätige Eltern. Die Medien berichten immer wieder wenig erfreuliche Geschichten darüber, ohne zu melden, dass es auch glückliche Beziehungen zwischen vielen berufstätigen Eltern und Tageseltern gibt. Heute wird die Tagesbetreuung oft als moderne, westliche Erfindung betrachtet, als zweifelhaftes Experiment mit jungem Leben und bewährten Familienstrukturen.
Tatsächlich ist die ausserfamiliäre Betreuung nichts Neues und wie neuere Forschungsergebnisse zeigen, für Kinder meist vorteilhaft. In den meisten traditionellen Gesellschaften verbringt ein Kind, sobald es laufen kann, einen grossen Teil des Tages in einer Gruppe mit Kindern unterschiedlichen Alters. Kleinere werden oft von einem älteren Mädchen betreut, das in dieser Kindergruppe herangewachsen ist. Der Ethnologe Irenäus Eibl-Eibesfeldt beobachtete, wie sich ein Kind in einer solchen Umgebung entwickelt: Das Kleinkind beobachtet die anderen, ahmt die älteren Kinder nach und spielt einfache Spiele mit seiner Betreuerin. Mit etwa drei Jahren nimmt es am regulären Spiel der andern Kinder teil. „Die eigentliche Erziehung der Kinder findet innerhalb solcher Kindergruppen statt", sagt er darüber.
In der menschlichen Gesellschaft ist Gruppenbetreuung für Kinder nicht nur üblich, sie bietet auch Vorteile für ihre Mitglieder. Solche Kinder lernen früh, dass sie Teil einer grösseren Gemeinschaft sind – und sie fühlen sich von Anfang an dem Wohlergehen dieser ganzen Gemeinschaft

Kapitel 5 — Den Wiedereinstieg planen

Grössere Kinder sorgen gerne für die Kleinen.

verpflichtet. In der Gruppe mit Gleichaltrigen lernen und üben sie ihre sozialen Fähigkeiten. Jedes Kind schöpft aus der reichen Kultur der Kindheit, lernt ihre Spiele und Lieder und das entsprechende Verhalten und gibt diese Kultur an die Nächstjüngeren weiter. Während die jüngeren Kinder die älteren beobachten und von ihnen lernen, üben die älteren ihre sozialen Fähigkeiten und wachsen in die Verantwortlichkeiten der Erwachsenen hinein. Kinder jeden Alters und Erwachsene übernehmen Verantwortung für die Babys, nehmen sie auf, sprechen zu ihnen und spielen mit ihnen. Das Resultat sind starke, bereichernde Beziehungen zu zahlreichen Erwachsenen und Gleichaltrigen.

In unserer Gesellschaft ist die Tagesbetreuung leider nicht überall so sicher, liebevoll und erzieherisch wertvoll. Ein Baby, das täglich viele Stunden in einer Kinderkrippe mit ständig wechselndem Personal lebt, wird von dieser Erfahrung kaum profitieren. Wenn aber die Tagesbetreuung dem klassischen Modell der altersdurchmischten Gruppen ähnlich gestaltet wird, zeigt die Forschung, dass auch heutige Kinder Vorteile daraus ziehen. Sie erleben die gleichen sozialen und intellektuellen Anregungen, die Kinder in traditionellen Kulturen geniessen.

Aber vielleicht fragen Sie sich, wie eine regelmässige Fremdbetreuung Ihre eigene Beziehung zum Baby beeinflusst. Was, wenn die Tagesmutter so wundervoll ist, dass sie und das Baby ein sehr enges Verhältnis zueinander entwickeln? Könnte dies Ihre eigene Mutter-Kind Beziehung schwächen? Wissenschaftliche Studien (und die Erfahrungen aus der Geschichte der Menschheit) verneinen dies. Ein Kind kann zu mehreren Erwachsenen gleichzeitig eine liebevolle Beziehung aufbauen, während seine wichtigsten Bezugspersonen immer noch seine Eltern sind und bleiben.

Eine Langzeitstudie, die durch das ‹National Institute of Child Health and Human Development› in den USA durchgeführt wurde, begleitete 1200 Kinder von der Geburt an bis zur ersten Klasse, um die Auswirkungen der Fremdbetreuung auf ihre psychologische und intellektuelle Entwicklung zu untersuchen. Mit einem Monat, mit sechs und fünfzehn Monaten schien die Fremdbetreuung keinen Einfluss auf die Bindung des Kindes zur Mutter zu haben, „ungeachtet der Qualität der Betreuung, des Eintrittsalters oder der Art der Betreuung."

Eine weitere Studie macht allerdings eine kritische Einschränkung: „Fremdbetreuung kann eine unbefriedigende Situation schlimmer machen. Wenn eine Mutter unsensibel für die Bedürfnisse ihres Kindes ist, kann die Fremdbetreuung die Bindung zwischen den beiden weiter schwächen." Mit anderen Worten: Auch eine sehr gute Betreuung kann die Entwicklung Ihres Kindes gefährden, wenn Ihre Bindung unsicher und ambivalent ist. Weiterstillen und andere bereits empfohlene Massnahmen stärken Ihre Bindung und helfen sicherzustellen, dass die Tagespflege eine positive Rolle im Leben Ihres Kindes spielen kann. Wenn Sie das Gefühl haben, dass Sie und Ihr Kind sicher gebunden sind, dass Sie zusammen harmonieren, dann sind Sie bereit für irgendeine Form der Tagesbetreuung.

Sie und die Betreuungsperson

Die meisten Leute, die in der Kinderbetreuung tätig sind, tun dies aus einer Kombination von verschiedenen Gründen. Eine Mutter nimmt vielleicht Kinder in Tagespflege auf, um die Möglichkeit zu haben, mit den eigenen Kindern zu Hause zu bleiben. Eine andere Frau wählt die Arbeit in einer Kinderkrippe, weil sie nichts so faszinierend findet, wie die Entwicklung von kleinen Kindern. Gemeinsam ist den meisten, die in dieser Arbeit bleiben, die Liebe zu Kindern. Kinderbetreuung als Erwerbstätigkeit ist finanziell nicht sehr einträglich und hat zuwenig Prestige, um aus diesen Gründen gewählt zu werden. Es ist ausserdem eine zu grosse körperliche und geistige Herausforderung für jemanden, der Kinder nicht wirklich versteht und liebt.

Lassen Sie sich bei der Suche nach der richtigen Betreuung von diesem Gedanken leiten, viel eher als von Misstrauen. Wenn wir selbst neu und unsicher in einer Situation sind, ist es schwierig, anderen zu vertrauen. Übertragen Sie Ihre eigene Unsicherheit in dieser neuen Phase Ihres Lebens nicht auf alle möglichen Betreuungspersonen.

Überlegen Sie sich, wo Sie sich in der Beziehung zu diesen Menschen positionieren: Wo steht die bezahlte Kinderbetreuerin in Ihrer Rangordnung des sozialen Status? Ist es eine geschätzte Partnerin oder ein „Dienstmädchen"? Wollen Sie ihr jedes kleinste Detail über die Pflege Ihres Kindes vorschreiben oder sind Sie bereit, darauf zu vertrauen, dass sie eigene Erfahrungen, Weisheit und Verständnis für das Kind mitbringt? Je nachdem wie Ihre Antwort ausfällt, können Sie sich entscheiden, welche Art der Tagesbetreuung für Sie und Ihre Familie am besten geeignet ist.

Sie müssen auch von praktischen Überlegungen ausgehen: Wie sind die Entfernungen zwischen Ihrem Wohnort, dem Betreuungs- und dem Arbeitsplatz? Ist der Verkehr ein täglicher Stressfaktor? Wie schnell sind Sie in einem Notfall bei Ihrem Kind? Viele Mütter suchen eine Betreuung in der Nähe ihres Arbeitsplatzes, sodass sie am Mittag zum Stillen vorbeigehen können.

Möchten Sie, dass Ihr Kind bei Ihnen zu Hause betreut wird, bei einer Tagesfamilie oder in einer Kinderkrippe? Es wurden drei Qualitätsmerkmale identifiziert, die für jede Art der externen Betreuung gelten: Die Grösse der Kindergruppe, die Dauer der Zeit, die das Kind mit der gleichen Betreuungsperson verbringt und das Wissen der Betreuenden über die Entwicklung des Kindes. Prüfen Sie mögliche Betreuungsplätze im Hinblick auf diese Kriterien, bevor Sie sich überhaupt näher damit befassen. Fragen Sie auch danach, ob es Eltern gestattet ist, unangemeldet hereinzuschauen. Wenn dies nicht erwünscht ist, fragen Sie unbedingt nach den Gründen und streichen Sie diese Einrichtung gegebenenfalls von Ihrer Liste.

Die vier wichtigsten Fragen für die Tagesbetreuung
- Wie viele Kinder sind in einer Gruppe?
- Wie viel Zeit verbringen die Kinder mit ihrer Betreuungsperson?
- Was weiss die Betreuungsperson über die Entwicklung des Kindes? Bildet sie sich weiter?
- Dürfen Eltern unangemeldet hereinschauen?

Betreuung zu Hause

Die Kinderfrau

Eine Kinderfrau im eigenen Haushalt ist für viele Eltern die erste Wahl. Es ist beruhigend, zu wissen, dass Ihr Baby von einer Person betreut wird, die sich völlig auf seine Bedürfnisse konzentrieren kann. Ausserdem muss sich Ihr Kind nicht an eine neue Umgebung gewöhnen. Es ist auch praktisch, wenn schon frühmorgens jemand da ist und Sie nur sich selbst fertig machen müssen, bevor Sie zur Arbeit gehen. Sie brauchen keine Taschen mit Windeln und Flaschen packen und das Baby muss nicht bereit sein, um irgendwo abgeliefert zu werden.

Dieses Arrangement gibt Ihnen auch mehr Einflussmöglichkeiten. Sie können entscheiden, wann Ihr Kind spazieren gefahren wird, wann es schlafen sollte und wann es seine Flasche bekommt. Ein anderer Vorteil ist die geringere Krankheitsanfälligkeit, da Ihr Kind sich nicht mit Keimen anderer Kinder auseinandersetzen muss. Und ganz wichtig – falls es doch einmal krank wird, kann es mit einer vertrauten Betreuungsperson zu Hause bleiben, ohne dass Sie gleich Urlaub nehmen müssen.

Die Betreuung zu Hause kann tatsächlich die beste Wahl sein, wenn Sie Ihre Arbeit schon sechs bis acht Wochen nach der Geburt wieder aufnehmen. Ist das Baby einige Monate älter, können vielleicht eher andere Möglichkeiten in Betracht gezogen werden.

> «Ich muss meinem Partner vertrauen, meiner Tagesmutter, meinen Eltern. Ich muss sogar meinem Hund vertrauen, dass er freundlich ist. Aber ich kann niemandem trauen, solange ich mir selbst nicht traue – und das tue ich nicht! Natürlich weiss ich, dass mein Partner und meine Familie und die Tagesmutter es gut meinen, aber wenn ich nicht einmal bei mir selber sicher bin, was passieren könnte, wenn ich mit meinem Baby zusammen bin, ist es schwierig zu wissen, was ich von anderen erwarten kann.»

Obwohl die Anstellung einer Kinderfrau ideal scheint, hat sie doch auch gewichtige Nachteile. Sie ist sehr teuer: Zusätzlich zu einem vollen Lohn sind auch Sozialleistungen zu bezahlen.

Die meisten Probleme sind aber weniger administrativer Art, sondern hängen mit der Arbeitszufriedenheit der Kinderfrau und der Beziehung zu ihren Arbeitgebern zusammen: Mit einem einzelnen Kind und ohne andere Erwachsene, kann sich die Betreuerin ebenso isoliert fühlen wie Sie als Mutter. Aber auch Kinderfrauen, die es schaffen, Kontakte zu anderen Betreuerinnen und Müttern in der Nähe zu knüpfen, kündigen häufig schon während des ersten Jahres. Der Grund ist sehr oft, dass sie und die Eltern unterschiedliche Arbeitsauffassungen haben und nicht am selben Strick ziehen.

Einer Kinderfrau, die wirklich gut in Kinderbetreuung ist, bedeuten menschliche Beziehungen meist so viel, dass sie diese als wichtigsten Teil ihrer Arbeit ansieht. Lynn Manfredi-Petitt, eine Tagesmutter, schreibt in der Zeitschrift ‹Young Children›: „Die immer gleichen Tätigkeiten, das Gefühl, wenig Vorzeigbares zu erreichen und das geringe Einkommen scheinen für Personen, denen Beziehungen besonders wichtig sind, ein geringeres Problem zu sein. ... Sie machen die professionelle Kinderbetreuung zu ihrer Erwerbsarbeit, weil sie sich davon auch das Erlebnis von authentischen Langzeitbeziehungen erhoffen". Nachteile werden für diejenigen, die in diesem Geschäft bleiben, offensichtlich dadurch kompensiert. Leider sind diese speziellen Fähigkeiten „nicht sofort ersichtlich, deshalb gehen viele Leute (inklusive die Betreuerinnen selber) davon aus, dass Kinderfrauen nur für die Arbeit bezahlt sind, die man sieht." Es ist ein Irrtum, meint Manfredi-Petitt weiter, „dass eigentlich jede/r fremde Kinder betreuen kann. Es braucht ein neues Bewusstsein dafür, dass professionelle Betreuung von Kindern eine spezialisierte Fähigkeit ist, die darauf beruht, dass jemand über familiäre Bindungen hinaus, Menschen lieben kann". Wenn Sie wollen, dass Ihre Betreuerin Ihnen lange erhalten bleibt und in ihrer Arbeit glücklich ist, müssen Sie sich bewusst sein, dass die Qualität Ihrer Beziehung ein wichtiger Teil der Kompensation für ihre Arbeit ist.

Das Au-Pair

Wenn Sie genügend Platz dafür haben, ziehen Sie auch ein Au-Pair-Mädchen in Betracht. Junge Frauen und manchmal auch Männer finden Sie mit Hilfe von verschiedenen Vermittlungsstellen. Diese Jugendlichen wollen eine andere Sprache und Kultur kennen lernen und sind bereit, dafür eine gewisse Anzahl Stunden Ihr Kind zu betreuen. (Sie können Au-Pairs auch privat finden, haben aber dann nicht die Garantie der Vermittlungsstelle, eine neue Person zu bekommen, falls es nicht klappt.) Au-Pair Verträge dauern in der Regel ein Jahr, was bedeutet, dass Sie nach einem Jahr einen Wechsel haben.

Wenn diese Möglichkeit für Sie in Frage kommt, denken Sie daran, dass ein Au-Pair nicht eine Hausangestellte sein wird, sondern ein zeitweiliges Familienmitglied. Vergessen Sie auch nicht, dass Jugendliche, auch wenn sie ihre Arbeit gut machen, vielleicht noch etwas Betreuung brauchen – sie können Heimweh haben oder Liebeskummer. Es kann unter Umständen auch nötig sein, gelegentlich die Elternrolle zu übernehmen und Grenzen zu setzen, was Freizeitaktivitäten betrifft. Den ganzen Tag für ein kleines Kind da zu sein, ist harte Arbeit, vor allem wenn die Betreuerin selbst noch jung ist. Achten Sie darauf, dass Ihr Au-Pair genügend Ruhe und Unterstützung bekommt und dass die Arbeit nicht zuviel für sie wird.

Au-Pairs können eine Bereicherung für alle Beteiligten sein. Eine Familie, die mit ihrem fünften Au-Pair-Mädchen zusammenlebt, sagt: „Es war etwas vom Besten, das wir getan haben. Dank dieser Wahl haben wir nun ein zweisprachiges Kleinkind, das auf dem Globus mehr Länder findet als die meisten Erwachsenen, mehrere befreundete Familien im Ausland und ein wunderbar lebendiges Haus."

Tipp: „Befragen Sie jedes Au-Pair gründlich am Telefon – wenn möglich in seiner Muttersprache. Lassen Sie jedes Au-Pair seine eigene Nachfolgerin suchen und einführen. Und das Wichtigste: Denken Sie daran, dass Sie von einem Au-Pair genau das bekommen werden, was Sie ihm geben. Wenn Sie es als Babysitter behandeln, dann haben Sie auch bloss einen Babysitter. Behandeln Sie es hingegen wie ein Familienmitglied, werden Sie in der Regel belohnt durch eine gute Erfahrung, eine liebevolle Betreuungsperson und eine lebenslange Freundschaft." (Eine Mutter mit dem fünften Au-Pair)

Au-Pairs sprechen manchmal dieselbe Herzenssprache.

Alternierende Betreuung durch eine Kinderfrau

Eine andere gute Variante der Tagesbetreuung im eigenen Haushalt ist die geteilte Betreuung. Bei diesem Arrangement stellen zwei oder mehr Familien gemeinsam eine Kinderfrau für ihre Kinder an. Diese verdient mehr als mit einem Kind, aber die einzelnen Eltern zahlen weniger. Schon Babys mögen diese Art der Betreuung, da auch sie gerne andere Kinder um sich haben. Auch für die Kinderfrau ist der Alltag auf diese Art abwechslungsreicher. Manche Familien benutzen für die Betreuung immer das gleiche Haus, andere wechseln sich damit ab. Dabei bezahlen diejenigen, die das Haus zur Verfügung stellen, etwas weniger als die anderen. In manchen Fällen werden alle Kinder im Wechsel durch verschiedene Eltern betreut. In jedem Fall bedeutet geteilte Betreuung die Pflege von zwei oder mehr Langzeitbeziehungen: Ein gutes Verhältnis zur anderen Familie ist ebenso wichtig wie die Beziehung zur Kinderfrau. Beide Familien müssen sich darüber einigen, wie sie es mit Mittagsschlaf, Mahlzeiten und Spaziergängen halten wollen. Gehen die Ansichten über Kindererziehung auseinander, werden Sie wahrscheinlich mit der Zeit Schwierigkeiten bekommen. Sollten Sie sich dafür entscheiden, eine Kinderfrau im eigenen Haushalt anzustellen, suchen Sie die richtige Person über verschiedene Kanäle.

Machen Sie ein Inserat in ihrer Lokalzeitung (beachten Sie zuerst, was es in dieser Beziehung in Ihrer Region für Standards und ob es eine Vermittlungsstelle gibt). Schreiben Sie Ihr Inserat so, dass es die richtige Person anspricht – warm, gut organisiert, ehrlich. Erzählen Sie überall, dass Sie eine gute Kinderfrau suchen – wenn Sie eine Empfehlung durch eine vertrauenswürdige Person bekommen, ist dies Gold wert. Hängen Sie Inserate in Ihrer Universität oder in Einrichtungen für Senioren auf; eine einsame Rentnerin könnte eine wundervolle Ersatzgrossmutter sein. Wenn das Geld keine so grosse Rolle spielt, können Sie eine Kinderfrau auch durch ein professionelles Vermittlungsbüro suchen.

Sollten Sie eine mögliche Betreuerin gefunden haben, geht es darum, das Wichtigste herauszufinden: Hat die Person Erfahrung mit der Betreuung von Kleinkindern? Hat sie eigene Kinder? Weist sie gute Referenzen vor? Besitzt sie einen gültigen Fahrausweis? Kennt sie sich aus in Erster Hilfe für Kleinkinder oder ist sie bereit, eine Weiterbildung dazu zu besuchen?

Besprechen Sie im Vorstellungsgespräch folgende wichtigen Dinge:
- Weshalb ist sie an dieser Stelle interessiert?
- Liebt sie diese Arbeit oder sieht sie diese als vorübergehenden Job?
- Ist sie bereit, Ihr Kind einen Grossteil des Tages in einer Tragevorrichtung zu tragen, wenn es auf diese Weise glücklicher ist?
- Was denkt sie über schreiende Babys? Würde sie das Kind aufnehmen oder meint sie, dass man es schreien lassen sollte?
- Wie ist ihre Einstellung zum Stillen? Wie reagiert sie auf den Gedanken, mit Muttermilch zu hantieren und diese fachgerecht zu behandeln?
- Würde sie allenfalls das Baby zum Stillen an den Arbeitsplatz bringen?
- Wie flexibel könnte sie sich nach Ihren Arbeitszeiten richten?

Während des Interviews denken Sie vor allem an die wichtigste Qualität, die eine Betreuerin haben sollte – die Fähigkeit eine liebevolle Beziehung zu Ihrem Kind aufzubauen und Sie als Mutter weiterhin in Ihrer Rolle zu akzeptieren. Betrachten Sie alles andere als untergeordnet. Halten Sie Ausschau nach einer Person, der Beziehungen wichtig sind und die dafür begabt ist, solche aufzubauen. Wenn Sie und die Kinderfrau ein erfolgreiches Team werden, bleibt Ihnen nicht nur erspart, schon bald wieder auf die Suche zu gehen, sondern was noch viel wichtiger ist, Ihr Baby kommt in den Genuss einer langfristigen, liebevollen Ersatzbetreuung.

Verwandte

Die Betreuung durch eine Verwandte, häufig die Grossmutter oder eine Tante des Babys, kann die beste Wahl sein, kann aber auch völlig daneben gehen. Manche Grosseltern fühlen sich in dieser Rolle ausgenützt, andere möchten ihre Grosskinder durch niemand anderen betreut wissen.

In bestimmten Kulturen ist die Betreuung und Erziehung der Kinder eine der ersten Verantwortlichkeiten der Älteren. Wenn Eltern und Grosseltern diese Form der Betreuung möchten, kann sie die Basis für eine sehr schöne, starke Bindung zwischen den Generationen werden.

Bevor Sie das Angebot Ihrer Verwandten für die Betreuung Ihres Kindes annehmen, überlegen Sie sich, wie weit diese Ihren neuen Status als Mutter anerkennt und wie sie zu Ihrer Entscheidung zu stillen, steht. Und dann spielen die genau gleichen Fragen eine Rolle, wie bei jeder anderen Betreuerin: Wird sie Ihr Baby so betreuen, wie Sie dies wünschen oder ist ihr Erziehungsstil und ihre Haltung eine ganz andere? Nimmt sie es auf, wenn es schreit? Ist sie bereit (und in der Lage), es zu tragen? Kennt sie sich mit dem Stillen aus (oder ist sie bereit, dazuzulernen?) und hat sie nichts dagegen, mit Muttermilch umzugehen und sie zu füttern? Unterstützt sie Ihre Entscheidung, berufstätig zu sein? Sie haben hier den grossen Vorteil, dass Sie die betreffende Person bereits gut kennen. Nützen Sie Ihre Kenntnis, um die wahrscheinlichen Konsequenzen abzuschätzen, wenn Sie die Betreuung Ihres Kindes mit ihr teilen.

Grosseltern haben oftmals Zeit und Geduld, dürfen aber nicht überbeansprucht werden.

Wenn Sie ein Arrangement mit einem Familienmitglied in Betracht ziehen, gehen Sie nicht einfach davon aus, dass dieses keine Entschädigung möchte. Für eine wichtige, gut erledigte Aufgabe zu bezahlen, ist ein Zeichen von Respekt und gegenseitiger Respekt ist auch hier die Grundlage für eine befriedigende Zusammenarbeit.

Tagesfamilien

Eine Tagesfamilie kann ebenfalls eine sehr gute Möglichkeit sein. Tageseltern haben in der Regel eigene Kinder, die Kindergruppe ist normalerweise altersgemischt. Tagesfamilien kommen der früheren kinderreichen

Grossfamilie am nächsten und erweitern die Sozialkompetenzen aller Beteiligten.

Viele Eltern wählen eine Tagesfamilie, weil diese Art der Betreuung in einer häuslichen Umgebung stattfindet. Die betreffenden Familienmitglieder kommen und gehen je nach Situation. Der Briefträger kommt, das Telefon klingelt. Das Mittagessen gibt es in der Küche und den Mittagsschlaf macht man in einem Bett. Im Idealfall wird das Haus der Tagesmutter zu einem zweiten Heim für ihr Kind, ebenso vertraut, warm und sicher wie Ihr eigenes.

Tagesfamilien können über Inserate und Anzeigen gefunden werden, im Gespräch mit anderen oder über eine Vermittlungsstelle. Wenn Sie privat suchen, sammeln Sie Adressen der Familien in Ihrer Region. Wenn Sie Ihr Baby während der Mittagspause stillen möchten, suchen Sie eine Familie in der Nähe Ihres Arbeitsplatzes.

Wenn Sie mit einer Tagesmutter-Kandidatin sprechen, versuchen Sie deren Haltung ihrer Arbeit gegenüber, zu den Kindern, die sie betreut und deren Eltern herauszufinden:

- Wie lange arbeitet sie schon als Tagesmutter?
- Nimmt sie ihre Arbeit ernst oder ist es einfach ein Job, um das Familieneinkommen aufzubessern, ohne dafür weggehen zu müssen?
- Wie viel weiss sie – durch Weiterbildung, Erfahrung oder Intuition – über die Entwicklung von Kindern?
- Gehört sie zu einer professionalisierten Gruppe von Tagesmüttern, liest sie etwas über ihre Arbeit und bildet sie sich weiter? Ist sie Mitglied einer Organisation (Tageselternverein, Pro Juventute) ?
- Beinhaltet ihr Tagesplan Zeit im Freien, eine Zwischenverpflegung, geplante Aktivitäten und Freispiel? Wie ist ihre Einstellung dem Fernsehen gegenüber?
- Bemüht sich die Tagesfamilie um Kontakt zu Ihnen als Eltern, treffen sich Eltern und Tagesfamilie auch anders als unter der Haustür? Ist es möglich, dass dieser Platz längerfristig zu ihrer eigenen erweiterten Familie werden könnte?

Wenn Sie eine Tagesfamilie besuchen, achten Sie auf Folgendes:

- Ist die Wohnung kindgerecht eingerichtet? Wird auf Sauberkeit geachtet?
- Gibt es sichere Spielmöglichkeiten im Freien?
- Wo essen und schlafen die Kinder?

- Wie verhält sie sich einem Zweijährigen gegenüber, wenn es einen schlechten Tag hat?
- Wie managt sie die gleichzeitige Betreuung von Kindern unterschiedlichen Alters?
- Wirken die Kinder versunken und glücklich in ihrem Spiel?
- Wirkt das Verhältnis zur Tagesmutter vertraut und familiär?
- Verhält sie sich positiv und warm den Kindern gegenüber?
- Kann sie Grenzen setzen, ohne zu verletzen?
- Nimmt sie sich auch die Zeit auf die Bedürfnisse der Kinder einzugehen, während Sie zusammen sprechen?

Wenn Sie die letzte Frage bejahen, ist das ein gutes Zeichen. Diese Frau hat ihre Prioritäten gut gesetzt.

Können Sie sich vorstellen zu dieser Tagesmutter ein gegenseitig unterstützendes Verhältnis aufzubauen und von ihren Erfahrungen mit Kindern zu profitieren? Wird sie Ihre Ansichten respektieren? Wird sie einen positiven Einfluss auf das Leben Ihres Kindes haben? Nehmen Sie sich das Recht, auch andere Eltern von betreuten Kindern zu befragen: Was haben sie für gute und schlechte Erfahrungen mit diesem Platz gemacht? Wissen sie etwas darüber, was ihre Kinder täglich erleben? Haben sie ein gutes Verhältnis zur Tagesmutter?

Wenn Sie einen guten Eindruck haben, sprechen Sie mit der Tagesmutter ausführlich darüber, was Sie sich für eine Betreuung für Ihr Baby wünschen. Sagen Sie ihr, dass Sie stillen und warten Sie ihre Reaktion ab, bevor Sie weiterfragen. Wenn sie über das Stillen Bescheid weiss und Sie dabei unterstützt, ist dies natürlich optimal. Wenn sie selbst nicht gestillt hat und wenig darüber weiss, klären Sie ab, ob Sie ihre Unterstützung gewinnen können. Sie muss bereit sein, die abgepumpte Muttermilch im Tiefkühler aufzubewahren und für die Mahlzeiten aufzutauen. Sie selbst müssen sich auch wohl fühlen, wenn Sie bei der Tagesmutter stillen. Wenn diese lieber keine stillende Mutter in ihrem Wohnzimmer haben möchte, sollten Sie wohl besser weitersuchen.

Wenn Sie merken, dass die Tagesmutter nichts gegen das Stillen hat, aber einfach nicht besonders gut informiert ist, können Sie ihr anbieten, Literatur darüber mitzubringen. Stillen Sie diskret bei ihr, sodass sie sich daran gewöhnen kann. Eine Mutter beschreibt diese Situation so: „Ich bin die einzige stillende Mutter der fünf Familien, von denen sie Kinder betreut und ich habe länger gestillt, als irgendeine Frau, die sie kennt. Sie weiss sehr wenig über das Stillen und den Umgang mit Muttermilch, aber ich habe immer wieder davon gesprochen und über den Unterschied zu künstlicher Säuglingsnahrung. Es ist für mich klar, dass sie immer noch lieber mit der (für sie) praktischeren künstlichen Säuglingsnahrung umgeht, aber sie wird immer offener für meine Bedürfnisse." Sollte Ihnen die Tagesmutter die nötige Unterstützung anfangs noch nicht geben können, ist es vielleicht möglich, dass diese langsam wächst.

Wenn Sie wissen, dass Sie die Unterstützung der Tagesmutter für das Stillen im Allgemeinen haben, können Sie über die Details sprechen. Erklären Sie ihr, dass Sie möchten, dass sie das Baby beim Füttern im Arm hält – wie beim Stillen – und nicht mit einer aufgestützten Flasche in einen Babysitz legt. Ausserdem soll es gefüttert werden, wenn es hungrig ist und nicht nach einem Mahlzeitenplan. (Allerdings weisen Sie die Tagesmutter darauf hin, dass sie versuchen soll, das Baby etwas hinzuhalten, wenn es hungrig wird, unmittelbar bevor Sie zurückkommen. Es wird dann willig die Brust nehmen und Sie sind wahrscheinlich froh darüber. Je nach Entfernung möchten Sie vielleicht in der Mittagspause vorbeikommen; ist dies für die Tagesmutter in Ordnung? Sprechen Sie auch über das Füttern von Beikost, sodass sie weiss, wie und wann Sie diese einführen wollen. Natürlich werden Sie ihr auch noch Genaueres über die Aufbewahrung, das Auftauen und das Füttern von Muttermilch sagen (siehe Kapitel 6).

Manche Kinderfrauen sind bereit, Ihr Kind genauso zu betreuen, wie Sie es wünschen.

Nicht nur das Stillen ist von Bedeutung, auch der Umgang mit Ihrem Kind allgemein:

Wird Ihr Baby am liebsten getragen, fragen Sie, wie die Tagesmutter dazu steht. Ist sie bereit, das Kind in einer Tragevorrichtung zu tragen? Tragen Sie das Baby beim Besuch selbst, sodass sie sieht, wie einfach und praktisch das ist. Betonen Sie, dass Sie auf diese Art die Hände frei haben und das Baby zufriedener ist.

Befragen Sie die Tagesmutter auch über ihre Ansichten zum Schlafen. Wenn ihr Baby einmal nicht schlafen und stattdessen gehalten werden will, würde die Tagesmutter darauf eingehen?

Wenn Sie sicher sind, dass Sie und die Tagesmutter einen guten Draht zueinander haben, sprechen Sie mit ihr über weitere praktische Details:
- Wie und wann will sie bezahlt werden?
- Was passiert, wenn es abends einmal etwas später wird, bis Sie das Baby holen?
- Wird sie auch bezahlt, wenn das Baby krank ist und zu Hause bleibt?
- Was ist, wenn sie selber krank wird? Wird sie auch dann bezahlt?
- Hat sie bezahlte Ferien? Und wann sind diese?
- Bezahlen Sie auch während Ihrer eigenen Ferien?

Eine gut organisierte Tagesmutter hat die Antworten auf diese Fragen bereit. Wenn sie noch keine Richtlinien dafür hat, erarbeiten Sie diese gemeinsam. Unter Zeitdruck eine neue Betreuung zu suchen, nur weil organisatorische Fragen zu Problemen führten, ist etwas vom Schlimmsten für eine berufstätige Mutter. Seien Sie also fair beim Ausarbeiten dieser Fragen. Die Tagesmutter möchte wahrscheinlich die gleiche Zeit bezahlte Ferien wie alle anderen Angestellten oder sie wird ihren Tarif so hoch ansetzen, dass damit ihre Ferien bezahlt sind. Jedenfalls braucht Sie Ferien, ob bezahlt oder nicht, mindestens so nötig wie alle anderen Leute (ihre Arbeitstage sind lang und sie lebt schliesslich an ihrem Arbeitsplatz). Wenn Ihr Kind mit Windpocken aufwacht und zu Hause bleiben muss, sollte sie trotzdem für diesen Tag bezahlt werden.

Vergessen Sie nie, dass die Tagesmutter Ihnen einen äusserst wichtigen Dienst erweist: Sie hilft Ihnen bei der Betreuung und Erziehung Ihres Kindes. Haben Sie richtig gewählt, wird sie Ihnen auch gerne mit gutem Rat behilflich sein, schliesslich kennt sie Ihr Kind beinahe so gut wie Sie. Tagesmütter übernehmen oft die wichtige Rolle von erfahrenen Verwandten und Nachbarn, die einer neuen Mutter früher zur Seite standen.

Respektieren Sie, dass die Arbeit der Tagesmutter in ihrem eigenen Heim stattfindet. Dort sind Sie immer nur Gast, auch wenn Sie für die Arbeit bezahlen. Im Idealfall wird die Tagesmutter mit der gleichen Einfühlung, Zuneigung und Toleranz behandelt, wie die Grossmutter oder die Tante des Kindes. Sie tun gut daran, wenn Sie die Tagesmutter häufig wissen lassen, wie sehr Sie ihre Arbeit schätzen.

Kindertagesstätten oder -krippen

Solche Institutionen können sowohl das Beste, aber auch das Schlechteste moderner Kinderbetreuung bieten. Sie können gemütliche, vertraute Orte sein, wo gut ausgebildete BetreuerInnen sich um die unterschiedlichen Bedürfnisse der Kinder kümmern. Es gibt aber auch unpersönliche, streng organisierte Institutionen. Sie werden den Unterschied erkennen, wenn Sie sich umschauen. Der grosse Vorteil von Kindertagesstätten ist ihre Verlässlichkeit. Sie können darauf zählen, dass Ihr Kind dort an jedem Ihrer Arbeitstage betreut wird.

Ein grosser Nachteil ist die grössere Wahrscheinlichkeit, dass Infektionskrankheiten von Kind zu Kind übertragen werden. Finnische Untersuchungen haben gezeigt, dass Kinder unter zwei Jahren, die in grossen Tagesstätten betreut werden (im Vergleich zu solchen, die zu Hause sind), ein bis zu 36-mal höheres Risiko für Pneumokokken-Infektionen, Lungenentzündungen und Hirnhautentzündungen tragen. Das Risiko in Tagesfamilien ist demgegenüber nur 4-mal höher als zu Hause. Epidemiologen empfehlen, dass Eltern das Risiko durch Stillen und eine gute Hygiene vermindern und indem sie ihre Kinder vor Zigarettenrauch verschonen.

Schauen Sie sich die Kindertagesstätte gut an. Sitzen Sie in eine Ecke und beobachten Sie mindestens eine halbe Stunde mit ungeteilter Aufmerksamkeit, wie die Kinder behandelt werden.

- Wie viele Kinder kommen auf eine erwachsene Betreuungsperson? Im Idealfall sind es nicht mehr als drei Kinder und Kindergruppen sollten nicht aus mehr als acht bis zehn Kindern bestehen.
- Gibt es auch Körperkontakt? Halten die Erwachsenen die Kinder? Schaukeln sie sie und spielen sie mit ihnen? Oder sitzen die Kinder in Kindersitzen und Laufgittern, wenn sie nicht gerade gefüttert und gewickelt werden?
- Wie konstant ist die Betreuung? Gibt es häufige Personalwechsel? Gibt es für jedes Kind eine primäre Bezugsperson? Wird Ihr Baby jeden Morgen „seine" Bezugsperson vorfinden, wenn Sie es abgeben?

Stellen Sie dem Personal die gleichen Fragen, die Sie einer Tagesmutter stellen würden. Sie sollten bei Ihrer Entscheidung zu stillen, unterstützt werden. Es sollte möglich sein, dass Sie auch unangemeldet erscheinen können, um Ihr Baby zu stillen. Und Sie sollten eine gegenseitig unterstützende Beziehung zu den Betreuerinnen Ihres Kindes aufbauen können.

Sehen Sie sich wenn möglich auch die Räume an, in denen die grösseren Kinder betreut werden. Wenn Sie zufrieden sind, wird Ihre erste Kindertagesstätte auch Ihre letzte sein. Wenn Ihnen die Institution gefällt, möchten Sie wahrscheinlich, dass Ihr Kind dort bleibt, bis es in den Kindergarten geht. Sind auch die älteren Kinder glücklich und engagiert bei unterschiedlichsten Spielen? Sitzen die Betreuerinnen mit ihnen auf dem Boden? Begeben sie sich auf Augenhöhe, um mit ihnen zu sprechen? Wenn Dekorationen und Zeichnungen der Kinder auf Erwachsenenhöhe hängen, ist die Institution vielleicht eher darum bemüht, auf Eltern einen guten Eindruck zu machen, als die Kinder zu bereichern.

Bist du mir wieder gut?

Einige Tagesstätten arbeiten mit altersgemischten Familiengruppen. Wie in einer Tagesfamilie, in einem Quartier mit vielen Kindern oder einem kleinen Dorf, lernen die jüngeren Kinder von den älteren und die älteren geniessen es, die jüngeren etwas zu lehren. Wenn Sie einen solchen Platz finden, beobachten Sie auch dort, wie es Ihnen gefällt.

Firmeneigene Tagesstätten werden oft als die perfekte Lösung für das Problem der Kinderbetreuung betrachtet. Bestimmt ist es ein Schritt in die richtige Richtung, wenn auch Firmen ihre Verantwortung für die Vereinbarkeit von Beruf und Familie wahrnehmen. Schauen Sie aber genau hin, ob es der Firma nicht mehr um ihr Image geht, als wirklich um eine Dienstleistung für ihr Personal. Eine Mutter, die für eine grosse Firma arbeitet, meint dazu: „Meine Firma stellt eine eigene Krippe zur Verfügung – falls man denn je dazu kommt! Die Wartelisten sind lang. Ich habe meine Tochter im dritten Schwangerschaftsmonat angemeldet und sie ist nun vierjährig. Sie hat nie einen Platz bekommen. Dies ist besonders frustrierend, weil meine Firma in der Presse eine grosse Sache aus ihrer mütterfreundlichen Haltung macht." Auch wenn Sie Ihr Kind in eine firmeneigene Krippe geben können, stehen Sie vor einem Problem, wenn Sie die Arbeitsstelle wechseln.

Wenn alle Stricke reissen

Für welche Lösung Sie sich auch immer entscheiden, Sie müssen wissen, dass der Tag kommen wird, an dem Sie eine Vertretung für die Betreuerin suchen müssen. Die Kinderfrau in Ihrer Wohnung hat Grippe. Die Mutter Ihrer Tagesmutter wird operiert. Die Kinderkrippe schliesst im Sommer für drei Wochen. Ihr Baby wacht mit Fieber auf und muss zu Hause bleiben. Was Sie in dieser Situation tun, hängt sehr stark von Ihrer Arbeitssituation ab. Wenn Sie die Möglichkeit haben, einen Tag frei zu nehmen oder zu Hause zu arbeiten, macht dies Ihr Leben unendlich viel einfacher. Aber auch wenn Sie für den Notfall andere Pläne bereit haben, können Sie dem Unvermeidlichen gelassener entgegenschauen. Leben die Grosseltern in der Nähe? Sind sie bereit, einzuspringen? Wie steht es mit anderen Eltern in Ihrer Umgebung? Gibt es eine Mutter, die *ausnahmsweise* Ihr Baby betreuen könnte, wenn sie weiss, dass Sie dafür einmal an einem Samstagabend für sie da sind? Das Baby zur Arbeit mitzunehmen, ist eine andere Möglichkeit, die Sie nicht sofort ausschliessen sollten. Die Vor- und Nachteile davon werden in Kapitel 7 diskutiert.

Haushalt, Familie und Wiedereinstieg

Etwa zwei Wochen vor Ihrem ersten Arbeitstag, können Sie einige weitere Dinge tun, um den Übergang möglichst einfach zu machen. Die ersten Wochen am Arbeitsplatz haben vieles gemeinsam mit den ersten Wochen nach der Geburt; Sie benötigen jetzt die gleiche Rücksichtnahme und Hilfe. Kleine Vorfälle haben heute wie damals ein grosses Gewicht. Sie werden oft sehr müde sein, während Sie lernen, Beruf und Mutterschaft zu vereinbaren. Für den Anfang bereiten Sie Ihren Haushalt so vor, wie Sie dies vor der Geburt getan haben: Kochen Sie grössere Portionen vor und frieren Sie einen Teil für später ein. Legen Sie sich Vorräte von nahrhaften, schnell zubereiteten Lebensmitteln an. Wenn es bei Ihnen einen Hauslieferdienst für den alltäglichen Lebensmittelbedarf gibt, überlegen Sie sich, ob Sie diesen in Anspruch nehmen wollen. Oft ist es möglich, online zu bestellen und die Waren noch am gleichen Tag zu bekommen. Überlegen Sie sich, ob Sie eine Freundin oder Verwandte um Hilfe für die erste Zeit bitten könnten. Eine Frau erzählt, dass nach der Geburt ihre eigene Mutter kam um zu helfen, während in der ersten Arbeitswoche ihre Schwiegermutter da war. Genauso wie nach der Geburt, werden Sie einerseits emotionale

Unterstützung brauchen, andererseits aber auch ganz praktische Hilfe mit Haushalt und Kindern – und zusätzlich so viel Ruhe wie möglich.

Die Unterstützung Ihres Partners ist von grösster Wichtigkeit. Sollte er wirklich mindestens 50 % der Haushaltsarbeiten übernehmen, dann sind Sie schon ein gutes Stück weiter bei der Vereinbarkeit von Beruf und Mutterschaft. Leider sind viele Männer zwar dafür, dass ihre Frau wieder zur Arbeit geht und versprechen ihre Hilfe, sehen dann aber nicht wirklich, was alles getan werden muss. Studien haben gezeigt, dass nur in 20 % aller Fälle die Partner wirklich einen gleichwertigen Teil der Hausarbeit übernehmen. Während viele Frauen dieses Ungleichgewicht dem Frieden zuliebe akzeptieren, leiden sie oft unter chronischer Müdigkeit, geringem Bedürfnis nach Sex und werden häufiger krank.

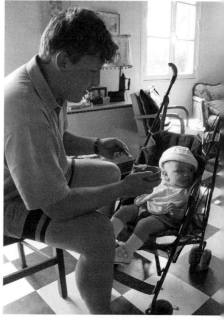

Heute Papa, morgen Kinderfrau

Sprechen Sie mit Ihrem Partner ganz offen darüber, wie Sie den Haushalt organisieren wollen. Es gibt einen klaren Unterschied zwischen etwas Mithilfe und dem Übernehmen von Verantwortung: Heisst „das Abendessen kochen", einfach nur kochen oder bedeutet es auch planen, einkaufen und aufräumen? Heisst „die Wäsche erledigen", auf Anfrage die Waschmaschine füllen oder heisst es auch die Wäsche zur richtigen Zeit einsammeln, sortieren, aufhängen, bügeln und wieder versorgen? Und all das, ohne dass Sie ihn daran erinnern müssen? In vielen Haushalten fühlt sich der Mann sehr emanzipiert und ist überzeugt, die Hälfte der Arbeit zu tun, während weder er noch seine Partnerin sich bewusst sind, wie viele wichtige kleine Details rings um jede Aufgabe herum anstehen und immer noch ganz selbstverständlich von ihr übernommen werden. Zurück in den Beruf gehen heisst nicht, dass jetzt wieder alles wie vorher ist und dass Sie alles tun werden, was Sie vorher getan haben. Während der ersten sechs Arbeitsmonate – wie in den ersten Tagen zu Hause nach der Geburt – sollten Sie Ihr Hauptgewicht darauf legen, während der ganzen Freizeit gut für sich und das Kind zu sorgen. Ihr Partner kann dies ermöglichen. Selbstverständlich kann er auch einen Teil der Kinderbetreuung übernehmen, wenn Sie nicht mehr ausschliesslich stillen.

Die Arbeitsstelle und Ihr Wiedereinstieg

2005 waren fast die Hälfte aller Arbeitnehmenden in den industrialisierten Ländern Frauen. In den Geschäftsleitungen hingegen kommen immer noch zehn Männer auf eine Frau. Woher dieser Unterschied? Es mag hie und da immer noch einige Zweifel an den Fähigkeiten von Frauen geben, Leitungsfunktionen zu übernehmen, aber der Hauptgrund für diese Situation ist die Tatsache, dass Frauen Kinder bekommen. Sie nehmen Urlaub, wenn ihre Kinder geboren werden oder nehmen spätestens beim zweiten Kind eine Auszeit, wenn das Leben durch Freizeitaktivitäten der Kinder komplizierter wird. Das bedingt Flexibilität, die meistens eher die Frauen aufbringen. Obwohl viele Frauen nach einer Baby- oder Kinderpause wieder in den Beruf einsteigen, ist ein Unterbruch in der Mitte ihrer Karriere normalerweise immer noch nachteilig. Eine amerikanische Studie zeigte, dass Frauen, die drei oder mehr Jahre aussetzten, beim Wiedereinstieg eine Lohneinbusse von 37 % in Kauf nehmen mussten.

Mütter sind wertvolle Arbeitskräfte.

Es gibt jedoch Anzeichen für ein gesellschaftliches Umdenken, da eine zunehmende Anzahl von Arbeitgebern realisiert, dass es für sie nützlich ist, die Frauen bei der Stange zu halten und sie in ihrer spezifischen Laufbahn zu unterstützen. Die Forschung zeigt, dass es einen starken Zusammenhang zwischen den Gewinnen einer Firma und dem Frauenanteil in der Geschäftsführung gibt. Eine Firmenkultur, die dem unterschiedlichen Verlauf der Frauenkarrieren Rechnung trägt, kann mehr profitieren, als wenn sie alle Angestellten ins gleiche Schema zwängt. Flexibilität ist ein neues Prinzip einer guten Geschäftsführung geworden.

Diese Arbeitgeber haben bemerkt, dass Frauen spezifische Beiträge leisten. Frauen haben Stärken in Kommunikation und Teambildung. Vor allem Mütter denken langfristig und behalten das richtige Augenmass auch für schwierige Themen. Sie arbeiten hart, wenn Termine drängen und verschwenden wenig Zeit mit Pausen. Weil sie auch ein Leben neben der Erwerbstätigkeit haben, verstehen sie die wirklichen Bedürfnisse und Wünsche der Kunden. Arbeitgeber, die den Wert der Mütter unter ihren Angestellten verstehen, helfen mit, die Vereinbarkeit von Beruf und Mutterschaft zu ermöglichen – vor allem während der speziell herausfordernden Phase der Stillzeit.

Verschiedene Massnahmen ermöglichen es einer Firma, ihre eingearbeiteten Arbeitskräfte zu behalten: Schrittweiser Wiedereinstieg für Mütter, flexible Arbeitszeiten und Computerarbeit von zu Hause aus. Eltern, die nicht dauernd Überzeit leisten können oder kaum die Möglichkeit haben, von einer Minute auf die andere zu einer Geschäftsreise aufzubrechen, werden nicht mehr automatisch durch Lohneinbussen, Karriereknicks oder mangelndes Ansehen bestraft. Denken Sie daran, wenn Sie zu Ihrer Erwerbstätigkeit zurückkehren. Manchmal werden unsere Befürchtungen Realität, wenn wir zu schnell die veralteten Ansichten unserer Umgebung als gegeben hinnehmen. Lassen Sie sich nicht von Ihrem Arbeitgeber oder von Kollegen davon überzeugen, dass Ihre neue Rolle als Mutter Ihren Status oder Ihren Wert am Arbeitsplatz vermindern muss.

Am Arbeitsplatz: Ein Ort zum Abpumpen

Wenn Sie keinen eigenen Arbeitsraum haben und nicht sicher sind, wo Sie abpumpen können, besuchen Sie gelegentlich Ihre Arbeitsstelle, „um rasch zu grüssen" und überlegen Sie dabei, ob Sie einen geeigneten Platz zum Abpumpen finden, bevor Ihr Mutterschaftsurlaub zu Ende ist. Wenn es keinen „Stillraum" für Mütter gibt, planen Sie ein Gespräch mit der Personalverantwortlichen. Es gehört zu ihrer Aufgabe, diesem Bedürfnis ihrer Angestellten entgegenzukommen und Sie haben das Recht auf einen sauberen, privaten Platz um Ihre Milch abzupumpen. Dieser Platz kann speziell für diesen Zweck bestimmt sein, es kann aber auch ein privates Büro oder ein Umkleideraum für Frauen sein. Auch Sitzungszimmer, Material- und Sanitätsräume wurden schon von stillenden Müttern benutzt. Toiletten sollten nur als allerletzte Möglichkeit in Betracht gezogen werden. Lassen Sie sich nicht von jemandem in die Toilette drängen, weil er oder sie Muttermilch mit anderen Körperflüssigkeiten in Zusammenhang bringt. Sie bereiten eine Mahlzeit für Ihr Kind zu und verdienen dafür einen akzeptablen Platz.

Manche Mütter pumpen auch in ihrem eigenen Auto auf dem Parkplatz. Mit einer Sonnenabdeckung und einem Handtuch über den Seitenfenstern, kann Ihr Auto genügend Privatsphäre bieten und Sie können sich entspannen, wenn Sie sich hier wohl fühlen.

Wenn es keinen akzeptablen Stillraum gibt, schlagen Sie Ihrer Firma vor, einen zu machen. Überlegen Sie sich gut, wie Sie dabei vorgehen. Je nach Firmenkultur kann es nützlich sein, den Vorschlag so vorzubringen, dass

Sie vor allem die Vorteile für den Arbeitgeber hervorheben. In jedem Fall müssen Sie verhindern, dass bei den Verantwortlichen der Eindruck entsteht, es sei nicht mit Ihrer vollen Einsatzbereitschaft zu rechnen. Lassen Sie sich aber nicht drängen, Ihre Aufgaben und Rolle als Mutter zu negieren. Wie Sie Ihre Bedürfnisse dem Arbeitgeber gegenüber am besten klar machen, hängt von Ihrem eigenen Bewusstsein für Ihre Rechte und Ihren Wert als Angestellte und Mutter ab. Mehr über die gesetzlichen Rechte in Ihrem Land finden Sie im Anhang.

Die Vorteile für die Firma

Neben dem allgemeinen Nutzen, den ein Betrieb davon hat, auch an die Bedürfnisse von Frauen zu denken, gibt es eine ganze Reihe von (finanziellen) Gründen, die einen Arbeitgeber überzeugen können, dass es ganz unabhängig von gesetzlichen Bestimmungen zu seinem Vorteil ist, stillende Mütter zu unterstützen.

- Seltenere Abwesenheit der Angestellten wegen Krankheiten der Kinder. Stillen stärkt bekanntlich die Abwehrkräfte des Kindes.
- Geringere Personalwechsel. Die Unterstützung, die ein Betrieb einer stillenden Mutter gibt, kostet wenig, garantiert aber gleichzeitig die dauerhafte Loyalität der Angestellten. Einarbeitungszeiten fallen weg, wie auch Kosten für die Bewerbungsverfahren.
- Längerfristige Einsparungen bei Krankheitskosten allgemein.

Was benötigen Sie, um am Arbeitsplatz Muttermilch abzupumpen?
- Zwei- bis dreimal täglich (oder etwa alle drei Stunden) eine Pause von 15 bis 30 Minuten. Wenn Sie Ihr Baby an seinem Betreuungsplatz in der Nähe stillen können, anstatt abzupumpen, benötigen Sie dafür vielleicht zweimal täglich 30 Minuten. (Beachten Sie die in Ihrem Land gültigen Bestimmungen.)
- Einen sauberen, privaten Raum, der abgeschlossen werden kann (keine Toilette).
- Einen bequemen Sessel und einen kleinen Tisch für die Pumpe.
- Einen elektrischen Anschluss.
- Ein Waschbecken zum Händewaschen und um das Zubehör zu spülen.
- Einen Kühlschrank zur Aufbewahrung der Milch.
- Die klare Weisung der Firma, dass stillende Mütter in dieser Zeit nicht gestört werden dürfen.

Diese Einrichtung werden Sie drei Monate bis ein Jahr benötigen, je nachdem, wie lange Sie stillen.

Denken Sie immer daran, dass all dies einen grossen Unterschied für Sie und Ihr Baby macht, aber wahrscheinlich sehr wenig für Ihren Arbeitgeber.[6]

Wenn mehrere stillende Mütter in Ihrer Firma arbeiten und Sie Ihren Vorschlag gemeinsam unterbreiten, erreichen Sie sicherlich mehr. Zeigen Sie Ihrem Arbeitgeber auch, wie Sie den Gebrauch des Raumes koordinieren werden. Vielleicht machen Sie einen Plan untereinander und vermerken an der Tür, wer den Raum im Moment braucht und für wie lange. Bestimmen Sie eine Verantwortliche für die Sauberkeit des Raumes und überzeugen Sie Ihren Arbeitgeber, dass die Organisation kein Problem sein wird.

Hier wird gepumpt.

Verlängerung des Mutterschaftsurlaub

Überlegen Sie sich, ob Sie allenfalls den Mutterschaftsurlaub verlängern wollen unter Zusicherung des Arbeitsplatzes. Ihr Erfolg wird davon abhängen, wie wertvoll Ihre Arbeit für Ihren Arbeitgeber ist und wie flexibel der Betrieb Regeln anwendet. Ziehen Sie in Betracht, sich von Ihrem Arzt/Ihrer Ärztin unterstützen zu lassen, um dem Arbeitgeber klar zu machen, wie wichtig eine nahe Bindung zu Ihrem Kind durch volles Stillen ist, bevor Sie die Erwerbstätigkeit wieder aufnehmen. Bringen Sie Namen anderer Firmen in Erfahrung, die längere Urlaube bewilligen; viele erfolgreiche Firmen tun dies.

Alternative Arbeitsmöglichkeiten

Ganz egal wie lange Ihr Mutterschaftsurlaub dauert, wenn er vorüber ist, fühlen Sie sich vielleicht immer noch nicht bereit, während fünf Tagen pro Woche von morgens bis abends von Ihrem Baby getrennt zu sein. Überlegen Sie sich, ob eine der nachstehend aufgeführten Möglichkeiten für Sie in Frage kommt, wenn Sie keine Reduzierung Ihrer Arbeitszeit in Betracht ziehen können:

---

6 Weisen Sie Ihren Arbeitgeber auf die erfahrenen Stillorganisationen hin wie die La Leche League/Liga und die Vereinigung der diplomierten Stillberaterinnen IBCLC. Diese können behilflich sein, wenn es darum geht, einen stillfreundlichen Ort in Ihrem Betrieb einzurichten.

Flexible Arbeitszeiten

Als erstes könnten Sie Ihren Arbeitgeber um eine flexiblere Arbeitszeit bitten. Gleitende Arbeitszeiten sind in vielen Firmen üblich – dank den Anstrengungen von verzweifelten und entschlossenen Angestellten mit Betreuungspflichten. Angestellte können so Arbeitsbeginn und -ende selbst festlegen, so lange sie während der Hauptarbeitszeiten im Hause sind – zum Beispiel von 10 bis 15 Uhr. Wenn beide Elternteile es einrichten können, gleitende Arbeitszeiten zu haben, kann einer früh gehen und früh nach Hause kommen, während der andere spät geht und spät kommt, sodass das Baby nur wenige Stunden fremd betreut werden muss.

Stanley Greenspan, Arzt und Experte für die Entwicklung von Kleinkindern, schlägt ein anderes flexibles Arrangement vor: Jeder Elternteil arbeitet zu etwa zwei Dritteln (etwa 27 Stunden) an verschiedenen Wochentagen oder mit einer Überschneidung von einem Tag. Auf diese Art ist jeder an einem Drittel der Arbeitswoche zu Hause und Fremdbetreuung ist gar nicht oder nur sehr wenig nötig. Wenn dann noch Arbeit von zu Hause aus möglich ist und die Flexibilität da ist, zu arbeiten wenn das Baby schläft, scheint dieses Szenario ideal. Diese Idee bietet viele Varianten und eine zunehmende Anzahl Familien praktizieren sie bereits – obwohl dies vor wenigen Jahren noch kaum denkbar schien.

Blockarbeitszeiten

Konzentrierte Arbeitswochen werden für Vollzeitarbeitende immer populärer. Sie könnten vier Tage à 10 Arbeitsstunden machen und dann drei freie Tage haben, oder drei 12 Stunden-Tage, gefolgt von vier Freitagen (was aber nicht überall mit dem Arbeitsrecht vereinbar ist). Obwohl diese Idee viel für sich zu haben scheint, ist sie in Ihrem Fall eher ungünstig. Ihre Arbeitstage und damit die Abwesenheit sind auf diese Art sehr lange und anstrengend und auch die folgenden Freitage könnten erschöpfend sein, wenn Sie versuchen, die Zeit mit Ihrem Kind zu kompensieren. Sie müssten mindestens drei-, wenn nicht sogar viermal pro Arbeitstag pumpen und ob dies wirklich so gut funktioniert, wissen Sie im Vorfeld leider noch nicht. Ausserdem spalten solch gedrängte Arbeitszeiten Ihr Leben in zwei Teile, ohne dass sich Berufs- und Familienleben wirklich verbinden könnten. Manche Familien kommen gut damit zurecht und ziehen dies einem normalen Arbeitsplan vor; überlegen Sie sich aber die Konsequenzen genau, bevor Sie Ihrem Arbeitgeber so etwas vorschlagen.

Arbeiten zu Hause

Die Arbeit für die Firma am eigenen Computer zu Hause kann eine nahezu ideale Lösung sein, um Berufstätigkeit und Mutterschaft zu verbinden. Dank der heutigen Technik können Sie von zu Hause aus beinahe so einfach mit Ihren Mitarbeiterinnen in Kontakt sein, als wenn Sie im Büro wären. Eine Frau beschreibt ihre Situation: „Meine Vorgesetzte liess mich die letzten zwei Monate meiner (schwierigen) Schwangerschaft zu Hause arbeiten. Seit der Geburt arbeite ich ebenfalls an mehreren Tagen pro Woche von zu Hause aus – um Schwierigkeiten vorzubeugen, mache ich einen wöchentlichen Rapport darüber, was ich alles erledigt habe. Ich rufe täglich mehrmals meinen Anrufbeantworter und meine E-Mails ab und wir gehen regelmässig meine Ziele und erledigten Dinge durch, um zu gewährleisten, dass alles klappt. Ich gebe meine Kinder trotzdem zu einer Tagesmutter, wenn ich zu Hause arbeite, aber der Vorteil ist, dass ich sie abholen kann, wenn ich meine Arbeit getan habe, meistens um 14.30 Uhr herum und nicht erst am Abend nach einer langen Heimfahrt."

Eine solche Lösung kann auch für den Arbeitgeber von Vorteil sein. So berichtet eine Firma, dass ihre Angestellten auf diese Weise bis zu 29 % produktiver sind und weniger Fehler machen. Ein weiterer Bonus ist die Einsparung von Büroraum.

Obwohl das Arbeiten zu Hause Ihnen mehr Zeit für Ihr Baby gibt, vermissen Sie vielleicht den Kontakt zu Ihren Kolleginnen – und diese finden vielleicht plötzlich auch, dass Sie anwesend sein sollten. Eine andere Frau erinnert sich: „Ich habe in den ersten sechs Monaten nach der Geburt zu Hause gearbeitet, via Computer, Fax und Telefon. Als ich vorschlug, diese Abmachung zu verlängern, sagte mein Arbeitgeber, er möchte mich wieder im Büro haben. Meine Mitarbeiterinnen wollten ganz einfach die Möglichkeit haben, rasch in meinem Büro vorbeizukommen, um eine Frage zu stellen." In diesem Fall ist Ihr Baby vielleicht schon etwas älter und die Trennung fällt Ihnen weniger schwer.

Teilzeit

Teilzeitarbeit kann ebenfalls eine Lösung sein, wenn Sie die finanzielle Einbusse verkraften können. Obwohl Ihr Einkommen zurückgeht, geben Sie auch weniger aus für die Betreuung des Kindes. Gibt es einen Bereich Ihrer Arbeit, den Sie besonders gut machen und für den Ihr Arbeitgeber Sie besonders schätzt? Schlagen Sie ihm vor, dass er Sie allenfalls im Stundenlohn teilzeitlich anstellt. Sie können auch vorschlagen, dass Sie

Kapitel 5   Den Wiedereinstieg planen

Auch eine Möglichkeit

eine Jahresarbeitszeit haben und je nach Bedarf der Familie und der Firma pro Woche weniger oder mehr arbeiten.

Wenn Ihr Arbeitgeber mit Teilzeitarbeit einverstanden ist, müssen Sie trotzdem darauf gefasst sein, dass sich einiges nachteilig verändert. Sie werden von MitarbeiterInnen und Vorgesetzten eventuell nicht mehr gleich ernst genommen oder Sie verlieren einige Ihrer Privilegien, wie den eigenen Parkplatz oder die eigene Telefonlinie. Möglicherweise sind auch Ihre Karrieremöglichkeiten eingeschränkt. Die Managerin in einer grossen Versicherungsgesellschaft schreibt darüber: „In meiner Erfahrung werden Teilzeitarbeitende oft als Mitarbeitende zweiter Klasse behandelt. Es wird davon ausgegangen, dass sie nicht mehr mit ganzem Herzen bei der Firma sind. Ich werde so behandelt, als ob ich nicht mehr ganz dabei wäre und wohl auch nicht mehr befördert werden möchte. Ich bin zwar jemand, der relativ schnell Karriere gemacht hat, aber die Firmenkultur lässt mich dies trotzdem fühlen."

Auch wenn sich die Karrieremöglichkeiten während einiger Jahre reduzieren, können sich die Zeiten wieder ändern. Eine Juristin bedauert es nicht, dass sie Teilzeit gearbeitet hat, während ihre Kinder klein waren: „Als meine Kinder fünf- und dreijährig waren, bin ich wieder voll eingestiegen und seither schon zweimal befördert worden. Für meine Kinder wurde immer gut gesorgt und ich habe einen Partner, der dafür ebenso verantwortlich ist wie ich. Ich bin sehr glücklich mit der Wahl, die ich getroffen habe und immer noch treffe. Der Aufstieg dauert vielleicht etwas länger und die Vorgesetzten müssen davon überzeugt werden, dass Ihnen die Arbeit am Herzen liegt, aber es ist möglich." Wenn je der Moment ist, in dem Sie Ihre Karriere zwar auf Sparflamme verfolgen, aber trotzdem einen Fuss in der Arbeitswelt behalten wollen, dann wahrscheinlich jetzt.

Jobsharing

Jobsharing ist ebenfalls eine Möglichkeit Teilzeit zu arbeiten, die Vorteile für Arbeitgeber und -nehmer bieten kann. Hier teilen sich zwei Mitarbeiterinnen eine Stelle. Der Arbeitgeber profitiert davon, dass er praktisch zum Preis von einer, zwei motivierte Mitarbeiterinnen mit ihren jeweiligen

Erfahrungen und Stärken hat. Die Angestellten teilen sich die Arbeit und den Lohn so auf, wie es für sie selbst und die Firma vorteilhaft ist. Im Idealfall sind beide Partnerinnen so flexibel, dass sie einander aushelfen können, wenn eine davon ein krankes Kind hat oder in die Ferien geht.
In jedem Fall: Machen Sie den ersten Schritt, indem Sie Ihrem Arbeitgeber einen selbstbewussten und überzeugenden Vorschlag machen. Beschreiben Sie Ihren Wunsch und auch die Vorteile, die Ihre Firma davon hätte und die Möglichkeiten, die Sie sehen, um spezielle Situationen zu meistern.

Ganz zu Hause bleiben?

Und was ist, wenn Sie eigentlich wieder zur Arbeit gehen müssten, Sie aber keine Möglichkeit sehen, Familie und Beruf zufrieden stellend zu vereinbaren? Die Alternative, zu kündigen und ganz zu Hause zu bleiben, scheint schon aus finanziellen Gründen nicht machbar. Schon lange ist es her, dass das Einkommen der Frauen als angenehme Aufbesserung für die „Extras" des Lebens bestimmt war, für Freizeit, das zweite Auto usw. Ihr Lohn ist möglicherweise existenziell sichernd. Vielleicht macht es Ihnen auch Sorgen, jetzt von Ihrer Karriere und Ihrem ausserhäuslichen Leben Abschied zu nehmen. Sie fragen sich, wer Sie eigentlich sind, ohne die Herausforderungen des Berufsalltags. Wird Ihnen nicht die Decke auf den Kopf fallen? Und was machen Sie, wenn die Kinder grösser werden?
Der erste Schritt auf der Suche nach Antworten besteht darin, die kreativen Herausforderungen und die intellektuellen Ansprüche des Mutterseins anerkennen zu lernen. Dies macht Sie flexibel genug, um Ihre Optionen umfassender zu sehen, nicht nur als Entscheidung zwischen „arbeiten" und „nicht arbeiten". Viele Mütter, die sich nach Jahren der Berufstätigkeit entschlossen haben, zu Hause zu bleiben, sagen, dass sich viele ihrer Vorurteile nicht bestätigt haben. Eine davon: „Als Frau, die immer berufstätig war, habe ich mir die Entscheidung nicht leicht gemacht. Ich bin mit der Zeit hineingewachsen. Zuerst habe ich meine Managementposition zu Gunsten einer Teilzeitarbeit in der gleichen Firma aufgegeben. (Meine Firma glaubte nicht, dass eine Teilzeitbeschäftigte soviel Verantwortung tragen könnte.) Als dann mein zweites Kind geboren wurde und mein erstes in den Kindergarten ging, war mein Entschluss gefasst. Zu Hause zu sein, war wundervoll und meine Kinder genossen es, in ihrer eigenen Umgebung zu sein, mit ihren eigenen Spielsachen und der Mutter im Hintergrund. Es gibt ihnen sehr viel Sicherheit. So habe ich es zumindest

erlebt. Bisher habe ich es nie bereut. Ich habe mir anfangs auch Sorgen gemacht, dass es langweilig sein würde, aber das war es nicht. Ganz im Gegenteil."

Vergessen Sie bei dieser Entscheidung nicht: Sie können auch wieder ins Berufsleben zurückgehen, es ist keine Entscheidung für immer. Geben Sie sich die Möglichkeit, eine gut informierte Entscheidung zu treffen.

Das Leben ist lang und die Kindheit ist kurz. Wenn Sie während einiger Jahre Ihre Karriere unterbrechen, so können Sie später wieder einsteigen und vielleicht neue Ausrichtungen sehen, die Sie früher nicht in Betracht gezogen hätten. Das heisst nicht, dass es durch diesen Unterbruch keine Rückschläge geben muss. Ihr Arbeitsgebiet verändert sich und die Kolleginnen, die Sie zurückgelassen haben, entwickeln sich während Ihrer Abwesenheit weiter. Aber nach zehn Jahren sind diese vielleicht ausgebrannt und nicht mehr so motiviert, während Sie dann voll Energie und mit einer durch die Mutterschaft geförderten Reife an einem Neuanfang stehen. Um sich nicht auf dem Abstellgeleise zu fühlen, können Sie einen Zehnjahresplan machen: Wo möchten Sie in zehn Jahren stehen, wenn Ihr Kind langsam ins Teenageralter kommt? Wie können Sie sich Jahr für Jahr auf dieses Ziel vorbereiten? Was unternehmen Sie in der Zwischenzeit zu Ihrer Weiterbildung?

Zu Hause bleiben: Eine Lösung für Mütter mit zweitem Kind.

Und was ist mit den Finanzen? Vielleicht gibt es auch hier mehr Spielraum als Sie vermuten. Als erstes können Sie sich überlegen, ob Sie einige Ihrer Fähigkeiten als Selbständigerwerbende benutzen könnten.

Lassen Sie sich allenfalls von einer Frauenberatungsstelle oder Berufs- und Laufbahnberatungsstelle über Ihre Möglichkeiten informieren.

Manche Betriebe überlegen sich mehr und mehr, Arbeiten auch auszulagern, um Büroraum, Versicherungen usw. zu sparen. Natürlich sind dies genau die Annehmlichkeiten, die Sie verlieren werden, aber Ihre neu gewonnene Flexibilität und die Zeit zu Hause mit Ihrem Kind sind im

Moment Ihre Kompensation. (Ihre eigene Firma ist möglicherweise überglücklich, Ihre Kenntnisse auf dieser Basis zu verwenden.)

Rechnen Sie die geringeren Ausgaben gegen Ihre Lohneinbusse auf: Betrachten Sie jeden Betrag, den Sie nicht ausgeben, als verdientes Geld. Beginnen Sie mit Ihrem aktuellen Gehalt. Addieren Sie alle zusätzlichen Kosten, die durch Ihre Erwerbstätigkeit entstehen, inklusive Kinderbetreuung, Kleider, Arbeitsweg und Steuern und ziehen Sie diese Summe von Ihrem Lohn ab. Von der verbleibenden Summe ziehen Sie alle Kosten für Dinge ab, ohne die Sie ebenfalls auskommen könnten. Bedenken Sie auch, was für Kosten wegen Ihres Kindes im Moment auf Sie zukommen. Was bleibt übrig? Ist es ein Betrag, den Sie ohne einen Vollzeitjob verdienen könnten? Oder könnten Sie und Ihre Familie sogar für einige Jahre ganz ohne diese Summe auskommen? Es gibt zahlreiche Bücher mit guten Ideen zum Einsparen von Ausgaben für Familien. Auch Budgetberatungsstellen können weiterhelfen.

Eine Mutter schreibt: „Wenn Sie wirklich zu Hause bleiben möchten, finden Sie einen Weg. Ich war sicher, dass wir uns das nie würden leisten können, da ich mit meinem Einkommen mehr als die Hälfte der Miete zahlte, aber es ist erstaunlich, wozu man fähig ist und wo Einsparungen möglich sind."

Keine der hier beschriebenen Möglichkeiten passt für jede Mutter. Führen Sie Ihr Leben so, wie es für Sie und Ihre Familie gut ist. Und denken Sie immer daran: Was immer Sie wählen – wenn Sie glücklich dabei sind, ist es auch Ihr Baby.

Abpumpen, Aufbewahren und Füttern von Muttermilch

Kapitel 6

Abpumpen, Aufbewahren und Füttern von Muttermilch

Lange bevor der Begriff „berufstätige Mutter" geläufig wurde, fanden Mütter schon Mittel und Wege, um ihre Milch zu gewinnen und aufzubewahren, wenn das Stillen aus irgendeinem Grund nicht möglich war. Schwache oder kranke Babys mussten manchmal mit einem Löffel gefüttert werden, Mütter brauchten Erleichterung, wenn ihre Brüste übervoll waren oder mussten ohne ihr Kind irgendwohin gehen. Einfache Pumpen sind mindestens seit dem 19. Jahrhundert bekannt.

Schon von jeher war das Ausstreichen von Hand bekannt, später benützten Mütter unhandliche Pumpen und heute ist es sogar möglich, die viel bequemer abgepumpte frische Milch per Express nach Hause zum Baby zu schicken.

In welcher Situation auch immer – Frauen waren stets erfinderisch, wenn es galt, ihren Babys Muttermilch zukommen zu lassen. Eine Briefträgerin fand eine Tagesmutter in ihrem Verteilgebiet, sodass sie auf ihrer Route dort Halt machen, die Post abgeben und gleich noch stillen konnte. Eine Verkaufsberaterin, die während eines Grossteils ihrer Arbeitszeit unterwegs war, kaufte ein elektrische Pumpe, deren Anschluss in den Zigarettenanzünder ihres Autos passte und pumpte ihre Milch in Parkgaragen zwischen zwei Kundenbesuchen ab. Eine Pilotin sandte ihre abgepumpte Milch mit einem Retourflug nach Hause, während sie selbst ihre Route fortsetzte. Lassen Sie sich überraschen, andere Mütter können ihnen weitere Beispiele erzählen.

«Warum sollte ich überhaupt abpumpen?»

Warum nehmen Mütter dies auf sich? Die meisten Frauen pumpen ihre Milch ab, weil sie ihrem Baby keine künstliche Säuglingsnahrung geben wollen. Dies ist sehr begreiflich, wenn man die erwiesenen Unterschiede

Kapitel 6 — Abpumpen, Aufbewahren und Füttern von Muttermilch

zwischen Muttermilch und künstlicher Nahrung kennt (lesen Sie nochmals Kapitel 2, wenn Sie noch unsicher sind). Das Wissen, dass Muttermilch – auch wenn sie aus einer Flasche kommt – die perfekte Nahrung für eine langfristig gute Entwicklung und Gesundheit ihres Kindes ist, reicht als Entscheidungsgrundlage den meisten Müttern.[7]

Für manche Mütter ist das Abpumpen auch emotional befriedigend. „Das Gewinnen von Muttermilch hilft mir dabei, das Wesentliche zu sehen und Prioritäten zu setzen", sagt eine Frau. „Ich weiss dann, dass ich auf jeden Fall etwas Wichtiges getan habe, ganz egal wie frustrierend der Rest meines Arbeitstages sein mag."

Während der ersten Monate hat das Pumpen aber auch sehr praktische Gründe: Sie verhindern damit, dass Ihre Brüste während der Arbeit unangenehm voll werden und Milch ausläuft oder dass sich ein Milchstau und daraus eine Brustentzündung entwickelt. Auch über Wochen und Monate hält regelmässiges Abpumpen Ihre Milchproduktion aufrecht, solange Sie Ihr Baby weiterstillen. (Wenn Sie schon während der ersten vier Monate 50 % oder mehr arbeiten, ist das Pumpen wahrscheinlich unabdingbar, um die Milchproduktion gut aufzubauen.) Durch das Pumpen gewinnen Sie genügend Vorräte, wenn das Baby bei der Tagesmutter einmal einen besonders hungrigen Tag haben sollte oder wenn Sie aus irgendeinem Grund mehr als einen Tag abwesend sind. Die gefüllten, datierten Milchbeutel in der Kühltruhe geben einer berufstätigen Mutter ein beruhigendes Gefühl: Für die Hauptsache ist gesorgt, ganz egal, was der Tag bringt!

> «An stillende Mütter, die zurück in den Beruf gehen: Es ist machbar – ich bin seit einem Monat wieder an meinem Arbeitsplatz und pumpe pro Tag 4,5 dl ab.»

In einigen wenigen Arbeitsbereichen ist das Pumpen unmöglich. Eine Polizeifahnderin schreibt: „Ich arbeite acht Stunden pro Tag in der Überwachung. Ich bin nicht allein im Auto und wir dürfen keinen Lärm machen. Ausserdem ist mein Kollege ein Mann. Und wenn ich nicht in der Überwachung arbeite, bin ich normalerweise im Gericht." In diesem Fall fütterte der Vater dem Baby während ihrer Arbeitszeit künstliche Säuglingsnahrung, während sie in der Freizeit so häufig wie möglich stillte.

Wenn Ihre Milchproduktion gut im Gang ist und Ihr Baby schon älter ist und Beikost nimmt, kann diese Lösung während einiger Zeit gut funktio-

---

7 Besorgen Sie sich dazu auch das Basisfachbuch zum Stillen der La Leche League Schweiz: „Das Handbuch für die stillende Mutter"

nieren. Das Füttern von künstlicher Säuglingsnahrung und selteneres, unregelmässiges Stillen, lässt aber sehr wahrscheinlich Ihre Milchproduktion mit der Zeit zurückgehen und kann dazu führen, dass Sie früher als geplant abstillen. Wenn Sie unbedingt künstliche Säuglingsnahrung verwenden müssen, tun Sie dies, wenn irgend möglich, erst nach den ersten Monaten. Wenn Sie zu Hause sind – an den Wochenenden, am frühen Morgen, am Abend und in der Nacht – stillen Sie häufig und nach Bedarf.

Falls Sie Teilzeit arbeiten, müssen Sie vielleicht überhaupt nicht abpumpen. Wenn Sie pro Tag nur vier Stunden oder weniger weg sind und Ihr Baby mindestens vier Monate alt ist, ist es gut möglich, dass es während Ihrer Arbeitszeit länger schläft und erst hungrig wird, wenn Sie zurückkommen. „Ich liess jeweils eine Flasche Muttermilch da", sagt die Mutter einer fünfeinhalb Monate alten Tochter, „aber sie schlief während meiner Abwesenheit meistens und wartete für ihre Mahlzeit auf mich."

Mütter sind erfinderisch, wenn es darum geht, ihr Kind zu stillen.

Im Allgemeinen sollte eine Mutter während ihrer Abwesenheit mindestens alle drei Stunden abpumpen; ist sie anfällig für Milchstauungen, sogar häufiger. Dies hängt auch vom Stillrhythmus ab, der sich vor der Rückkehr ins Erwerbsleben eingespielt hat. Wenn das Baby schon älter ist oder seinen Rhythmus umgestellt hat (mehr dazu auf Seite 169), kann vielleicht auch länger zugewartet werden.

Das Abpumpen ist nicht schwierig. Denken Sie auf keinen Fall, dass Sie zwischen dem Weiterstillen und Ihrer Arbeit wählen müssen. Wie das Stillen, ist auch das Abpumpen viel einfacher, wenn Sie ruhig und mit einer positiven Haltung damit anfangen. Und mit den effizienten und leicht transportierbaren Pumpen, die heute erhältlich sind, können Sie in kurzer Zeit und ohne viel Mühe eine beachtliche Menge Milch gewinnen.

Kapitel 6 — Abpumpen, Aufbewahren und Füttern von Muttermilch

Abpumpen und Milchproduktion

Das Geheimnis für eine gute Milchproduktion ist ganz einfach: Regelmässiges, häufiges Stimulieren der Brust, mindestens siebenmal in 24 Stunden. Die Milchmenge steigt und fällt mit der Häufigkeit und Effizienz der Entleerung der Brust.

Längere Zeitspannen, in denen die Brust nicht entleert wird, lassen die Milch zurückgehen. Wenn eine Brust wiederholt nicht geleert wird, werden dort Substanzen frei gesetzt, die lokal bewirken, dass die Milch produzierenden Zellen ihre Tätigkeit verlangsamen oder ganz einstellen, was zu einer gesamthaft geringeren Milchproduktion führt. Wenn nicht mehr soviel Milch vorhanden ist, verlangsamt sich der Milchspendereflex. Das Baby reagiert an der Brust frustriert, die Mutter wird unsicher und all dies führt allzu oft zum verfrühten Abstillen.

Oft kann sich die Mutter diese Situation nicht erklären, da sie ja ihre Milch getreulich alle drei Stunden abgepumpt hat. Schuld ist meistens eine ineffiziente Pumpe, die die Brust nicht genügend leert. Die richtige Methode und eine gute Pumpe verhindern ein langsames Zurückgehen der Milch und machen es möglich, dass Sie Ihr Baby so lange stillen können, wie Sie beide dies wünschen.

Das Ausstreichen von Hand

Manche Frauen benötigen überhaupt keine Pumpe. Für sie ist die beste Methode das Ausstreichen von Hand. Heute wird diese Technik oft als schwierig und nur für Notfälle geeignet betrachtet; früher war das manuelle Ausstreichen aber die einfachste Art Milch zu gewinnen. Diese Methode macht kein Geräusch, ist natürlich und das „Zubehör" ist immer dabei. Wer die Technik einmal gelernt hat, zieht sie oft jeder Maschine vor.

Aber auch für Frauen, die grundsätzlich pumpen, ist es nützlich und beruhigend, wenn sie das Ausstreichen von Hand beherrschen. Schliesslich kann auch die beste Pumpe einmal aus irgendeinem Grund ihren Dienst versagen. Es gibt sogar Fachleute, die vermuten, dass erst das anschliessende Ausstreichen von Hand – nach dem Abpumpen – die Brust wirklich ausreichend entleert und damit die Milchproduktion optimal anregt.

Das Ausstreichen benötigt etwas Übung. Legen Sie Ihre Finger etwas hinter und unter den Warzenhof – den gleichen Bereich, den das Baby mit seinem Mund zusammenpresst, wenn es an der Brust saugt. Ihr Daumen sollte über dem Warzenhof (in der Position 12 Uhr) liegen, Zeigefinger und Mittelfinger unter dem Warzenhof (Position 6 Uhr). Machen Sie zwei Bewegungen – pressen Sie den Daumen zurück und dann die anderen Finger nach vorn. (Bewegen Sie dabei das Gewebe unter der Haut und streichen Sie nicht nur über die Haut.) Wenn Sie weitermachen, wandern Sie mit Daumen und Fingern rings um den Warzenhof. Wenn Sie einmal die Bewegung kennen, können Sie sich entspannen und an Ihr Baby denken, bis die Milch zu fliessen beginnt. Erleichternd wirkt eine gute vorbereitende Massage.

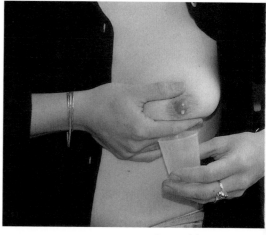

Ausstreichen von Muttermilch

Manche Frauen lernen das Ausstreichen unter der Dusche. Die Wärme erleichtert den Milchspendereflex und es spielt keine Rolle, wohin die Milch spritzt. Sie können das Ausstreichen auch üben, während das Baby an der anderen Brust trinkt. Dann fliesst die Milch noch besser. Legen Sie einfach ein Handtuch vor sich hin, um die Milch aufzufangen.

Das manuelle Ausstreichen der Milch (sog. Marmet-Technik)
1. Waschen Sie Ihre Hände.
2. Legen Sie Daumen, Zeigefinger und Mittelfinger 2,5 bis 5 cm hinter die Brustwarze, Daumen oben, die anderen Finger unten. (Dies ist ungefähr der Bereich, in dem sich unter dem Warzenhof die Milchgänge treffen.)
3. Drücken Sie Ihre Finger waagrecht in Richtung Brustkorb, lassen Sie sie immer im gleichen Abstand voneinander. Dann pressen Sie sanft zusammen, indem Sie eine leichte Rollbewegung machen und die Brustwarze nach aussen ziehen. Bewegen Sie Ihre Finger dabei nicht von ihrem Platz weg.
4. Entspannen Sie sich und denken Sie an Ihr Baby, um den Milchspendereflex auszulösen. Sie können ihn auch stimulieren, indem Sie einige Minuten die Brust massieren und mit den Händen dabei sanft gegen die Brustwarze streichen. Manche Mütter finden, dass eine bis zwei Minuten schnelles Zusammenpressen, gerade hinter der Brustwarze, Babys erste schnelle Saugbewegungen imitiert und so den Milchspendereflex auslöst.

5. Wandern Sie mit den Fingern rund um die Brustwarze um die verschiedenen Bereiche der Brust alle zu leeren.
6. Wechseln Sie mehrmals von einer Brust zur andern (immer dann, wenn sich der Milchfluss verlangsamt), damit Sie mehr Milch gewinnen können.

Nach einigen Übungsdurchgängen, sind Sie vielleicht durchaus in der Lage, Ihre Brüste gut zu entleeren und die Milch in einem sauberen Behälter aufzufangen. Manche Mütter schaffen es sogar, beide Brüste gleichzeitig auszustreichen. Wenn Sie die Technik beherrschen, dauert das Ganze ungefähr 15 bis 20 Minuten.

Pumpen

Während das Ausstreichen von Hand schon von jeher bekannt war, gab es seit mindestens dem 19. Jahrhundert Milchpumpen zum Gewinnen von Muttermilch. Während des 20. Jahrhunderts wurden diese Pumpen weiter entwickelt und verbessert. Bahnbrechende Arbeit wurde in den 50er Jahren von Einar Egnell geleistet, dessen Kolbenpumpe bis heute verwendet wird.[8] Heute gibt es zahlreiche Pumpen, aus denen Sie je nach Ihren Bedürfnissen und Umständen wählen können. In jedem Fall ist die ideale Pumpe tragbar, bequem und effizient.

Was macht eine Pumpe effizient?
Effizienz ist die wichtigste Eigenschaft einer Pumpe für eine Mutter, die mehr als eine Stillmahlzeit pro Tag mit Pumpen überbrücken muss. Eine effiziente Pumpe hat einen automatischen und schnellen Pumprhythmus – 48 bis 60 Zyklen pro Minute; dies ist etwa die Geschwindigkeit mit der ein Baby saugt. Eine solche Pumpe stimuliert und entleert die Brust mit fast der gleichen Wirkung wie ein Baby und hilft langfristig eine ausreichende Milchproduktion zu erhalten. In den meisten Fällen stimuliert eine Pumpe mit langsamerem Rhythmus den Milchspendereflex weniger gut und entleert damit auch die Brust nicht ausreichend.[9]

---

8 Durch die 2-Phasen-Brustpumpen wurden die Egnellpumpen abgelöst. Diese basieren auf dem effektiven Saugrhythmus und Vakuum des Babys und lösen den Milchspendereflex schneller aus als andere Geräte. Mit ihnen kann mehr Milch gewonnen werden und diese Milch weist einen höheren Fettgehalt auf als Milch, die mit Pumpen nach Egnellsystem gewonnen wurde.

9 Die effizienteste Pumpe ist die Original 2-Phasen Brustpumpe von Medela. Sie stimuliert den Milchspendereflex mit 120 Zyklen pro Minute während

Eine langsamer arbeitende Pumpe mag in den ersten Wochen der Stillzeit ganz gut scheinen. Die geringere Effizienz wird erst nach einiger Zeit zu einem Problem. Nur selten vermutet dann die Mutter die Ursache für dasZurückgehen der Milch bei ihrer Pumpe – bisher ging schliesslich alles gut. Sie nimmt eher an, sie habe nun einfach zu wenig Milch für ihr grösser werdendes Baby.

Pumpen unterscheiden sich auch in der Saugstärke/im Vakuum. Eine zu geringe Saugstärke stimuliert die Brust zu wenig, eine zu starke kann schmerzhaft sein und den Milchspendereflex geradezu abschalten. Die meisten elektrischen Pumpen haben einen Schalter, mit dem Sie die Vakuumstärke genau so einstellen können, dass das Pumpen für Sie nicht unangenehm und trotzdem effizient ist.[10]

Pumpen mit einem Doppelpumpset (mit dem Sie gleichzeitig an beiden Seiten pumpen können) stimulieren den Milchspendereflex besser und entleeren die Brust sehr gut. Das gleichzeitige Pumpen an beiden Seiten dauert natürlich auch nur halb so lange – auch dies ist ein Bonus an einem strengen Arbeitstag. Die Zeit für den ganzen Vorgang reduziert sich damit bis auf 10 bis 15 Minuten – dann können Sie anschliessend in aller Ruhe etwas essen und müssen dies nicht beim Pumpen erledigen. Beidseitiges Pumpen kann auch den Prolaktinspiegel erhöhen und damit die gesamte Milchmenge vergrössern.

Die Effizienz einer Pumpe hängt ebenfalls vom Tunneldurchmesser der Brusthaube (dem Teil, in dem sich die Brustwarze bewegt) ab. Während des Pumpens bewegt sich die Brustwarze im Tunnel der Brusthaube hin- und zurück. Es kommt vor, dass der Tunnel für die Brustwarze einer Mutter zu eng ist. Wenn sich eine grosse Brustwarze (oder eine, die durch die Saugwirkung vergrössert ist) nicht bewegen kann, stoppt der Milchfluss. Pumpenhersteller haben dieses Problem erkannt und produzieren grössere Brusthauben für grössere Brustwarzen.[11] Diese müssen allerdings extra bestellt werden.

---

zweier Minuten. Beginnt die Milch zu fliessen, kann in das Abpumpmuster gewechselt werden. Hier hat die Mutter die Möglichkeit, die Geschwindigkeit, die mit dem Vakuum gekoppelt ist, zu regulieren, bis zu 74 Zyklen pro Minute.

10 Fachleute raten, das Vakuum so hoch einzustellen, dass das Abpumpen leicht unangenehm (aber nicht schmerzhaft) ist und dann etwas zu reduzieren.

11 Brusthaube und Tunnel müssen in jedem Fall passen. Sind sie zu gross, wird die Brust nicht effizient entleert, sind sie zu klein, kann das Abpumpen Schmerzen verursachen, die Milchgänge zusammendrücken und gar die Brustwarze verletzen.

Die richtige Pumpe wählen

Die richtige Pumpe ist diejenige, die Ihre individuellen Bedürfnisse abdeckt. Eine Pumpe, die sich bei einer Freundin oder Verwandten bewährt hat, muss in Ihrer Situation, für Ihren Körper oder Ihr Budget nicht unbedingt das Richtige sein.

Werden Sie nur gelegentlich abpumpen oder dreimal täglich an fünf Tagen pro Woche? Pumpen Sie in einem privaten Büro, in einem parkierten Auto oder zu Hause? Wie viel Milch müssen Sie gewinnen? Wie viel Zeit haben Sie zur Verfügung? Was können Sie dafür ausgeben?

Wenn Sie 30 oder mehr Stunden pro Woche arbeiten, halten Sie Ausschau nach einem Modell, das mit einem Doppelpumpset und wenn möglich einem 2-Phasen Pumpprogramm ausgerüstet ist, damit Sie kein Zurückgehen Ihrer Milchmenge riskieren.

Mit welchen Auslagen ist zu rechnen?[12]

Überlegen Sie zuerst, wie lange Sie jeden Tag von Ihrem Baby getrennt sein werden. Wenn Sie voraussichtlich nur an zwei Vormittagen pro Woche abpumpen müssen, werden Sie kaum eine teure elektrische Krankenhauspumpe benötigen. Wenn Sie dagegen 100 % arbeiten oder gelegentlich auf Geschäftsreisen sind, lohnt sich die Anschaffung oder Miete der bestmöglichen Pumpe.

Natürlich spielt der Preis eine Rolle, sparen Sie aber nicht am falschen Ort. Wenn Sie zum Beispiel mit einer billigeren, weniger effizienten Pumpe anfangen und nach einiger Zeit Ihre Milch zurückgeht, müssen Sie vielleicht trotzdem eine zweite, bessere Pumpe anschaffen. Mit der richtigen Pumpe, gleich von Anfang an, sparen Sie unter Umständen gutes Geld – vor allem, wenn Sie damit verhindern können, dass Sie auf künstliche Säuglingsnahrung umstellen müssen (die meisten guten Pumpen, die im Verkauf sind, kosten ungefähr soviel wie der Bedarf an Säuglingsnahrung für zwei Monate). Automatische Pumpen erlauben es Ihnen, bequem zu stillen, während Sie dazu lesen, telefonieren oder essen. Sie haben auch die Möglichkeit, ohne zusätzliche Mühe beide Seiten gleichzeitig abzupumpen. Ausserdem können Sie eine gute Pumpe auch bei einem zweiten Kind verwenden, was bei einer billigen nicht immer möglich ist.

Wenn Sie Ihre elektrische Pumpe im Krankenhaus oder bei Ihrer Stillberaterin mieten, sparen Sie natürlich am Anfang Kosten. Wenn Sie nicht

---
12 Erkundigen Sie sich bei einer Stillberaterin oder im Fachgeschäft über die aktuellen Preise.

sicher sind, wie lange Sie pumpen werden oder wenn dieses Kind sicher Ihr letztes oder einziges sein wird, kann das Mieten die billigste Möglichkeit sein, zu einer optimalen Pumpe zu kommen. Nach einiger Zeit kann der Betrag für die Miete, zusammen mit dem Zubehör, das Sie auf jeden Fall selbst anschaffen müssen (alle Teile, die in Kontakt mit Ihren Brüsten und mit Milch kommen) dann aber die Kosten für den Kauf einer neuen Pumpe übersteigen.

Wenn Sie in Betracht ziehen, eine Pumpe von einer Freundin auszuleihen oder eine gebrauchte Pumpe zu kaufen, müssen Sie wissen, dass manche Pumpen von den Herstellern nur zur Verwendung für *eine* Person empfohlen werden. Solche Pumpen können nicht immer korrekt sterilisiert werden und es ist möglich, dass bei einer eventuellen Wiederverwendung gewisse Viren von Frau zu Frau übertragen werden können. Sogar mit neuem Zubehör, können pathogene Keime in den Motor eindringen und die nächste Verwenderin gefährden. (Mietpumpen sind für Mehrfachverwendung gedacht, weil sie mit Barrieren ausgestattet sind, die ein Eindringen der Milch in den Motor verhindern.)

Pumpenhersteller sagen ausserdem, dass ältere batteriebetriebene Pumpen zum Teil mit der Zeit an Geschwindigkeit und Vakuumstärke verlieren.

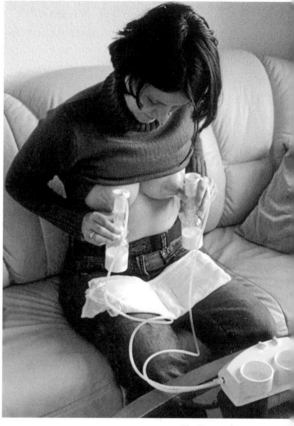

Ein Doppelpumpset: äusserst effizient.

Welche Pumpen sind empfehlenswert?

Es gibt ein grosses Angebot an Pumpen auf dem Markt. Je nach Bedürfnissen und Situation der Mutter haben sich einige davon als wirklich empfehlenswert erwiesen.

Handbetriebene Pumpen

Wenn Sie vorhaben, nicht mehr als drei Stunden täglich zu arbeiten oder wenn Sie vor allem zu Hause arbeiten, könnte eine Handpumpe in Frage kommen. Eine solche ist leicht zu reinigen und zu transportieren und braucht wenig Platz. Studentinnen, die schon viele Bücher schleppen müssen, wählen oft solche Pumpen, weil sie klein und leicht sind, fast kein Geräusch machen und keinen elektrischen Anschluss benötigen (was natürlich auch bei batteriebetriebenen Pumpen der Fall ist). Handpumpen eignen sich am besten für gelegentlichen Gebrauch, da Sie damit nur einseitig pumpen können und es schwierig ist, damit die Sauggeschwindigkeit eines Babys nachzuahmen. Sie sollten beim Kauf einer Handbrustpumpe darauf achten, dass diese eine Brusthaube hat, die der Grösse Ihrer Brustwarzen entspricht. Allenfalls ist es sinnvoll, sich eine zusätzliche Brusthaube in der entsprechenden Grösse zu leisten.

Trotzdem ist es ratsam, dass Sie – auch wenn Sie normalerweise elektrisch pumpen – für alle Fälle eine Handpumpe im Haus haben (eine Möglichkeit ist natürlich auch das Ausstreichen von Hand). Zu den besten Handpumpen gehören die „Avent's Isis" und die „Medela Harmony".

Kostengünstige elektrische Pumpen

Diese eignen sich ebenfalls für nur gelegentlichen Gebrauch. Sie brauchen einen elektrischen Anschluss, Batterien oder in einigen Fällen ist auch beides möglich. Obwohl einige dieser Pumpen beidseitiges Abpumpen erlauben, sind die meisten zu langsam, um die Brust effizient zu entleeren. Manche davon sind weniger effizient als gutes Ausstreichen von Hand.

Qualitativ bessere elektrische Pumpen

Pumpen dieser Kategorie sind leicht, tragbar und werden entweder per Batterie oder ab Netz betrieben. Sie sind in der Anschaffung etwas teurer. Da die meisten einen automatischen Pumprhythmus haben und eine Geschwindigkeit von mindestens 48 Zyklen pro Minute, sind sie eine gute Wahl für Mütter, die mehr als 20 Stunden pro Woche arbeiten. Arbeiten Sie 30 oder mehr Stunden pro Woche, wählen Sie ein Modell, das 60 und mehr Pumpbewegungen pro Minute macht, um einen Rückgang der Milch zu vermeiden. Inbegriffen sind eine attraktive Tasche/Rucksack samt Zubehör für beid- oder einseitiges Abpumpen. Achten Sie darauf, dass die Garantie mindestens ein Jahr beträgt. Oft gewählt werden in dieser Kategorie die ‹Medela Pump in Style› und die ‹Hollister Purely Yours›.

Elektrische Mietpumpen (Krankenhausmilchpumpen)
Diese sind im Normalfall zu teuer für die einzelne Mutter. Sie sind für verschiedene Verwenderinnen gedacht und an vielen Orten zu mieten. Vollautomatisch, mit einer Geschwindigkeit von 48 bis 60 oder mehr Pumpbewegungen pro Minute, sind die meisten leicht und tragbar und laufen ab Netz, zum Teil auch mit Batterie. Die Mietgebühren sind unterschiedlich – sehen Sie sich deshalb etwas um. Sie müssen Ihr persönliches Zubehör anschaffen. Führende Pumpen in dieser Kategorie sind die ‹Medela Symphony› und die ‹Hollister Elite›.

Pumpen mit 2-Phasen Pumpprogramm
Diese neuen Pumpen können gekauft („Medela Pump In Style Advanced" und ‹Medela Swing›) oder gemietet werden (‹Medela Symphony›). Sie verwenden zwei unterschiedliche Saugrhythmen: Zu Beginn stimulieren diese Geräte den Milchspendereflex mit 120 Zyklen pro Minute. Die Stimulationsphase wechselt nach 2 Minuten automatisch in die Abpump-phase.

Welches Modell Sie auch wählen, die besten Pumpen haben immer eine einjährige Garantie, mindestens 48 Zyklen pro Minute und werden von Stillberaterinnen IBCLC empfohlen, verkauft oder vermietet.
Kaufen Sie keine Pumpe, bei der nicht angegeben ist, mit wie vielen Zyklen pro Minute sie arbeitet oder die keine Garantie hat.

Welche Pumpe wählen Sie?
Wenn Sie weniger als 20 Stunden pro Woche arbeiten:
- Keine (streichen Sie allenfalls von Hand aus)
- Handpumpe oder kostengünstige, batteriebetriebene Pumpe

Wenn Sie mehr als 20 Stunden pro Woche arbeiten:
- Persönliche elektrische Pumpe
- Mietpumpe

Wenn Sie studieren oder zu sehr unterschiedlichen Zeiten arbeiten:
- Keine (streichen Sie von Hand aus)
- Persönliche elektrische Pumpe
- Mietpumpe mit der Möglichkeit, eine Batterie zu benutzen

Wenn Sie ohne Ihr Baby reisen:
- Persönliche elektrische Pumpe
- Mietpumpe mit der Möglichkeit, eine Batterie zu benutzen

Weiteres Zubehör

Wenn Sie keine Pumpe verwenden, die als Zubehör schon eine Kühltasche dabei hat, wie die „Pump in Style Advanced" oder „Purely Yours", brauchen Sie etwas, um Ihre Milch zu transportieren. Sie können spezielle Kühltaschen für diesen Zweck in Versandgeschäften und Läden für Mutter und Baby kaufen. Diese Behälter mit Kühlelementen können bis zu einem Liter Milch bis zu 16 Stunden kühl halten. (Dies ist natürlich abhängig davon, wie Sie die Tasche vorkühlen und wie hoch die Aussentemperatur ist!) Manche davon dienen auch als Transporttasche für die Pumpe. Wenn Sie die Pumpe an Ihrem Arbeitsort lassen oder die Milch von Hand ausstreichen, brauchen Sie nur eine Kühltasche für Milch und Flaschen. Eine billigere und ebenfalls vollkommen zufriedenstellende Variante ist ein Thermosbehälter mit einer weiten Öffnung, den Sie zu Hause zu einem Drittel mit Eis füllen. Wenn Sie einen verschlossenen Beutel mit frischer Milch hinein geben, bleibt diese gut gekühlt, bis Sie zu Hause oder bei der Tagesmutter sind.

Wenn Sie die Pumpe an einen Netzstecker anschliessen, brauchen Sie vielleicht ein Verlängerungskabel, damit Sie flexibler sind. Andere nützliche kleine Dinge sind zusätzliche Flaschendeckel, Gummibänder, einen Stift für die Beschriftung (Datum), Klebstreifen für die Milchbeutel (solche, die zum Einfrieren geeignet sind), ein Handtuch und – falls einmal der Strom ausfällt – eine Handpumpe.

Den Umgang mit der Milchpumpe erlernen

Warten Sie, bis Ihr Baby mindestens zwei Wochen alt ist, bis Sie Ihre Pumpe ausprobieren. Bis dahin sollten Sie sich darauf konzentrieren, das Stillen zu lernen (auch wenn Sie vor Milch beinahe überfliessen und Ihre Brüste ständig tropfen). Wenn Sie jetzt eine gute Milchproduktion aufbauen und beim Stillen geübt werden, hilft Ihnen dies später beim erfolgreichen Pumpen viel mehr als verfrühte Pumpversuche.

Es fühlt sich vielleicht seltsam an, sich an eine Maschine „anzuschliessen". Auch wenn die neusten Pumpen sehr einfach zu bedienen sind, brauchen Sie etwas Zeit, um sich daran zu gewöhnen. Erst dann können Sie sich dabei entspannen und in kurzer Zeit ausreichend Milch gewinnen. Legen Sie sich mit der dabei gewonnenen Milch einen Vorrat an; Sie sollten sie nicht dem Baby füttern. Es sollte jetzt ausschliesslich an der Brust trinken, damit es das Stillen wirklich gut lernt. Ausserdem halten Sie damit Ihren

Prolaktinspiegel hoch und bauen eine gute Milchproduktion auf. Wenn Sie sich beim Abpumpen gut entspannen können, hilft dies dem Milchspendereflex – sogar mit einer weniger effizienten Pumpe. Beginnen Sie jede Pump-Sitzung mit einer Routine, die Ihnen hilft, sich zu entspannen und sich wohl zu fühlen. Eine gute Zeit zum Abpumpen ist der frühe Morgen, wenn Sie viel Milch haben und wahrscheinlich entspannter sind, als am Abend. Pumpen Sie kurz nach dem Stillen. (Wenn das Baby nur an einer Seite getrunken hat, sollten Sie an der anderen genügend Milch gewinnen können, dass es sich lohnt, sie aufzubewahren.) Wenn Sie eine Pumpe verwenden, die mit einer Hand zu bedienen ist, können Sie sogar während des Stillens abpumpen; Ihr Milchspendereflex funktioniert auf diese Art besonders rasch.

- Waschen Sie als erstes Ihre Hände.
- Wählen Sie einen bequemen Stuhl in der Nähe eines Tisches, auf dem Sie die Pumpe und die Flasche abstellen können. Richten Sie die Pumpe nach den Anweisungen des Herstellers ein.
- Machen Sie die Brüste frei, damit Sie die Übersicht haben und sich nicht verspannen (Sie lernen später, diskret zu pumpen!).
- Massieren Sie Ihre Brüste mit den Fingerspitzen in kleinen Kreisbewegungen, um den Milchspendereflex zu stimulieren. Ein warmes (nicht heisses) Kissen kann ebenfalls helfen. Schauen Sie dazu ein Foto Ihres Babys an, denken Sie an es oder schnuppern Sie an einem kürzlich getragenen Kleidungsstück – dies lässt die Milch fliessen. Schon bald wird das Pumpen weniger Aufwand erfordern, aber am Anfang ist es nützlich, wenn Sie auch etwas Zeit für Ihre mentale Vorbereitung aufwenden, nicht nur für das Anschliessen der Pumpe.
- Bringen Sie die Brusthaube der Pumpe an Ihre Brust, sodass Ihre Brustwarze in der Mitte der Öffnung liegt. (Wenn Sie sehr grosse Brustwarzen haben und eine elektrische Pumpe benützen, können Sie eine spezielle Brusthaube kaufen. Fragen Sie bei Ihrer Mietstation oder beim Hersteller danach.) Wenn Sie die Brusthaube etwas anfeuchten, wird das Vakuum besser.
- Schalten Sie die Pumpe im niedrigsten Gang ein oder beginnen Sie von Hand in einem langsamen und ruhigen Rhythmus zu pumpen. Erhöhen Sie allmählich die Geschwindigkeit. Wenn das Pumpen Schmerzen macht, ist die Saugwirkung zu stark oder Ihre Brustwarze ist nicht richtig positioniert. Abpumpen darf keine Schmerzen verursachen.

Kapitel 6 Abpumpen, Aufbewahren und Füttern von Muttermilch

Mit etwas Übung sollten Sie im Stande sein, beide Brüste in 10 bis 15 Minuten abzupumpen, falls Sie eine vollautomatische Pumpe mit Doppelpumpset benützen. 20 bis 30 Minuten dauert es mit einer anderen Pumpe. Im Allgemeinen sollte das Pumpen nicht länger dauern als das Stillen.

Stocken Sie mit jedem Tropfen Milch Ihren Vorrat auf. Schon ein Behälter mit 60 bis 80 ml im Gefrierschrank ist Gold wert. Um Ihren Vorrat zu vergrössern, können Sie immer dann pumpen, wenn das Baby bei seiner Mahlzeit nur eine Seite genommen hat.

> «1. Das Pumpen am Morgen ergibt am meisten Milch – ob zu Hause oder am Arbeitsplatz.
> 2. Die Milchmenge, die Sie gewinnen können, ist bei jedem folgenden Abpumpen über den Tag etwas kleiner.»
>
> Gerry Anne

Wenn Sie eine Pumpe verwenden, mit der Sie nur auf einer Seite pumpen können, gibt es noch einen weiteren Trick, wie Sie mehr Milch gewinnen können: Wechseln Sie die Seite immer wieder nach ein paar Minuten, wenn der Milchfluss langsamer wird. An beiden Seiten gleichzeitig zu pumpen, ist allerdings immer noch wirkungsvoller für die Milchproduktion.

Beachten Sie Gerry Anne's Rezept für Pumperfolg (Gerry Anne ist LLL-Stillberaterin):

Beginnen Sie folgendermassen abzupumpen:
1. Stillen Sie das Baby auf einer Seite zwischen fünf und acht Uhr früh. Pumpen Sie anschliessend die andere Seite während etwa zehn Minuten ab. Stillen Sie dann das Baby an der abgepumpten Seite, um diese noch besser zu leeren.
2. Kühlen Sie die Milch oder frieren Sie sie ein.
3. Später am Vormittag, etwa eine bis anderthalb Stunden nach einer Mahlzeit oder während Babys Vormittagsschlaf, pumpen Sie erneut beide Brüste ab.
4. Kühlen Sie diese Milch und geben Sie sie dann zu derjenigen, die schon gekühlt ist. Gefrieren Sie anschliessend den Behälter ein. Wenn Sie schon die erste Portion eingefroren haben, gefrieren Sie die nächste Portion separat, oder kühlen Sie sie gut, bevor Sie sie zur gefrorenen Milch giessen. (Geben Sie nie warme Milch zu schon gekühlter oder gefrorener.)
5. Für heute ist fertig gepumpt. Für den Rest des Tages schauen Sie gut zu sich selbst und zum Baby.

Wenn man davon ausgeht, dass Sie 90 bis 120 ml Milch pro Tag sammeln, ergibt diese Methode in drei Wochen einen Vorrat von zwei bis zweieinhalb Litern Milch im Tiefkühler. Mit etwas Übung werden Sie bald im Stande sein bis zu 240 ml Milch pro Tag zu pumpen. Damit können Sie einen Vorrat von fünf Litern in drei Wochen anlegen!

Umgang mit abgepumpter Muttermilch

Muttermilch ist eine sehr stabile Flüssigkeit, das heisst, sie verdirbt nicht schnell. (Im Gegensatz dazu ist künstliche Säuglingsnahrung sehr instabil und schnell ungeniessbar.) Voll mit Leukozyten (weissen Blutkörperchen), die Viren und andere Keime bekämpfen, schützt sich frische Muttermilch selbst vor Verunreinigungen, genauso wie sie das Baby vor Infektionen schützt. Sie kann je nach Temperatur des Aufbewahrungsorts über mehr oder weniger lange Zeiträume frisch und sicher für Ihr Baby gehalten werden. Gekühlte frische Muttermilch behält praktisch alle ihre immunologischen Eigenschaften bis zu 72 Stunden.

Sogar ein kurzes Aufbewahren ohne Kühlschrank ist kein Problem. In einer kleinen Studie (8 bis 10 Milchproben) wurde festgestellt, dass Muttermilch bis zu 10 Stunden bei Zimmertemperatur aufbewahrt werden kann, ohne dass sie verdirbt. Zur Sicherheit bewahren aber die meisten Mütter ihre frisch abgepumpte Milch mit Kühlelementen auf, wenn kein Kühlschrank zur Verfügung steht.

Das Aufbewahren von Muttermilch

- Frische Milch bei Raumtemperatur: 4 Stunden
- Im Kühlschrank (4° C):   72 Stunden
- Im hinteren Teil eines Gefrierfachs
  im Kühlschrank (-10° C):   3 Monate
  (Falls das Gefrierfach automatisch abgetaut wird, drehen Sie die Temperatur um ein paar Grad zurück.)
- In einer Kühltruhe (konstante -20°)   6 Monate
- Aufgetaute Milch im Kühlschrank: 24 Stunden
- Übriggebliebene aufgetaute Milch kann beim nächsten Füttern verwendet werden (innerhalb von 6 Stunden), wenn sie nicht länger als 1 Stunde bei Raumtemperatur stehengelassen wurde.
- Aufgetaute Muttermilch darf nicht wieder eingefroren werden.

Das Einfrieren macht die Leukozyten in der Muttermilch inaktiv. Es beeinflusst jedoch nicht die anderen Bestandteile, die das Wachstum von schädlichen Bakterien verhindern, wenn die Milch richtig behandelt und aufbewahrt wird. Das Tiefgefrieren beeinträchtigt keinen der bekannten Nährstoffe in der Muttermilch.

Mit einigen Hygienemassnahmen können Sie ein Weiteres tun:
- Waschen Sie immer die Hände, bevor Sie Milch pumpen oder ausstreichen.
- Bewahren Sie die Milch in speziellen Einwegbeuteln für Muttermilch oder in dicht schliessenden Behältern auf. (Beachten Sie, dass nicht jeder Kunststoffbehälter zum Einfrieren geeignet ist.)
- Reinigen Sie die Behälter mit heissem Wasser und Spülmittel, spülen Sie gut aus und lassen Sie die Behälter an der Luft trocknen.
- Beschriften Sie die Milchbehälter mit dem Datum und verwenden Sie die älteste Milch immer zuerst.
- Stellen Sie die Milch nicht in die Tür Ihres Gefrierfachs; die Temperatur ist dort am wenigsten konstant, weil die Tür häufig geöffnet wird. Stellen Sie sie in den hinteren Teil, wo die Temperatur konstanter ist oder noch besser in eine Tiefkühltruhe.

Farbe, Geruch und Geschmack der Muttermilch

Je nach den Nahrungsmitteln oder Medikamenten, die eine Mutter zu sich nimmt, kann die Muttermilch fast jede Farbe zwischen cremigem Weiss und blassem Blau zeigen. Vegetarierinnen, die eine Menge Salat essen, können sogar grünliche Milch haben. Mütter, die häufig Tomatensauce zu ihren Teigwaren essen, können rötliche Milch bekommen. Alle bleichen Farben sind normal und nicht etwa ein Anzeichen dafür, dass die Milch verdorben ist.

Milch, die für einige Stunden stehen gelassen wurde, kann aussehen, als ob sie aus verschiedenen Schichten bestünde. Die fetthaltige Hintermilch (der Rahm) steigt auf, wie bei jeder Milch von Säugern. Dies ist ganz normal. Schütteln Sie die Milch leicht, um das Fett wieder zu verteilen. Die Fettmenge ist nicht immer gleich und hängt davon ab, wann die Milch gepumpt wurde. Milch, die gleich nach dem Stillen abgepumpt wurde, hat einen höheren Fettanteil, als solche die vor dem Füttern gewonnen wurde. Frische Muttermilch hat einen milden, süsslichen Geruch und Geschmack. Sie nimmt auch etwas vom Geschmack des Essens der Mutter an. Wenn eine stillende Mutter ungefähr das gleiche isst, wie während der Schwangerschaft, kennt und mag ihr Baby schon den Geschmack ihrer Milch. Die Geschmacksknospen des Kindes werden schon in der 13. bis 15. Schwangerschaftswoche gebildet und sind bereits funktionstüchtig. Von diesem Moment an schlucken die Babys wahrscheinlich auch schon Fruchtwasser. (Sie bekommen davon manchmal den Schluckauf.) Wie die Muttermilch, nimmt auch das Fruchtwasser den Geschmack der Nahrungsmittel der Mutter an (zum Beispiel nach Curry, Knoblauch oder Zwiebeln). Nach der Geburt beginnt das Neugeborene zu saugen und geniesst den ihm schon vertrauten Geschmack der Milch seiner Mutter. Wenn es später Beikost bekommt, wird es mit Vergnügen etwas Curry nehmen oder Bohnen mit Reis versuchen, wenn dies Lebensmittel sind, deren Geschmack es schon mit der Muttermilch kennen gelernt hat. So stellt die Natur sicher, dass das Baby sich schon im Mutterbauch und später über die Muttermilch, an die Menüs der Kultur gewöhnt, in die es geboren wurde.

Manchmal nimmt die Muttermilch, nachdem sie gekühlt oder eingefroren wurde, einen leicht seifigen oder fischigen Geruch und Geschmack an. Man vermutet, dass diese Veränderung dadurch verursacht wird, dass das Fett verdauende Enzym Lipase aktiviert wird. Einige Kinder mögen diesen Geschmack nicht; die meisten stören sich nicht daran. Wenn Ihr Baby frische Milch gerne nimmt, aber das Trinken von aufbewahrter Muttermilch verweigert, könnten Sie versuchen, die Milch in einer Pfanne bis kurz vor dem Siedepunkt zu erwärmen, bevor Sie sie abkühlen und einfrieren. Dies stoppt die Fettverwandlung und verhindert den seifigen Geschmack oder Geruch. [13]

Sie sind immer auch Vorbild für die nächste Generation.

Milch zum Aufbewahren vorbereiten

Vor allem wenn Ihre Brust ans Pumpen noch nicht gewöhnt ist, werden Sie manchmal nur wenig Milch gewinnen können, 50 ml oder noch weniger. Diese kleinen Portionen können Sie separat einfrieren und mehrere davon

---

13 Bedenken Sie aber, dass dadurch viele der wichtigen und einzigartigen Inhaltsstoffe zerstört werden.

Kapitel 6   Abpumpen, Aufbewahren und Füttern von Muttermilch

Ich weiss, da kommt was!

für eine Mahlzeit auftauen. Es ist aber auch möglich, sie zusammenzugiessen. Kühlen Sie die neu hinzukommende Milch gut herunter, bevor Sie sie zur schon gefrorenen geben. Damit verhindern Sie, dass die ältere Milch verdirbt, weil sie wieder auftaut.

Über die richtigen Behälter für frische oder gefrorene Milch gehen die Meinungen auseinander. Es gibt Glasbehälter, solche aus klarem Kunststoff (Polykarbonat), solche aus etwas weniger durchsichtigem Kunststoff (Polypropylen) und andere. Manche weissen Blutkörperchen der Muttermilch haften am Glas (sie lösen sich wieder, nachdem die Milch einige Stunden stehengelassen wurde). Für gesunde gestillte Kinder, die die meiste Milch direkt von der Brust trinken und nur selten eine Portion aus der Flasche bekommen, spielt dies keine Rolle. Obwohl Kunststoffbehälter heute leichter erhältlich sind, empfehlen manche Fachleute Glas. Sie haben Bedenken, dass Bisphenol (ein mögliches hormonähnliches Karzinogen) aus den Polykarbonat Flaschen in die Milch übergeht. Sie können deshalb weniger durchsichtige oder farbige Polypropylen Behälter wählen, die speziell für die Aufbewahrung von Muttermilch bestimmt sind oder gewöhnliche Plastikbehälter für das Aufbewahren von Lebensmitteln.

Kunststoffmilchbeutel sind ebenfalls weit verbreitet. Sie sind steril und können direkt beschriftet werden. Billigere Wegwerfbeutel, die in die Flasche gestellt werden, können auch verwendet werden, sie sind aber dünner und reissen leicht während des Einfrierens (wenn sich die Flüssigkeit ausdehnt). Plastikbeutel nehmen weniger Platz ein im Tiefkühler als andere Behälter. Sie sind aber nur einmal verwendbar und man kann schlecht zusätzliche Milch in einen schon verschlossenen und gefrorenen Beutel geben. Aufgetaute Milch kann auch nicht direkt aus diesem Beutel gefüttert werden.

Wenn Sie einen Beutel oder anderen Behälter füllen, achten Sie darauf, genügend Platz frei zu lassen, damit sich die Milch beim Einfrieren ausdehnen kann.

Bevor Sie einen Beutel verschliessen, drücken Sie vorsichtig die Luft heraus und schliessen den Beutel gemäss Angaben des Herstellers. Schreiben Sie unbedingt das Datum auf ein separates Stück Klebeband oder auf die dafür vorgesehene Etikette. Am besten stellen Sie die Beutel aufrecht in einen schweren Plastikbehälter, damit sie nicht beschädigt werden können und Sie sie leicht finden.

Muttermilch aus dem Vorrat verwenden

Vielleicht werden Sie an den meisten Arbeitstagen Ihre Milch gar nicht einfrieren müssen. Sie lassen einfach die Milch, die Sie tagsüber abgepumpt haben, am Abend bei der Tagesmutter und diese verwendet sie am nächsten Tag zum Füttern. Dieses Verfahren erleichtert Ihnen manches. Gelegentlich werden Sie aber mehr Milch benötigen, als Sie pumpen können, vielleicht, weil Ihr Baby besonders hungrig ist, wenn Sie abends weggehen oder einmal nicht abpumpen konnten. In diesen Fällen kommt die eingefrorene Milch zum Zug.

Verwenden Sie immer die älteste Muttermilch zuerst, damit Sie nicht plötzlich wertvolle Milch wegwerfen müssen. Tauen Sie die Milch auf, indem Sie den Beutel unter warmes, fliessendes Wasser halten oder stellen Sie den Behälter in ein Becken mit warmem Wasser. Sie können den Behälter während einiger Stunden im Kühlschrank auftauen lassen. Diese Milch sollte innerhalb von 24 Stunden verwendet und niemals wieder eingefroren werden. Lassen Sie die Milch nicht bei Zimmertemperatur auftauen.

Muttermilch-Beutel

Gekühlte frische Milch kann ebenfalls unter warmem (nicht heissem) fliessendem Wasser erwärmt werden, indem sie in ein Becken mit warmem Wasser gestellt wird oder in einen Flaschenwärmer mit Temperaturregler. Sie sollte nicht heiss werden, weil dabei einige der immunologischen Bestandteile zerstört würden.

Muttermilch sollte niemals in der Mikrowelle aufgetaut oder erhitzt werden. Dabei werden die immunologischen Bestandteile und viele der wichtigen Inhaltsstoffe zerstört. Die Hitze kann ausserdem den Kunststoff teilweise schmelzen und chemische Stoffe in die Milch übergehen lassen. Ausserdem ist die Milch ungleichmässig erhitzt, was zu schlimmen Verbrennungen führen kann.

Wenn gefrorene Milch auftaut, trennt sich das Fett und steigt an die Oberfläche. Schütteln Sie die Flasche leicht, um das Fett wieder zu verteilen.

Was passiert, wenn Sie Milch auftauen und das Baby nur die Hälfte davon nimmt? Was tun Sie mit der übrig gebliebenen Milch? Laboruntersuchungen dazu fehlen bisher, aber die meisten Fachleute gehen davon aus, dass aufgetaute oder sogar erwärmte Milch ohne Probleme wieder gekühlt, wiedererwärmt und für die nächste Mahlzeit verwendet werden kann, jedenfalls wenn sie nicht länger als eine Stunde bei Zimmertemperatur gestanden ist.

Verschiedene Flaschensauger

Künstliche Sauger gibt es in verschiedenen Formen und Grössen. Sie müssen vielleicht etwas experimentieren, bis Sie wissen, welchen Ihr Baby bevorzugt. Es gibt Kinder, die ganz ausgesprochen eigene Vorlieben haben. Geben Sie nicht auf, suchen Sie das geeignete Material und die passende Form.

- Standardsauger sind kurz mit einer engen Basis und passen auf die meisten normalen Flaschen (solche, die nicht für Wegwerfbeutel gemacht wurden).
- Orthodontische Sauger haben eine breite Basis und eine Spitze, die der mütterlichen Brustwarze nachempfunden ist, wenn diese in Babys Mund flach gepresst wird. Diese Sauger müssen so positioniert werden, dass das Loch oben in Babys Mund kommt.
- Sauger mit abgeflachtem Ende gehören zu Flaschen mit Wegwerfbeutel. Diese Sauger mit weiter Basis werden in Babys Mund lang gezogen, wenn es saugt.
- Gewisse herstellerspezifische Sauger sind zum Teil länger mit einer weiteren Basis. Sie passen nur auf die jeweiligen Flaschen des Fabrikanten (z. B. Avent).

Das Füttern der abgepumpten Milch

Babys, die jünger als sechs Monate sind, bekommen ihre Milch meist in einer Flasche mit einem Latex- oder Silikonsauger. Die meisten Kinder können aber bereits mit einem halben Jahr aus einer Tasse zu trinken beginnen, obwohl viele bis einjährig und älter eine Flasche vorziehen.

Wie bei Pumpen und Milchbehältern haben Sie die Wahl zwischen verschiedenen Flaschenmodellen. Diese hängt von Ihren Bedürfnissen und Umständen ab und natürlich von den Vorlieben des Babys. Die besten Flaschen sind leicht zu reinigen und haben genaue Massangaben. Flaschen in ungewöhnlichen Formen oder in der Mitte geteilte Flaschen sind beinahe unmöglich zu reinigen. Manche Flaschen enthalten Wegwerfbeutel, was bewirken soll, dass das Baby weniger Luft schluckt. (Die Erfahrungen zeigen allerdings, dass der gewünschte Effekt meist ausbleibt.) Die Wegwerfbeutel sind steril, dies ist aber ohnehin unnötig beim Füttern von Muttermilch, da diese selbst Keime bekämpft. Im Allgemeinen wiegt der Nutzen eines Systems mit Wegwerfbeuteln die zusätzlichen Kosten nicht auf.

Die meisten Flaschen sind in zwei Normgrössen zu 1,5 und 2,5 dl erhältlich. Die kleineren Flaschen sind praktisch für Babys, die noch nicht soviel trinken, später werden dann die grösseren verwendet.

Künstliche Sauger bestehen aus Latex oder Silikon. Silikonsauger sind geeigneter, da Latexgummi einen Eigengeschmack und -geruch hat und schneller kaputt geht als Silikon. Gummi ist auch schwerer zu reinigen und sollte von Hand gewaschen werden und nicht im Geschirrspüler.

Sauger gibt es in verschiedenen Formen und mit verschiedenen Fliessgeschwindigkeiten. Je nach Flasche ist die Wahl allerdings eingeschränkt. Wenn möglich versuchen Sie einige verschiedene Sauger; manchmal weisen Babys alle ausser einem einzigen Sauger zurück. Dies ist allerdings bei jedem Kind anders.

Das Baby an die Flasche gewöhnen

Während viele Babys problemlos zwischen Mutterbrust und einem künstlichen Sauger abwechseln – vor allem wenn es nicht die Mutter selber ist, die die Flasche anbietet – gibt es Kinder, die nichts als die Brust wollen. Um Proteste zu vermeiden, sollten Sie eine Flasche einführen, sobald das Stillen gut klappt. Zwei bis vier Wochen nach der Geburt können Sie damit beginnen, vorausgesetzt, dass das Baby die Brust gut nimmt.[14] Gleichzeitig lernen Sie mit Ihrer Pumpe umzugehen und ab und zu etwas Milch abzupumpen. Wenn Sie zwischen den Stillzeiten fühlen, dass Ihre Milch zu fliessen beginnt und Sie eine freie Hand zur Verfügung haben, nehmen Sie die Pumpe und sammeln Sie die Milch, die auf dem Weg ist.[15]

---

14 Die La Leche League empfiehlt, die Flasche frühestens in der 5. Woche einzuführen.

15 Vorsicht, das Abpumpen mit nur einer Hand ist für den Milchfluss nicht unbedingt förderlich. Sobald Milch in der Flasche ist, wird diese schwerer und die Mutter drückt automatisch die Brusthaube stärker an die Brust. Damit können Milchgänge blockiert werden und die Milch fliesst schlecht. Richtig wäre es, die Brusthaube mit der einen Hand an die Brust zu halten – gleichzeitig die Brust selber mit dieser Hand zu unterstützen und mit der anderen Hand die Brustpumpe zu bedienen.

Bewahren Sie diese kleinen Portionen im Tiefkühler auf oder verwenden Sie sie frisch, wenn Sie ohnehin die Flasche einführen.

Geben Sie dem Baby keine künstliche Säuglingsnahrung mit den ersten Flaschen. Diese schmeckt anders und das Baby verweigert vielleicht das Trinken nur schon des Geschmacks wegen. Sie möchten ja, dass das Baby sich überzeugen lässt, einen künstlichen Sauger zu nehmen und dabei merkt, dass daraus die gleiche gute Milch wie aus der Brust kommt.

Machen Sie einen ersten Versuch mit der Flasche an einem späten Nachmittag, wenn Sie ohnehin nicht mehr so viel Milch haben oder wenn Ihr Partner oder eine andere Person zur Verfügung steht und Sie einen Spaziergang machen können. Es kann wichtig sein, dass Sie wirklich ausser Haus sind, sonst erkennt das Baby die Notwendigkeit eines Versuchs vielleicht nicht an. Eine kleine Menge Milch reicht aus, um dem Baby Gelegenheit zum Üben zu geben.

Wiederholen Sie den Versuch ungefähr alle zwei bis drei Tage. Wenn ein Baby einmal eine Flasche genommen hat, muss dies nicht bedeuten, dass es sie ab jetzt immer nimmt. Geben Sie ihm also von nun an regelmässig eine Flasche, damit es sich daran gewöhnt.

Die erste Flasche lassen Sie vielleicht am besten von Ihrem Partner oder der späteren Tagesmutter anbieten. Oft akzeptiert das Baby eine Flasche von jemand anderem eher, vor allem, wenn die Mutter nicht dabei ist. Lassen Sie ihm die erste Flasche nicht im gleichen Sessel geben, in dem Sie normalerweise stillen und wo es noch nach Mama riecht. Es gibt aber auch Eltern, die berichten, dass das Baby eher aus der Flasche trinkt, wenn es dabei in einen Pullover oder eine Bluse der Mutter eingewickelt ist.

Ein Baby an die Flasche zu gewöhnen, sollte kein Machtkampf sein, sondern sanfte Überredung. Brechen Sie das Experiment ab, sobald das Baby oder der Erwachsene anfängt, sich aufzuregen. Versuchen Sie es täglich mehrmals, sowohl wenn das Baby hungrig ist oder weniger Interesse am Essen hat, wenn es schläft und wenn es wach ist, zu Hause und an einem anderen Ort, mit der Mutter oder jemand anderem.

Sie können auf verschiedene Art beginnen. Sie oder Ihre Helfer sollten das Baby so im Arm halten wie beim Stillen. Warten Sie bis das Baby selbst den Mund aufmacht und zwingen Sie ihm die Flasche nicht einfach auf. Manche Babys nehmen die Flasche bereitwillig, wenn sie zuerst einige Minuten gestillt werden und dann die Mutter schnell die Flasche zwischen Mund und Brust schiebt. Manche Babys nehmen die Flasche eher wenn sie nach vorne schauen, von Ihnen abgewandt und mit dem Rücken gegen

Ihre Brust. Manchmal nützt es auch etwas, wenn Sie die Flasche mit einer Hand halten und mit der anderen seinen Po tätscheln und dabei herumgehen. Manche Babys nehmen die Flasche während sie geschaukelt werden, andere im Autositz. Wenn das Kind die Flasche einmal auf irgendeine Art akzeptiert, nimmt es sie eher auch in einer anderen Situation.[16]

Manche Babys akzeptieren eine Flasche von ihrer Tagesmutter oder Betreuerin, während sie diese zu Hause verweigern. Diese Kinder spüren, dass sie nicht zu Hause sind und also auch nicht auf die gleiche Art essen wie dort. Natürlich haben viele Betreuerinnen auch jahrelange Erfahrung, Babys dabei zu helfen, sich an neue Situationen zu gewöhnen und können kleine Wunder bewirken.

Wenn das Baby an der Flasche zu saugen beginnt, seien Sie geduldig, wenn es eine Pause macht; drängen Sie es nicht, ständig zu saugen. Lassen Sie es den Nahrungszufluss kontrollieren, genauso wie beim Stillen. Wenn es Ihnen zeigt, dass es genug hat, beenden Sie die Mahlzeit, auch wenn noch Milch in der Flasche ist.

Für eine Mahlzeit von 90 bis 120 ml Milch benötigt das Kind etwa 5 bis 15 Minuten, wenn es die Sache einmal begriffen hat. (Wärmen Sie am Anfang nur sehr wenig Muttermilch, um diese nicht zu verschwenden.) Wenn eine Mahlzeit länger als 15 Minuten dauert, kommt dies vielleicht daher, dass der Sauger verstopft ist oder ein zu kleines Loch hat. Wenn die Milch dagegen

„Siehst du, von mir lässt sich das Baby auch stillen!"

zu schnell fliesst, wird das Baby häufig spucken und die Flasche loslassen. Wenn das Baby die Flasche verweigert, beschäftigen Sie sich als erstes mit dem Sauger. Versuchen Sie es mit einer anderen Form, vor allem, wenn der Milchfluss langsam ist. Vermeiden Sie, dass diese Versuche für Sie oder für das Baby zum Stress werden.

Gelegentlich verweigert ein Baby jede Flasche, ungeachtet des Zeitpunkts, der Betreuerin, der Flaschen- oder Saugerform. Wenn Ihr Baby nicht zu

---

16 Beim Trinken aus der Flasche sollte das Kind möglichst aufrecht sitzen. Die Flasche soll waagrecht gehalten werden, so dass der Sauger gerade mit Milch gefüllt ist. In dieser Position muss das Kind aktiv saugen, um Milch zu erhalten, diese fliesst ihm nicht einfach in den Mund. Kinder, die auf dem Rücken liegend die Flasche erhalten, brauchen nicht zu saugen, denn die Milch fliesst von selbst. Dies kann bewirken, dass das Kind nicht mehr bereit ist, an der Brust aktiv zu saugen.

überzeugen ist, seien Sie dankbar, dass es so willensstark ist und werden Sie kreativ. Wenn es schon älter als acht Wochen ist und gerne Zahnringe und anderes Spielzeug in den Mund nimmt, können Sie ihm zu seinen Sachen auch eine Plastikflasche zum Spielen geben. Es wird auch hier mit seinem Mund experimentieren. Geben Sie dann etwas Milch hinein und schauen Sie, was passiert. Manche Babys haben lieber einen warmen weichen Sauger, dann wärmen Sie ihn unter warmem fliessendem Wasser, bevor Sie ihn geben. Wenn das Baby hingegen am Zahnen ist, hat es vielleicht lieber einen gekühlten Sauger, um sein Zahnfleisch zu beruhigen.

Die Rückkehr an den Arbeitsplatz vorbereiten

Zwei bis vier Wochen vorher:
- Besuchen Sie Ihren Arbeitsplatz mit dem Baby und stellen Sie es Ihren Arbeitskolleginnen und -kollegen vor. Erklären Sie, dass Sie weiterhin stillen werden und deshalb während der Arbeit Ihre Milch abpumpen werden.
- Besprechen Sie mit Ihren direkten Vorgesetzten, wohin Sie sich zurückziehen können, um abzupumpen.
- Suchen Sie eine Betreuungsperson und sprechen Sie mit ihr über das Stillen.
- Machen Sie einen Plan für Notsituationen (sollte die Betreuerin ausfallen).
- Wählen Sie eine gute Pumpe und lernen Sie, damit umzugehen.
- Bringen Sie dem Baby bei, eine Flasche zu nehmen.
- Nehmen Sie nur Arbeit nach Hause, wenn damit für Sie kein Druck verbunden ist.

Geraten Sie nicht in Panik, wenn alles nichts nützt. Wenn Ihr Baby die Flasche verweigert, heisst dies nicht, dass Sie Ihr Arbeitsverhältnis kündigen müssen. Flaschen sind nicht zwingend notwendig. Wenn das Baby schon vier bis fünf Monate alt ist, wollen Sie ihm vielleicht ohnehin die Milch aus der Tasse geben lassen, sodass Sie es später nicht von der Flasche entwöhnen müssen. Schon Babys von zwei Monaten können mit einem Becher gefüttert werden; Medela und Ameda/Egnell bieten weiche Becher zum Füttern sehr junger Babys an. Babys können auch mit Löffeln und Pipetten gefüttert werden. Sprechen Sie mit einer Stillberaterin über Alternativen zur Flasche.

Wenn das Baby hingegen die Flasche ohne Probleme nimmt, halten Sie sich strikt an die Regel für berufstätige stillende Mütter: „Mein Baby bekommt eine Flasche, wenn ich weg bin und wird gestillt, wenn ich da bin." Ihre Brüste brauchen die Stimulation durch das Baby während Ihrer arbeitsfreien Zeit, um die Milchproduktion aufrechterhalten zu können.

Träum holder Knabe, süss und mild – du, deines Vaters Ebenbild ...

Zurück am Arbeitsplatz

Kapitel 7

Zurück am Arbeitsplatz

Ihre ersten Tage am Arbeitsplatz sind ungefähr wie ein Besuch an Ihrer alten Schule, ein Jahr nachdem Sie dort abgeschlossen haben: Sie sprechen die gleiche Sprache und die Leute kennen Sie noch, aber Sie fühlen sich nicht mehr dazugehörig. Geben Sie sich Zeit, die Vertrautheit wird zurückkommen.

Obwohl die ersten Wochen schnell vorbeigehen, sind sie wahrscheinlich körperlich und gefühlsmässig anstrengend für Sie. Vielleicht fühlen Sie sich beinahe so empfindlich und unsicher wie in den ersten Wochen nach der Geburt – mit dem Unterschied, dass nun von Ihnen sehr viel mehr erwartet wird. Ausserdem müssen Sie sich daran gewöhnen, stundenlang von Ihrem Baby getrennt zu sein und auf irgendeine Art Ihr früheres und Ihr jetziges Leben gefühlsmässig zusammen zu bringen. Und – manche Leute gehen automatisch davon aus, dass jetzt, nach Ihrem Wiedereinstieg, alles wieder „normal" ist und mit Ihnen wie vor der Geburt des Babys gerechnet werden kann. Möglicherweise ist dies sogar Ihre eigene Haltung.

Genau wie nach der Geburt müssen Sie jetzt besonders gut für sich sorgen. Sie brauchen Unterstützung. Rufen Sie berufstätige Freundinnen an und sprechen Sie mit verständnisvollen Kolleginnen, die Erfahrung mit dieser Situation haben. Könnten Sie eventuell eine Verwandte fragen, ob sie für die erste Arbeitswoche oder länger zu Ihnen kommen kann? Nehmen Sie Hilfe an, wenn sie Ihnen angeboten wird – obwohl die Angebote meist nicht so reichlich kommen, wie nach der Geburt. Stellen Sie sicher, dass Ihr Partner nicht erwartet, dass jetzt am Ende Ihres Mutterschaftsurlaubs alles wieder so ist wie vorher. Sie benötigen seine Hilfe und sein Verständnis jetzt mehr denn je – für die Neuorganisation von Erwerbstätigkeit, Haushalt und Familie.

«Alle meinen, ich sei immer noch die gleiche Frau. Ich bin aber anders geworden.»

Kapitel 7   Zurück am Arbeitsplatz

Es gibt aber einige Stolpersteine, wenn Sie Rat und Hilfe suchen. Manche Leute haben ziemlich rigorose Ansichten darüber, was Mütter, Beruf und Babys betrifft. Vielleicht gibt es Menschen in Ihrer Umgebung, die überzeugt sind, dass Sie jetzt, wo Sie Mutter sind, zu Hause bleiben sollten. Andere finden, dass Sie nun endlich mit dieser „Gefühlsduselei" aufhören und Ihrem Baby nicht gestatten sollten, Ihr Leben so zu dominieren. Solche Vorurteile auszublenden, ist relativ einfach, wenn man seiner eigenen Gefühle sicher ist. Zum jetzigen Zeitpunkt sind Sie aber – wie viele andere Mütter auch – wahrscheinlich alles andere als selbstsicher. Ihre Gefühle kippen manchmal von einer Stunde zur andern von Selbstvertrauen zu völliger Hilflosigkeit. Sie müssen erst noch herausfinden, was für Sie und Ihr Baby richtig ist und dafür brauchen Sie Zeit. Erfahrungen, die andere gemacht haben und alle Ratschläge und Überzeugungen, die daraus hervorgehen, müssen nicht unbedingt auf Sie zutreffen. Nehmen Sie Unterstützung und Hilfe an – Überredung brauchen Sie aber nicht.

Jetzt das Stillen beenden?

Gegen die Müdigkeit angehen

Ganz abgesehen von Ihren anderen Pflichten, ist es Ihre grundlegendste Aufgabe, sich so viel Ruhe wie möglich zu verschaffen. Glücklicherweise garantiert das Stillen, dass Sie sich mehrmals täglich entspannt hinsetzen oder hinlegen müssen, um etwas vom Wichtigsten zu tun – das Baby zu ernähren. Sogar das Pumpen, wenn Sie sich einmal daran gewöhnt haben, bedingt mindestens zwei Pausen pro Tag, in denen Sie nichts anderes tun, als Milch zu gewinnen. Gehen Sie abends so früh wie möglich zu Bett. Sparen Sie sich Einkäufe für das Wochenende und machen Sie auch dann nur das Nötigste. Lassen Sie im Haushalt alles liegen, was nicht unbedingt sein muss. Sie sollten sich nicht nur schonen, weil Sie es wert sind, sondern auch weil Sie Milchstaus und Brustentzündungen vermeiden wollen.
Ein wirklich nützliches Geschenk: Ein Gutschein fürs Putzen während der ersten Arbeitswochen.
Wenn Ihr Baby bisher noch nicht in Ihrem Schlafzimmer schläft, überlegen Sie es sich jetzt nochmals. Im gleichen Bett mit dem Baby zu schlafen

bedeutet, dass Sie nachts nicht mehr aufstehen und zum Stillen nicht einmal ganz wach werden müssen. So kommen Sie zu täglich sieben bis acht Stunden zusätzlichem Körperkontakt und Sie werden häufiger stillen, was wiederum eine reichliche Milchproduktion garantiert. Wenn Sie das Baby lieber nicht ganz so nahe haben möchten, können Sie das Kinderbett mit entferntem Seitengitter gleich neben Ihr Bett stellen. So können Sie das Kind zum Stillen nur in Ihr Bett ziehen und schieben es später wieder zurück. (Befestigen Sie das Kinderbett sicher an Ihrem Bett, damit das Baby nicht in die Spalte dazwischen rutschen kann.)[17]

Als Variante können Sie das Baby auch in seinem eigenen Bett schlafen legen und es dann für das erste Stillen und den Rest der Nacht in Ihr Bett nehmen. So gewöhnt es sich auch an sein eigenes Bett, was den Übergang vielleicht einfacher macht, wenn Sie und Ihr Partner nach dem Abstillen Bett und Schlafzimmer für sich selbst zurück haben wollen.

Viele Mütter berichten, dass Ihnen diese nächtlichen Stillmahlzeiten lieb geworden sind. Alles ist ruhig und friedlich und sie sind mit dem Baby allein auf der Welt. Niemand sonst will etwas von ihnen, sie müssen nichts tun, als da sein.

Wenn Sie merken, dass Sie sich weniger gut ausruhen können, wenn Ihr Baby bei Ihnen ist, lassen Sie es vielleicht in seinem eigenen Bett und nehmen es erst gegen Morgen zu sich. So haben Sie noch eine gute Zeit der Nähe und schlafen vielleicht nochmals eine Stunde oder zwei – und für das Baby beginnt der Tag mit einer guten langen Dosis Mama und Muttermilch. Sie könnten natürlich auch ein zweites Bett ins Kinderzimmer stellen und dort liegend stillen.

Das Stillen verschafft Ihnen auch eine wichtige Erholungspause am Ende Ihres Arbeitstages. Stillen Sie Ihr Baby, sobald Sie bei der Tagesmutter oder in der Kindertagesstätte ankommen. Sie sehen, wie es sich freut, wenn es Ihre Stimme hört, wie es sich an Sie schmiegt und mit grösstem Eifer zu saugen beginnt. Es braucht diese Zeit und Sie ebenfalls. Wenn Sie zu Hause angekommen sind, nehmen Sie sich etwas zu essen, ein grosses Glas Wasser oder Saft und machen Sie es sich bequem für eine zweite ausgiebige Still- und Schmusezeit. Oder noch besser, legen Sie sich gleich hin und machen Sie ein Schläfchen, während Ihr Baby trinkt.

> Liegend Stillen verschafft Mutter und Kind zusätzliche Erholung.

---

17 Kaufen Sie sich zu diesem Thema das Buch der La Leche League Schweiz ‹Schlafen und Wachen› mit einer Menge Tipps für erholsame Nächte von Eltern und Kindern.

Kapitel 7 Zurück am Arbeitsplatz

Wenn Sie ältere Kinder haben, können Sie ihnen etwas zu essen geben und dann eine grosse Matte auf den Boden legen für Ihre tägliche Ruhe- und Schmusezeit. Es ist unnötiger Stress, wenn Sie gleich mit den Vorbereitungen für das Nachtessen loslegen. Genau wie das Baby, werden auch Ihre älteren Kinder eher bereit sein, später friedlich zu spielen, wenn Sie vorher einige Zeit mit Ihnen verbringen konnten. Vielleicht finden Sie auch einen netten Teenager aus der Nachbarschaft, der jeden Abend vorbeikommt und Ihnen mit dem Nachtessen und der Wäsche hilft, sodass Sie sich ausgiebig um Ihre Kinder kümmern können.

Nehmen Sie es an den Wochenenden gemütlich. Ein Nachmittagsschlaf und frühe Schlafenszeiten an Samstagen und Sonntagen sollten die Regel sein im ersten halben Jahr der Berufstätigkeit. Zu jeder Tageszeit ist es ideal, wenn Sie sich zum Stillen hinlegen und ausruhen, während Sie gleichzeitig Ihrem Baby Körperkontakt und Milch geben. Planen Sie in der nächsten Zeit keine grösseren Projekte in Ihrem Haushalt – zum Beispiel Renovationen oder Umzüge – und versuchen Sie auch nicht gerade jetzt alle fälligen Einladungen und Besuche zu machen. Die Zeit wird kommen, wo wieder mehr möglich ist. Im Moment müssen Sie mit Ihren Kräften haushälterisch umgehen und Ihre Energie für sich selbst und das Baby sparen.

Ich bin aufgewacht!

Achten Sie jetzt auch besonders sorgfältig auf Ihre Ernährung, genau wie in den Wochen nach der Geburt. Sie brauchen zu Hause und am Arbeitsplatz gesunde, eiweissreiche Zwischenmahlzeiten und viel Flüssigkeit. Beschränken Sie aber den Fettanteil in Ihrem Essen, weil zuviel davon eine Ursache für chronische Milchstauungen sein kann.

An Ihrem Arbeitsplatz sollten Sie immer eine Wasserflasche und eine nahrhafte Zwischenverpflegung in Ihrer Nähe haben.

Körperliche Bewegung hilft ebenfalls gegen die Müdigkeit. Vielleicht haben Sie im Moment nicht die Zeit, um sich bei einem Gymnastikkurs anzumelden, aber schon ein regelmässiger Abendspaziergang mit oder ohne Baby lässt Sie besser schlafen und gibt Ihnen Energie.

Wie sich Ihr Baby anpasst

Manchmal vergessen wir uns selbst, weil wir uns nur damit beschäftigen, wie es unseren Kindern geht. Wie wird sich das Baby an die Umstellung gewöhnen? Je stärker Ihre Bindung ist, desto einfacher passt sich das Baby an; dies haben kürzliche Studien gezeigt. In einer Langzeitstudie an mehr als 1000 Kindern von der Geburt bis sie achtjährig waren, identifizierte das National Institute of Child Health and Human Development (NICHHD, USA) die Qualität der Mutter-Kind-Bindung als den einzigen Faktor, der es einem Baby möglich macht, bei Fremdbetreuung zu gedeihen und Entwicklungsprobleme zu vermeiden. „Die Bindung des Babys zu seiner Mutter ist das beste Mass für sein soziales und emotionales Wohlergehen", schliesst das NICHHD daraus.

Fremdbetreuung ist gewöhnungsbedürftig.

Weil Sie eine sensible, ansprechbare Mutter sind, die gelernt hat, die Zeichen ihres Babys zu deuten, werden Sie intuitiv erfassen, wie gut es ihm geht. Wie verhält sich Ihr Baby nach einigen Wochen Fremdbetreuung? Ist es unruhiger und anhänglicher als vorher? Oder genauso glücklich wie früher? Ein anderes gutes Zeichen ist die wachsende Vertrautheit zu seiner Betreuerin. Mögen sich die beiden immer besser? Wenn ja, ist dies wunderbar. Sie haben die Welt Ihres Kindes damit um eine andere, verlässliche erwachsene Person bereichert. Tägliche Berichte der Betreuerin, dass sich Ihr Kind anders verhält, als Sie es von ihm kennen, sind ein Zeichen dafür, dass sich ihr Kind in der Tagesstätte nicht eingelebt hat. Vielleicht müssen Sie eine andere Lösung ins Auge fassen. Eine Mutter, deren Kind acht Monate alt war, realisierte, dass ihr normalerweise glücklicher Sohn den ganzen Tag weinte, bis sie ihn abends wieder abholte. Mit acht Monaten – ein Alter, in dem Trennungsängste normal sind – konnte sich dieses Kind ganz einfach an keine Betreuung auswärts gewöhnen. Die Mutter fand eine Betreuerin, die für einige Monate nach Hause kam und dem Baby ging es viel besser. Nach dem ersten Geburtstag versuchte es die Mutter wieder mit der Tagesstätte und jetzt war das Kind ganz zufrieden dabei.

Babys werden oft genau dann quengelig und empfindlich, wenn abends die Mutter erscheint. Die Betreuerin betont vielleicht noch, dass das Kind vorher ganz zufrieden war und deutet damit unabsichtlich an, dass das Baby weint, weil seine Mutter kommt. In einem gewissen Sinn stimmt dies auch. Babys warten oft, bis sie wieder mit ihrer Mutter zusammen sind, um alle Frustrationen und anderen Gefühle loszuwerden, die sich tagsüber angesammelt haben. Sie wissen, dass sie die wichtigste Person ist, auf die es ankommt und die alle seine Bedürfnisse befriedigen kann. Deshalb fühlen sie sich frei, diese auszudrücken. Noch bei Schulkindern ist dies oft so. Interpretieren Sie normale entwicklungsbedingte Veränderungen nicht als Zeichen dafür, dass Ihre Bindung geschwächt ist. Berufstätige Mütter – gleich wie der Rest der Gesellschaft – tendieren dazu, alles was sie an ihren Kindern stört, darauf zurückzuführen, dass sie erwerbstätig sind. Wenn Sie verstehen, wie sich ein Kind normalerweise verhält, ganz egal ob die Mutter berufstätig ist oder nicht, brauchen Sie nicht gleich mit Schuldgefühlen zu reagieren. Tatsächlich hängt der grösste Teil kindlichen Verhaltens nicht mit der Tätigkeit der Mutter zusammen – immer vorausgesetzt, dass Mutter und Baby eine gute Bindung haben!

Mit drei bis vier Monaten merken Babys zum Beispiel, wie faszinierend die Welt ringsum ist. Manchmal gleicht das Stillen eher einem Ringkampf; das Baby zappelt und dreht seinen Kopf dauernd weg, weil es keinen Moment verpassen möchte (vor allem was ältere Geschwister tun, ist unheimlich spannend). Dieses Stadium geht bald vorbei – ein fünf- bis sechsmonatiges Baby trinkt wieder viel ruhiger. Dieser Moment fällt aber häufig mit dem Wiedereinstieg der Mutter zusammen, die dann auf den Gedanken kommt, dass ihr Baby sie zurückweist.

In seltenen Fällen kommt es vor, dass ein Baby streikt und die Brust komplett ablehnt.[18] Stillstreiks können verschiedene Ursachen haben: Manchmal hat die Mutter etwas gegessen, das der Milch einen anderen Geschmack gibt oder eine allergische Reaktion auslöst, die Zahnleisten können schmerzen, es hat eine Soorinfektion, die Mutter hat vielleicht wenig Milch oder es dauert länger bis der Milchspendereflex einsetzt. All diese Probleme sind lösbar und normalerweise kommt ein streikendes Baby wieder zurück an die Brust. Aber auch hier kann sich eine berufstätige Mutter abgelehnt fühlen, wenn sie den Widerstand des Babys falsch interpretiert.

Das Zahnen kann ebenfalls eine stressreiche Zeit für Mutter und Kind sein. Die ersten Zähne kommen manchmal schon mit vier Monaten oder

---

18 Mehr über Stillstreiks lesen Sie in ‹Das Handbuch für die stillende Mutter› der La Leche League Schweiz.

noch früher und das Baby erlebt all die Nebenerscheinungen: Quengeln, vermehrter Speichelfluss, Beissen, Appetitverlust und schlaflose Nächte – schon Wochen vor dem ersten Zahn. Wenn ein solches Verhalten gleichzeitig mit Ihrem Wiedereinstieg zusammenfällt, kann dies sehr irritierend sein. Denken Sie daran, das Zahnen als möglichen Grund in Betracht zu ziehen.

Trennungsängste des Kindes beunruhigen auch die berufstätige Mutter. Diese sind ein normaler Bestandteil der kindlichen Entwicklung zwischen acht und achtzehn Monaten. Sie erschweren aber eine Fremdbetreuung für alle Beteiligten. Wenn Ihr Baby sich jedes Mal ängstigt, wenn Sie ausser Sichtweite sind, ist es besonders wichtig, dass Sie ihm genügend Zeit geben, sich langsam an seine Betreuerin zu gewöhnen.

Änderung der Still- und Schlafgewohnheiten

Eine spezielle Verhaltensänderung des Babys, die tatsächlich mit der Arbeit der Mutter zu tun hat, ist eine Anpassung seines Still- und Schlafmusters. Im Alter von acht bis zwölf Wochen, hat sich das Baby vielleicht an einen einigermassen verlässlichen Rhythmus gewöhnt: Am Vormittag ist es wach und munter, braucht während dieser Zeit zwei Stillmahlzeiten, macht dann einen langen Nachmittagsschlaf und ist am späten Nachmittag und am frühen Abend wieder wach. Nach dem Nachtessen schläft es für vier bis fünf Stunden, will dann gestillt werden und schläft nochmals etwa drei Stunden. Wenn nun die Mutter wieder zur Arbeit geht und das Baby während sechs bis acht Stunden fremdbetreut wird, kann der Rhythmus sich ändern. Plötzlich verschläft es einen Teil des Morgens und den ganzen Nachmittag. Vielleicht nimmt es mittags eine Flasche, zeigt aber dann keinen Hunger mehr, bis die Mutter eintrifft. Dann kommt seine grosse Zeit: Es ist den ganzen Abend wach und munter, will mit seinen Eltern zusammen sein und häufig gestillt werden. Auch wenn es vorher nur ein- oder zweimal nachts gestillt wurde, braucht es jetzt vielleicht bis zu vier Stillmahlzeiten. Die Mutter fragt sich jetzt natürlich, was sie falsch macht, weil es zu Hause tagsüber kaum mehr schläft und nachts viel häufiger erwacht.

Wenn ich müde bin, schlafe ich.

Kapitel 7   Zurück am Arbeitsplatz

Irene Frederick und Kathleen Auerbach fanden in ihren Untersuchungen an berufstätigen Müttern und ihren Babys, dass viele Babys mit einer starken Bindung an ihre Mutter für längere Perioden schlafen, wenn diese weg ist und wach sind, wenn sie zu Hause ist. Sie wollen häufig gestillt werden, wenn die Mutter zur Verfügung steht, brauchen aber vielleicht nur eine bis zwei Flaschen von der Betreuerin während einer achtstündigen Trennungszeit. „Sie und Ihr Baby sind ein Paar", sagt Kittie Frantz, eine Kinderschwester und Stillfachfrau zu dieser Situation, „Ihre Bindung ist so eng, dass sich das Baby anpasst, so wie sich Ihr Körper angepasst hat." Das Baby schaltet einfach zurück, während es auf Ihr Wiederkommen wartet. Dies ist das höchste Kompliment, das ein gestilltes Kind seiner Mutter macht; es ist ein Zeichen für die tiefe Bindung zwischen den beiden.

> **Mutter und Kind sind ein Still-Paar und passen sich einander an.**

Wenn Ihr Baby viel schläft und wenig trinkt, während Sie weg sind, will es natürlich die ausgelassenen Mahlzeiten am Abend und nachts nachholen. Vielleicht hat es kurz vorher begonnen, nachts länger zu schlafen und plötzlich will es nun wieder mehrmals gestillt werden. Eine Mutter, die gemeinsam mit ihrem Kind schläft, merkt den Unterschied vielleicht kaum. Sie hat die nötige Ruhe, das Kind kann trinken, soviel es braucht und beide bekommen den nötigen Körperkontakt. Wenn ein gemeinsames Bett keine Option für Sie ist, stillen Sie Ihr Baby so lange und so häufig wie es will – am frühen Abend und am Morgen und auch einmal in der Nacht. Stellen Sie sich darauf ein, dass es abends viel länger wach ist als vorher. Wenn es körperlich und gefühlsmässig während dieser Stunden auf seine Rechnung kommt, lässt es Sie vielleicht nachts eher schlafen.

Hat sich das Trinkmuster Ihres Kindes verändert, bedeutet dies, dass Sie weniger häufig pumpen müssen. Eine Mutter sagt: „Alle meine Kinder warteten lieber bis ich nach Hause kam; sie nahmen nichts aus einer Flasche." Wenn es regelmässig weniger als die bereitgestellte Milch trinkt, dann können Sie sich mit dem Abpumpen anpassen. Wenn es schon halbjährig ist und anfängt Beikost zu nehmen, finden Sie vielleicht sogar, dass Ihre Vorräte an eingefrorener Milch ausreichend sind und Sie mit dem Pumpen aufhören oder es mindestens deutlich reduzieren können.

Sollte Ihr Baby sein früheres Schlaf- und Stillmuster beibehalten, heisst dies jedoch nicht, dass mit Ihrer Bindung etwas nicht stimmt. Es gehört vermutlich zu den pflegeleichten Kindern, die sich problemlos einer neuen

Situation anpassen können. Falls Sie aber nichts dagegen hätten, wenn Sie sich weniger mit Pumpen, Aufbewahren und Transportieren von Milch beschäftigen müssten, können Sie Ihr Baby auch sanft steuern. Bieten Sie ihm die Brust abends häufiger an, auch dann wenn Sie zu Bett gehen und es schon schläft. Babys können sehr gut trinken, wenn sie sich im „aktiven Schlaf" befinden (etwa die Hälfte ihrer ganzen Schlafdauer). Es wird wahrscheinlich nicht richtig wach dabei und kann gleich wieder weiterschlafen. Wenn Sie nachts aufwachen, während das Baby schläft, nehmen Sie es wieder zum Stillen zu sich. Dann geben Sie ihm nochmals eine zusätzliche Stillmahlzeit am Morgen bevor Sie weggehen. Je mehr das Baby bei Ihnen trinkt, desto weniger Milch müssen Sie bei der Betreuungsperson lassen.

Abpumpen und Milchproduktion

Pumpen hat den Ruf eine grosse Belastung zu sein, aber wenn es einmal Teil Ihrer täglichen Routine wird und Sie sich soweit daran gewöhnt haben, dass Ihr Milchspendereflex auch durch das Pumpen automatisch ausgelöst wird, dann ist es weniger beschwerlich. Stellen Sie sich das Pumpen als eine kleine Erholungspause vor, als eine Zeit, in der Sie sich auf Ihr Baby konzentrieren können, ganz egal wo Sie sind und was sonst noch läuft. Menge und Fettgehalt der Milch sind normalerweise am frühen Morgen und Mitte Vormittag am höchsten. Einen Tiefpunkt erreichen diese Werte am späten Nachmittag. Deshalb gibt das Abpumpen am frühen Morgen am meisten her, vor allem, wenn das Baby noch schläft und Ihre Brüste von der langen Ruhepause noch ganz voll sind. Auch das Pumpen Mitte Vormittag kann die doppelte Milchmenge ergeben wie am Nachmittag. Entspricht Ihr Tagesablauf ungefähr dem Beispiel

> «Mein Baby bekommt die Flasche, wenn ich weg bin und ausschliesslich die Brust, wenn ich anwesend bin.»

im Kasten (nächste Seite), werden Sie vermutlich mindestens 200 ml frische Milch pro Tag pumpen. Denken Sie aber daran, dass jedes Stillpaar anders ist. Wird Ihr Baby häufiger gestillt, oder wenn Sie schon morgens viel Milch abpumpen, dann brauchen Sie vielleicht nachmittags überhaupt nicht zu pumpen. Ihr Baby wird vielleicht auch bald die späte Nachtmahlzeit verschlafen (wenn es sein Schlaf- und Stillmuster geändert hat, kann es allerdings noch einige Zeit dauern).
Macht Ihr Kind einen Wachstumsschub durch und braucht mehr Milch, als Sie pumpen können, dann können Sie die frische Milch mit gefrore-

ner ergänzen. Wenn Sie mehr pumpen als das Baby nötig hat, ergänzen Sie damit Ihren Vorrat im Gefrierschrank. Im Beispiel werden die Brüste der Mutter sieben bis zehnmal pro 24 Stunden stimuliert und entleert; das reicht normalerweise um die Milchproduktion auf diesem Niveau zu halten. Im Allgemeinen ist es in den ersten vier bis fünf Monaten nach der Geburt nötig, während der Arbeitszeit die Brüste mindestens alle drei bis vier Stunden zu entleeren, damit Ihre Milchproduktion nicht zurückgeht. Beachten Sie aber dabei den zuvor eingespielten Stillrhythmus.

Ein typischer Tag mit Pumpen und Stillen einer Mutter mit einem vier Monate alten Baby:

05.00 Uhr	Stillen und Weiterschlafen
06.00 Uhr	Beide Brüste abpumpen (dies ergibt 50 bis 100 ml, die für morgen gespart oder der Betreuerin für heute gebraucht werden)
08.15 Uhr	Kurzes Stillen bei der Tagesmutter
10.30 Uhr	15 Minuten abpumpen am Arbeitsplatz (ergibt etwa 100 bis 200 ml)
15.30 Uhr	15 Minuten abpumpen am Arbeitsplatz (ergibt etwa 50 bis 150 ml)
17.30 Uhr	Stillen bei der Tagesmutter
18.00 Uhr	Längere Stillmahlzeit zu Hause
21.00 Uhr	Stillen
01.00 Uhr	Stillen und Weiterschlafen
05.00 Uhr	Stillen und Weiterschlafen

Ist Ihr Baby vier bis sechs Monate alt und erhält noch keine Beikost, dann ist Ihre Milchproduktion während dieser Zeit auf ihrem Höhepunkt. Ihr Baby bekommt den grössten Teil der Muttermilch direkt ab Ihrer Brust, aber auch das Pumpen ergibt jetzt ein Maximum. Achten Sie jetzt gut darauf, dass Sie genügend Eiweiss und Flüssigkeit zu sich nehmen – vor allem, wenn Sie gleichzeitig wieder zu arbeiten begonnen haben.

Ihre Milchproduktion verändert sich im Lauf einer Woche. Nachdem Sie am Wochenende häufig gestillt haben, werden sich Ihre Brüste am Montag besonders voll anfühlen. Am Freitag können Sie dann vielleicht etwas weniger abpumpen. „Auf das Wochenende hin", erinnert sich eine Mutter, „ging meine Milchproduktion jeweils zurück. Ich stillte dann an meinen freien Tagen häufig im Bett, sodass ich mich gleichzeitig erholen und schlafen konnte, während meine Milch wieder mehr wurde. Am Montag hatte ich wieder sehr viel Milch und brauchte Stilleinlagen. Am Dienstag war die Produktion dann wieder normal." Sie können diese Schwankungen zu einem gewissen Teil ausgleichen, indem Sie am Sonntagabend weniger trinken und dafür am Freitag den ganzen Tag hindurch mehr. Sie werden aber sehen, dass Ihr Körper sich den Bedürfnissen Ihres Babys bestens anpasst. Eine andere Mutter meinte: „Mein Körper schien immer zu wissen, wann Wochenende war." Wenn Sie nicht abpumpen, ist das zusätzliche Stillen an den Wochenenden besonders wichtig, um Ihre Milchproduktion für die kommende Woche wieder aufzubauen.

Ihre Milchproduktion kann auch durch andere Umstände beeinflusst werden, zum Beispiel wenn Sie sich erkälten, wenn Sie Mahlzeiten auslassen, durch Stress und grosse Müdigkeit. Wenn Sie abschwellende Medikamente einnehmen, einige Antihistamine oder auch östrogenhaltige Antibabypillen (oder wenn Sie schwanger werden, was ebenfalls den Östrogenspiegel Ihres Körpers erhöht), kann dies die Milchproduktion verringern. Regelmässiges Abpumpen hilft dabei, die Milchproduktion trotzdem aufrecht zu erhalten. Wenn Ihre Milch zurückgeht und keiner dieser Faktoren eine Rolle spielt, überlegen Sie sich, ob es an der Pumpe liegen könnte. Vielleicht arbeitet sie zu langsam und entleert deshalb die Brust nicht effizient genug. Passen Sie die Geschwindigkeit an, wenn dies möglich ist. Eine Mutter, deren Milch zurückging, erinnert sich: „Ich merkte, dass sich das Saugmuster meiner Tochter kürzlich geändert hatte, deshalb versuchte ich, mit der Pumpe das gleiche zu simulieren. Wenn der Milchfluss sich während des Pumpens verlangsamte, stellte ich die Pumpe für eine Minute oder zwei auf langsameren Betrieb. Dann schaltete ich zurück auf mittlere Geschwindigkeit oder kurz auf schnelle und anschliessend auf mittlere. Dies verschaffte mir einen zweiten, allerdings weniger starken Milchspendereflex." Es ist sehr einfach, mit einer automatischen Pumpe die Sauggeschwindigkeit zu regulieren; auch mit einer Handpumpe ist es möglich, aber schwieriger. Wenn Sie mit Ihrer Pumpe nicht zufrieden sind, müssen Sie vielleicht nach einem anderen Modell Ausschau halten. (Lesen Sie mehr darüber in Kapitel 6.)

Stillen und Muttermilchersatzprodukte

Falls Sie sich dafür entschieden haben, auf das Pumpen zu verzichten und während Ihrer Abwesenheit einen Muttermilchersatz zufüttern zu lassen, sollten Sie darauf achten, dass Sie weiterhin an jedem Arbeitstag mindestens siebenmal täglich stillen und die Brust jedes Mal gut entleeren, bis Ihr Baby gut an Beikost gewöhnt ist. Ermuntern Sie das Baby zu langen Stillmahlzeiten, vor allem wenn häufige nicht so gut möglich sind. Wenn Sie liegend stillen, können Sie dazu ruhen oder sogar schlafen, während das Baby seine Milch und den nötigen Körperkontakt bekommt. In jedem Fall sollte Ihr Baby innerhalb von 24 Stunden mindestens zwei Stunden lang an der Brust saugen, damit diese die nötige Stimulation bekommt und mehrmals gut entleert wird. Dies sollte reichen, um die Milchproduktion aufrechtzuerhalten. Wenn die Produktion erhöht werden soll, müssen Sie von mindestens drei Stunden ausgehen. Nächtliche Stillmahlzeiten und häufiges Stillen am Wochenende tragen ebenfalls dazu bei, weiterhin genügend Milch zu produzieren.

Auch eine Lösung, aber Stillen bleibt die beste Säuglingsnahrung.

Geben Sie zusätzlich zum Stillen künstliche Nahrung, kann dies vor allem während den periodischen Wachstumsschüben problematisch sein.[19] Das Verdauen von künstlicher Nahrung dauert länger, sodass Sie vielleicht während der Woche, wenn das Kind von jemand anderem gefüttert wird, gar nicht realisieren, dass das Baby mehr braucht. Zu Hause wird es plötzlich viel häufiger Hunger haben. Wenn Babys Appetit bei der Tagesmutter und mit künstlicher Nahrung nicht auffällig ist, es aber zu Hause gar nicht genug bekommen kann, vermuten Sie vielleicht, dass Sie nicht mehr genug Milch produzieren können. Und weil Sie tagsüber nicht pumpen, dauert es länger, bis sich Ihre Milchproduktion angepasst hat. Sogar ein nur vorübergehender Engpass kann das Selbstvertrauen einer Mutter nachhaltig erschüttern. Zu verstehen, was geschieht, hilft Ihnen, solche Situationen durchzustehen und häufige kurze Stillmahlzeiten an Ihren arbeitsfreien Tagen werden ein Weiteres dazu beitragen. Das Abpumpen während der Arbeitszeit, eventuell nur für einen oder zwei Tage, ist die beste Möglichkeit, Ihre Milchproduktion zu erhöhen, damit Sie den grösseren Bedarf decken können.

Wenn die Anzahl der täglichen Stillmahlzeiten reduziert wird, kann die Milch soweit zurückgehen, dass das Baby an der Brust zunehmend frustriert ist. Um zu vermeiden, dass es deshalb die Flasche vorzuziehen beginnt, können Sie seine Betreuerin bitten, ihm die künstliche Nahrung <u>aus einer Tasse zu</u> geben anstatt mit der Flasche.

19 Informieren Sie sich darüber in „Das Handbuch für die stillende Mutter" der La Leche League Schweiz.

Haben Sie Mühe, die Milchproduktion aufrecht zu erhalten, erkundigen Sie sich über Mittel zur Unterstützung der Milchbildung (wie z.B. Stilltees, „Milchbildungskugeln" usw).

Auslaufende Milch

Möglicherweise war dies schon seit Monaten kein Thema mehr, aber mit Beginn der Erwerbsaufnahme haben Sie wieder mit auslaufender Milch zu tun. Die Milch beginnt zu fliessen, wenn Sie keine Gelegenheit zum regelmässigen Stillen oder Pumpen haben oder auch, wenn Sie durch etwas an Ihr Baby erinnert werden. (Eine Mutter berichtet, dass ihre Milch jedes Mal zu fliessen begann, wenn sie in den Lift trat, um nach Hause zu gehen und ihr Baby abzuholen. Noch später begann sie zu fliessen, wenn sie in irgendeinen Lift trat und sie musste dabei ständig mit über der Brust gekreuzten Armen stehen.) Wenn Sie sich einmal an regelmässige Pumpzeiten gewöhnt haben, passt sich Ihr Körper an und das Auslaufen sollte kein Problem mehr sein. Tragen Sie unterdessen Stilleinlagen, um die Milch aufzufangen.

Sie können die auslaufende Milch aufhalten, indem Sie Druck auf die Brustwarzen ausüben, bis der Milchspendereflex gestoppt ist. Dies kann ganz diskret geschehen, indem Sie die Arme vor der Brust verschränken und mit den Handseiten gegen die Brustwarze drücken. An einem Tisch sitzend, können Sie die Ellbogen aufstützen und mit Ihren Oberarmen Druck ausüben. So lange das Auslaufen andauert (dies ist von Frau zu Frau unterschiedlich), tragen Sie mit Vorteil Stilleinlagen und gemusterte Kleider, auf denen eventuelle Milchflecken nicht so gut sichtbar sind. Auch mit einer Extrajacke oder einem Schal können Sie Pannen verstecken.

Pumpen am Arbeitsplatz

Wie schwierig oder einfach dies für Sie ist, hängt von Ihrer Tätigkeit und von Ihrer eigenen Selbstsicherheit in Bezug auf das Stillen allgemein und das Pumpen im Besonderen ab. Versuchen Sie eine entspannte Einstellung zu finden, ganz unabhängig davon, was Ihre Arbeitskolleginnen und -kollegen darüber denken. Sie können sehr diskret pumpen (heutige Pumpen machen dies leicht), ohne dass Sie sich schämen oder ein Geheimnis aus Ihrer Tätigkeit machen sollten. Wenn jemand nachfragt, geben Sie gelassen Auskunft. Das Pumpen und Aufbewahren von Milch am Arbeitsplatz mag einige Skepsis auslösen, aber nicht annähernd so viele wie Sie viel-

Kapitel 7 Zurück am Arbeitsplatz

leicht befürchten. Eine Mutter stellte fest, dass Ihre Kolleginnen fasziniert waren. „Sie wollten die Milch sehen, fragten, ob das Pumpen unangenehm sei und wollten sich die Pumpe ansehen", sagte sie. Wenn jemand Missfallen ausdrückt, gehen Sie damit um, wie mit anderen unangebrachten Einmischungen in Ihr Privatleben. Sie haben sich entschieden zu pumpen, es spielt keine Rolle, was andere darüber denken. Mit grosser Wahrscheinlichkeit wird Ihr selbstbewusstes Auftreten Ihre Kolleginnen beeindrucken und andere berufstätige Mütter ermutigen, dasselbe zu tun.

> **Etwas Mut und Selbstvertrauen – und das Pumpen am Arbeitsplatz gelingt.**

Es ist gut möglich, dass das Pumpen am Arbeitsplatz von Anfang an problemlos geht und Sie ausreichend Milch gewinnen können. Manchen Müttern fällt es dagegen leichter, zu Hause abzupumpen, während sie am Arbeitsplatz doch nicht so entspannt sind und die Milch nicht recht fliessen will. Geben Sie nicht auf, mit der Zeit gewöhnen Sie sich daran und gewinnen auch am Arbeitsplatz soviel Milch wie nötig. Hängen Sie ein Schild an die Tür des Raumes in dem Sie abpumpen: „Raum frei ab 10.15 Uhr" oder wann immer Sie erwarten fertig zu sein. Anders als ein Schild mit „Bitte nicht stören" oder überhaupt keines, sagt dies neugierigen oder ungeduldigen Mitarbeitern alles, was sie wissen müssen. Dann versuchen Sie zu vergessen, was ausserhalb des Zimmers ist und konzentrieren Sie sich auf Babys Mahlzeit.

Gewöhnen Sie sich an eine Routine beim Pumpen; dies hilft Ihnen loszulassen und den Milchspendereflex auszulösen. Beginnen Sie genauso wie damals, als Sie zu Hause zum ersten Mal die Pumpe ausprobierten. Waschen Sie Ihre Hände und machen Sie die Pumpe bereit und stellen Sie vielleicht ein Bild Ihres Kindes auf. Halten Sie ein Handtuch bereit, um eventuelle Tropfen aufzufangen. Für die ersten Tage an der Arbeit nehmen Sie vielleicht sogar den Schlafanzug Ihres Kindes mit, den es in der letzten Nacht getragen hat. Der Geruch Ihres Babys hilft, den Milchspendereflex auszulösen. Sie können sich in ihrer Phantasie auch ausmalen, wie es tönt wenn Ihr Baby an der Brust saugt oder auch wenn es schreit. Summen Sie ein Wiegenlied und massieren Sie Ihre Brüste leicht mit den Fingerspitzen. Wenn Sie entspannt und bereit sind, nehmen Sie die Pumpe an Ihre Brust und beginnen. Wenn Sie eine automatische Pumpe verwenden, fangen Sie mit einem schnellen Rhythmus und geringer Saugstärke an, um Babys Saugrhythmus nachzuahmen. Erhöhen Sie dann die Saugstärke, während Sie die Geschwindigkeit zurückstellen (nicht weniger als 48 Zyklen pro

Minute). Wenn Sie eine Handpumpe verwenden, pumpen Sie sanft einige Male, bis die Milch kommt, dann halten Sie die Pumpe in dieser Position und lassen Sie Ihre Milch in den Behälter fliessen.

Haben Sie eine Pumpe, mit der Sie nur auf einer Seite pumpen können, wechseln Sie, sobald der Milchstrahl geringer wird. Wenn Sie mehrmals die Seite wechseln, ergibt dies mehr Milch, als wenn Sie jede Seite nur einmal abpumpen. Mit einem guten Milchspendereflex können Sie bis zu 30 ml pro Minute gewinnen. Versuchen Sie bei jedem Pumpen zweimal einen Milchspendereflex auszulösen.

Entleeren Sie mit Ihrer Pumpe gleichzeitig beide Brüste, so ergibt dies in der Regel mit weniger Mühe mehr Milch. Eine Studie zeigte, dass beidseitiges Pumpen den Prolaktinspiegel erhöht, was häufigere und stärkere Milchspendereflexe bewirkt und mehr Milch ergibt. Doppelseitiges Pumpen reduziert die benötigte Zeit um die Hälfte.

Nachdem Sie fertig sind, stellen Sie Ihre Milch in einen Kühlschrank, Gefrierschrank oder in eine Kühltasche. Spülen Sie die Pumpenteile, die mit Milch in Berührung kamen, unter heissem fliessendem Wasser und versorgen Sie die Pumpe. Sie können die Teile zu Hause noch gründlich mit heissem Wasser und Spülmittel waschen. Tägliches Auskochen ist nicht nötig, ausser der Hersteller schreibt dies vor.

Sie können pumpen, wenn Sie sich entspannen.

Gummiteile werden durch häufiges Erhitzen trocken und rissig, was die Saugstärke vermindert.

Mit der Zeit wird das Pumpen zur Routine werden. Es dauert weniger lange, Sie lernen sich zu entspannen und Sie gewinnen trotzdem mehr Milch. Wenn Sie dies möchten, können Sie sogar dazu arbeiten, lesen, schreiben oder telefonieren.

Falls es nicht möglich ist, am Arbeitsplatz zu pumpen und Sie keine Muttermilchersatzprodukte verwenden wollen, versuchen Sie zu pumpen, bevor Ihr Baby morgens aufwacht und nachdem es abends schlafen gegangen ist. Vielleicht gelingt es Ihnen, so genügend Milch zu bekommen oder zumindest können Sie die künstliche Nahrung auf einem Minimum halten. Wenn es Zeit und Weg erlauben, können Sie eventuell das Baby mittags zum Stillen besuchen oder jemand kann es an Ihren Arbeitsplatz bringen. Eine Lehrerin, deren

Partner zu Hause das Baby betreute, machte es auf diese Art. Ihr Mann brachte ihr mittags nicht nur das Baby zum Stillen, sondern auch ein frisch zubereitetes Mittagessen.

Ist Ihr Baby bald ein Jahr alt, können Sie wahrscheinlich das Pumpen reduzieren, ohne dass deshalb Ihre Milch zurückgeht. Irgendwann im zweiten Halbjahr ist es vielleicht sogar möglich, das Pumpen ganz wegzulassen (was natürlich von der Dauer Ihrer Abwesenheit abhängt). Solange Sie zu Hause häufig stillen und Beikost erst nach dem Stillen anbieten, werden Sie weiterhin die Milch produzieren, die Ihr Baby braucht. (Sie können dem Baby von der Betreuerin Muttermilchersatz, Wasser oder Saft zusammen mit Beikost geben lassen. Kuhmilch wird nicht empfohlen bis das Kind mindestens ein Jahr alt ist, da sie allergische Reaktionen auslösen könnte.) Viele berufstätige Mütter stillen zusätzlich weiter, solange sie und ihr Baby dies wünschen, manchmal bis weit ins Kleinkindalter. So können beide die Nähe und Intimität geniessen, die durch das Stillen entsteht, auch wenn sie täglich einige Zeit getrennt sind.

Die Milch transportieren

Sie brauchen Ihre Milch nicht sofort nach dem Pumpen einzufrieren, aber Sie sollten sie kühlen, wenn mehr als vier Stunden vergehen, bevor sie verbraucht oder eingefroren wird, ebenfalls wenn die Temperatur an Ihrem Arbeitsplatz sehr hoch ist oder wenn Ihre Fahrt nach Hause bei hohen Temperaturen lange dauert (siehe Seite 149: Richtlinien zum Aufbewahren von Milch).

Sie können die Milch ins Gefrierabteil eines Kühlschranks an Ihrem Arbeitsplatz stellen, sodass sie halb gefroren ist, wenn Sie nach Hause fahren. Ist Ihre Fahrt nur kurz, brauchen Sie sie unterdessen nicht zu kühlen. Sie können die Milchbeutel auch im Kühlschrank kühlen und dann in einer Thermosflasche mit Eis nach Hause nehmen. Oder stellen Sie die Beutel oder Flaschen direkt ins Kühlfach Ihrer Pumpentasche oder in eine separate kleine Kühltasche mit Kühlelementen.

Lassen Sie dann die (mit Datum beschriftete) Milch im Kühlschrank der Tagesmutter für Babys Mahlzeit am nächsten Tag.

Betreuungspersonen über das Stillen informieren

Die Tagesmutter Ihres Kindes wird vermutlich mehr mit Ihrer abgepumpten Milch zu tun haben als Sie selbst. Auch wenn sie ihre eigenen Kinder gestillt hat, fehlt ihr vielleicht die Erfahrung mit der Aufbewahrung und der richtigen Behandlung von Muttermilch. Wenn sie bisher nur mit künstlicher Säuglingsnahrung zu tun hatte, ist es wichtig, ihr klar zu machen, dass Muttermilch viel schneller und kompletter verdaut wird als künstliche Nahrung. Ausschliesslich gestillte Kinder, vor allem wenn sie sehr jung sind, brauchen deshalb kleinere, aber häufigere Mahlzeiten als mit Muttermilchersatz ernährte Säuglinge. Sollte Ihr Baby allerdings Schlaf- und Stillmuster ändern, kann es auch sein, dass es eine Flasche weniger braucht, als die anderen Kinder. Natürlich müssen Betreuungspersonen ihren Tag organisieren und dazu gehören meistens feste Zeiten für die Mahlzeiten, Ihr Baby ist aber daran gewöhnt, dass es gefüttert wird, wenn es hungrig ist. Sprechen Sie mit der Betreuerin darüber; stellen Sie sicher, dass sie bereit ist, Ihrem Baby eine Flasche mit Muttermilch zu geben, wann immer es sie nötig hat.

Erklären Sie weiter, dass ein Vorteil des Stillens die bessere Verwertung der Nahrung ist. Manchmal ist die Betreuerin überrascht über den Stuhlgang des gestillten Kindes. Er ist viel loser, gelblich oder grünlich und riecht mild, beinahe süss – gar nicht dasselbe, das sie in den Windeln der anders ernährten Kinder findet.

Muttermilch sieht anders und dünner aus, als Kuhmilch oder künstliche Säuglingsnahrung. Frisch ist sie eher bläulich und gefroren geht die Farbe ins Gelbliche (dies kann allerdings variieren). Erklären Sie, dass bei Milch, die einige Zeit gestanden ist, das Fett nach oben steigt und dass deshalb die Flasche vor dem Füttern geschüttelt werden sollte. Wenn die Betreuerin gefrorene Milch verwendet, soll sie nur soviel auftauen, wie sie voraussichtlich brauchen wird. Aufgetaute Milch ist weniger stabil als frische und verdirbt, wenn sie einen Tag bei Raumtemperatur

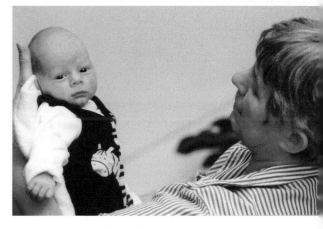

Grosseltern können wunderbar verständige Betreuungspersonen sein.

stehen gelassen wird. Wenn die Betreuerin mit den Kindern für einen ganzen Tag weggeht, ist es deshalb von Vorteil, wenn sie gefrorene frische Milch mitnimmt, anstatt bereits aufgetaute.

Zeigen Sie ihr, wie sie die Milch auftauen kann, indem sie diese für 15 Minuten in einen Krug mit warmem Wasser stellt und betonen Sie, dass Muttermilch niemals in die Mikrowelle gehört (siehe Seite 153).

Wenn Sie Milchbeutel verwenden, zeigen Sie, wie Sie diese öffnen, die Milch in eine Flasche giessen und dann die Flasche schütteln.

> **Muttermilch gehört NICHT in die Mikrowelle.**

Die Betreuungsperson sollte Ihnen ungefähr sagen können, wie viel das Baby jeweils trinkt, sodass Sie sich beim Pumpen danach richten können. Erwähnen Sie, dass Wachstumsschübe zu erwarten sind, in denen Ihr Baby den ganzen Tag hungrig sein wird; die Betreuerin muss ihm an solchen Tagen vielleicht eine Extra-Flasche geben. Für diese Gelegenheiten kann sie auf den eingefrorenen Vorrat zurückgreifen. Sagen Sie ihr, wie wichtig für Sie ihr Urteil über den Bedarf Ihres Kindes ist.

Machen Sie klar, dass Ihr Kind auch am heissesten Sommertag nichts anderes als Muttermilch braucht – auch kein Wasser. Ihre Milch gibt ihm alles was es nötig hat, bis es sechs Monate alt ist . (Dies ist auch die Meinung der Weltgesundheitsorganisation WHO.) Wird das Baby älter und bekommt Beikost, muss die Betreuerin wissen, dass sie Muttermilch auch verwenden kann, um sie mit Getreide- oder Gemüsebrei zu mischen, wie sie dies für ein anderes Kind mit künstlicher Nahrung tut.

Vergessen Sie nicht, dass Ihr Baby vielleicht nicht alleine aus der Flasche trinken will. Für das Stillen gibt es verschiedene Gründe, einer davon ist der Körperkontakt. Ob Brust oder Flasche, das Baby sollte bei den Mahlzeiten gehalten und gehätschelt zu werden. Wenn solche wichtigen Dinge gleich gehandhabt werden, hilft dies dem Baby, sich mit möglichst wenig Stress an Ihre zeitweilige Abwesenheit zu gewöhnen.

Schreiben Sie die wichtigsten Instruktionen über das Auftauen und Erwärmen von Muttermilch auf und ebenfalls, was mit übrig gebliebener Milch zu tun ist (siehe Seite 153). Die Betreuerin kann sich Ihre Anweisungen aufhängen, sodass sie jederzeit nachsehen kann.

Manche Betreuungspersonen haben die Tendenz, Babys zu überfüttern. Ein unruhiges Baby ist jedoch nicht immer hungrig oder durstig. Sagen Sie der Tagesmutter, woran sie erkennen kann, ob das Kind tatsächlich Hunger hat oder ob es einfach müde und überfordert ist. Sucht es mit seinem Mund oder kaut es an seiner Faust? Je einfühlsamer die Betreuerin die ersten Zeichen von Hunger wahrnimmt, desto weniger braucht das Kind zu schreien und umso einfacher kann sie herausfinden, ob ihm vielleicht etwas anderes fehlt. Halten Sie auch fest, wie viel Milch Ihr Kind voraussichtlich pro Tag trinkt und wie häufig es ungefähr eine Mahlzeit braucht. Bei den meisten gestillten Kindern ist dies etwa alle zwei bis drei Stunden der Fall. Wenn es alle zwei Stunden gefüttert wird, trinkt es wahrscheinlich knapp 100 ml Milch pro Mahlzeit. Wenn es drei Stunden oder länger her ist, wird es mehr sein. Mit zunehmender Grösse braucht das Kind natürlich bei jeder Mahlzeit etwas mehr. Sie möchten jedoch vermeiden, dass das Baby sich daran gewöhnt, die meisten Kalorien aus der Flasche zu bekommen anstatt zu Hause von Ihrer Brust. Bitten Sie deshalb die Betreuerin, das Kind mit Herumgehen, Schaukeln oder einem Schnuller zu beruhigen, wenn es schon viel Milch bekommen hat und immer noch nicht zufrieden scheint.

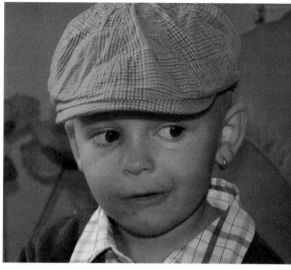

Macht die das auch richtig?

Wenn die Betreuerin dem Baby eine besonders sättigende Mahlzeit geben möchte, vielleicht vor einem langen Nachmittagsschlaf, kann sie eine „Doppelrahmmilch" herstellen: Zwei Behälter mit Milch werden aufgetaut und der sich oben absetzende Rahm wird kombiniert und gefüttert, während die entrahmte Milch für eine andere Mahlzeit aufbewahrt werden kann. Diese besonders kalorienhaltige Milch kann das Baby während einer guten Zeit zufrieden stellen oder hilft auch bei einem Wachstumsschub, wenn Ihre Milchproduktion sich erst noch darauf einstellen muss.

Sprechen Sie auch darüber, wie Sie es mit den Abholzeiten halten werden. Es ist alles andere als ideal für eine berufstätige Mutter, wenn sie mit vollen Brüsten bei der Tagesmutter ankommt und gleich stillen möchte, um dann zu hören, dass das Kind eben gefüttert wurde. Sie sollten das Baby sofort stillen können, wenn möglich noch bei der Tagesmutter und dann nochmals wenn Sie zu Hause ankommen. Die Tagesmutter sollte es während der letzten Stunde vor Ihrer Rückkehr nicht mehr füttern.

Wenn es wirklich nicht anders geht, kann sie ihm entrahmte Milch geben (siehe oben). Diese leichte Mahlzeit wird es für einige Zeit hinhalten, aber doch nicht allzu satt machen. Sprechen Sie darüber, ob es möglich ist, dass Sie jeweils noch eine Viertelstunde zum Stillen in ihrer Wohnung sitzen, bevor Sie nach Hause fahren.

Vorbeugung und Behandlung von Milchstau und Mastitis

Manche Mütter leiden immer wieder unter Milchstaus und Brustinfektionen. Bei einer berufstätigen Mutter ist das Risiko in den ersten zwei Monaten nach dem Wiedereinstieg am grössten. Ihre Brust wird nicht mehr so regelmässig entleert wie während ihres Mutterschaftsurlaubs. Stress und Müdigkeit erhöhen das Risiko einer Infektion.

Gemäss einer Untersuchung mit stillenden Müttern berichtete ein Drittel der Befragten, dass sie kurz vor ihrer Mastitis eine anstrengende Zeit erlebt hatten. Die Faustregel für Mütter von Neugeborenen gilt auch für Mütter, die einen Milchstau oder eine Brustinfektion durchgemacht haben: „Besser als Stehen ist Sitzen, besser als Sitzen ist Liegen, besser als Liegen ist Schlafen." Sehr wichtig ist auch eine gute Ernährung mit genügend Vitaminen. Weitere Tipps finden Sie auf Seite 51.

Milchstau oder Brustinfektion behandeln:
- Ziehen Sie Ihren Büstenhalter aus und gehen Sie zu Bett.
- Stillen Sie so oft als möglich und beginnen Sie immer mit der betroffenen Seite. Legen Sie das Baby so an, dass sein Kinn gegen die schmerzende Stelle zeigt.
- Legen Sie feuchtwarme Kompressen auf und massieren Sie Ihre Brust gegen die Brustwarze.
- Trinken Sie ausreichend.
- Bei Fieber über 12 Stunden rufen Sie Ihre Ärztin an. Vielleicht brauchen Sie ein Antibiotikum.

Sich an die Trennung vom Baby gewöhnen

Die Trennung von Ihrem Baby wird für Sie wahrscheinlich das Schwierigste am Wiedereinstieg sein. Der erste ganze Tag ohne Ihr Kind kann schlimm sein. Aber auch hier hilft Ihre Stillbeziehung – sie ist der Beweis, dass Sie einander unbedingt brauchen und nicht zu ersetzen sind. Bei jedem Abpumpen werden Sie daran erinnert. Denken Sie auch daran, dass Ihr intensiver Trennungsschmerz zeigt, dass Sie beide eine gute Bindung

haben und Ihre Arbeit Sie deshalb emotional nicht von Ihrem Kind entfernen kann.
Genau so wie Ihr Baby die körperliche und emotionale Befriedigung braucht, die es durch das Stillen und den Körperkontakt mit Ihnen bekommt, brauchen auch Sie täglich genügend Zeit mit Ihrem Baby. So lange Sie nicht aussergewöhnlich lange arbeiten, können Sie die verpasste Zeit beim Stillen nachholen, oder auch wenn Sie das Baby im Tuch tragen und mit ihm spielen. Im gleichen Bett zu schlafen, gibt Ihnen viele zusätzliche gemeinsame Stunden, was die Zeit, die Sie getrennt sind, leichter erträglich macht. Sind Sie zu Hause, konzentrieren Sie sich auf das Verstehen und Beantworten der Bedürfnisse Ihres Babys. Versuchen Sie nicht, es „unabhängiger" zu machen. Wenn die Harmonie zwischen Ihnen erhalten bleibt, macht dies die Trennung leichter und Ihre Arbeit wird bald wieder zu einem angenehmen Teil Ihres Alltags.

Mama, wohin gehst du?

Genauso wie Ihr Baby grösser wird und sich in diesem erstaunlichen ersten Jahr entwickelt, wachsen und entwickeln Sie sich als Mutter. Bleiben Sie empfindsam für die Veränderungen an Ihnen selbst. Versuchen Sie, diese Lernprozesse in anderen Teilen Ihres Lebens zu integrieren und seien Sie stolz auf Ihr Muttersein. Eine bekannte Herausgeberin und Schriftstellerin hatte mehrere Jahre am Aufbau einer neuen Verlagsgesellschaft mitgearbeitet, als sie sich entschied, wieder zu ihrer freien Tätigkeit zurückzukehren. An ihrer Abschiedsparty sagte sie, dass diese Arbeit eines der grössten Abenteuer ihres Lebens gewesen war, „vergleichbar nur dem Muttersein." Sie können Ihr eigenes Abenteuer der Mutterschaft nicht hoch genug einschätzen – und den Gewinn, den Sie persönlich daraus ziehen.

Was Sie beim Stillen lernen, nützt Ihnen noch lange nach dem Abstillen. Am Wichtigsten: beim Stillen lernen Sie die subtile, aber wertvolle Kunst der Sensibilität für die Signale Ihres Kindes. Darüber schreibt Karen Pryor in ‹Nursing Your Baby›: „Denken Sie an den Unterschied zwischen „Teilnahmslosigkeit" und „Empfänglichkeit/Aufnahmefähigkeit". Aufnahmefähigkeit setzt eine Partnerschaft voraus, die genau der Natur der Stillbeziehung entspricht." Wenn Sie Ihren Familienmitgliedern und den Menschen, mit denen Sie zusammenarbeiten, mit der Sensibilität gegenübertreten, die Sie beim Stillen erworben haben, dann bereichert dies Ihre Beziehungen. Wenn Sie sich selbst vertrauen, so wie Sie darauf vertrauen, dass Ihr Körper Ihr Baby ernähren kann, wird jede Herausforderung weniger beängstigend. Die Intuition, die Sie leitet, wenn Sie Ihr Baby umsorgen, hilft Ihnen in jedem Bereich Ihres Lebens – wenn Sie es zulassen.

Genug Milch produzieren

Irgendwann macht sich jede Mutter Sorgen, ob sie genug Milch für ihr Kind hat. Mit fünf bis sechs Monaten brauchen Babys mehr Milch als je vorher oder nachher (wenn sie zusätzliche Beikost bekommen). Dieser Maximalbedarf fällt oft zusammen mit den ersten Arbeitsmonaten der Mutter. Eine gestresste Mutter vermutet dann, dass ihr Kind so hungrig ist, weil sie nicht mehr genug Milch hat. Sie kommt gar nicht auf die Idee, dass es jetzt mehr braucht, weil es so schnell wächst. Wenn Ihre Pumpe effizient ist und Sie täglich 200 bis 300 ml Milch pumpen können, haben Sie wahrscheinlich mehr als genug Milch für den Bedarf Ihres Kindes. Die meisten Mütter produzieren im Durchschnitt etwa 40 ml Milch pro Stunde über eine Dauer von 24 Stunden.

Auch grössere Kinder geniessen die Stillnähe.

Wenn Sie sich Sorgen machen, dass Ihre Produktion den Bedarf des Babys nicht deckt, klären Sie zuerst ab, ob die Betreuerin das Kind nicht überfüttert. (Vergleichen Sie Seite 180). Wenn Ihr Baby mehr als gut 40 ml pro Stunde nimmt, sollten Sie dies überprüfen. Stillen Sie das Baby morgens wenn möglich noch einmal an seinem Tagesplatz, um das Frühstück etwas zu strecken und dann gleich wieder, wenn Sie es abholen. Bereiten Sie die Flaschen mit der richtigen Menge für jede Mahlzeit vor. Sie können auch einen langsamer fliessenden Sauger nehmen, sodass die Mahlzeiten etwas länger dauern und für das Kind befriedigender sind. Wenn die Betreuerin berichtet, dass es ganz allgemein quengelig und unglücklich ist, versuchen Sie herauszufinden, was der Grund sein könnte und geben Sie ihr einige Tipps, wie sie das Kind auf andere Art beruhigen könnte, als mit der Flasche. Vielleicht sollte sie es öfter tragen. Wenn sie ein Tragtuch oder eine andere Tragevorrichtung bekommt und so die anderen Kinder trotzdem betreuen kann, befriedigt dies vielleicht alle Bedürfnisse. Ist Ihr Baby ungefähr sechs Monate alt, könnte sie auch beginnen, ihm zusätzlich Beikost anzubieten.

Sollten Sie hingegen wirklich zu wenig Milch produzieren oder wenn Ihre Milch zurückzugehen scheint, können Sie auch dieses Problem lösen. Stellen Sie sicher, dass Sie mit Pumpen und Stillen beide Brüste mindestens siebenmal täglich gut entleeren. Die effizienteste Art dafür ist das Stillen – so oft wie möglich, wann immer Sie mit Ihrem Kind zusammen sind, vor allem nachts wenn Ihr Prolaktinspiegel am höchsten ist. Wenn das Baby nachts meistens schläft, könnten Sie es um 23 Uhr oder 24 Uhr nochmals stillen (ohne es ganz zu wecken), damit Ihre Brust zusätzlich entleert wird.

Sollte Ihre Produktion nach einigen Arbeitswochen zurückgehen, denken Sie an Ihre Pumpe. Verwenden Sie eine gute, vollautomatische Pumpe, mit 48 bis 60 Zyklen pro Minute (vergleiche Seite 144). Sind die Brusthaube und die Öffnung für die Brustwarze gross genug für Ihre Brüste und den Warzenhof? Sie können dies nachprüfen, indem Sie wie gewöhnlich pumpen und dann 20 bis 30 Minuten später nochmals. Wenn Sie beim zweiten Mal mehr als 15 ml pumpen können, entleert Ihre Pumpe die Brust wahrscheinlich uneffizient.

Es gibt auch natürliche Hilfsmittel (Homöopathika und Stilltees) zum Einnehmen, die bei manchen Müttern die Milchproduktion fördern.

Östrogen kann die Milchproduktion bremsen. Nehmen Sie eine Antibabypille auf Östrogenbasis? Wenn ja, sprechen Sie mit Ihrer Ärztin, ob Sie auf eine Minipille oder eine reine progesteronhaltige Pille umsteigen könnten. Diese beeinträchtigen Ihre Milchproduktion nicht. Eine neue Schwangerschaft könnte Ursache für den Rückgang sein und auch kurz vor der Periode kann die Milch etwas zurückgehen. Manche Laktationsspezialstinnen empfehlen ein Kalzium-Magnesium Präparat, das täglich von der Mitte des Zyklus bis zum Ende der Periode genommen wird, um diese Wirkung zu vermeiden.

Geschäftsreisen

Auch wenn Ihre Arbeit im ersten Lebensjahr des Kindes irgendwann Geschäftsreisen mit sich bringt, brauchen Sie das Baby nicht abzustillen. Ist das Baby noch jünger als fünf bis sechs Monate, wäre die einfachste Lösung, es mitzunehmen. Werden Sie den ganzen Tag an Sitzungen sein? Das Hotel kann Ihnen vielleicht behilflich sein, eine Betreuungsperson zu finden. Haben Sie Freunde oder Verwandte in der Nähe Ihres Arbeitsorts, die für Ihr Baby sorgen könnten, während Sie arbeiten? Oder kann Ihr Partner, Ihre Mutter oder die gewöhnliche Betreuerin Sie begleiten? Wenn

Ihr Reiseziel ein attraktiver Ort ist, macht die Betreuungsperson vielleicht gerne mit dem Baby Ausflüge während Sie arbeiten. An den meisten Konferenzen dauern die Sitzungen zwei bis drei Stunden mit Pausen dazwischen, in denen Sie in Ihr Zimmer gehen oder die Betreuungsperson und das Baby zum Stillen treffen können. Dies macht es Ihnen viel einfacher, obwohl es natürlich Zusatzkosten mit sich bringt. Sollte Ihr Arbeitgeber darüber schockiert sein, brauchen Sie es nicht an die grosse Glocke zu hängen. Die Anwesenheit Ihres Kindes in Ihrem Hotelzimmer hat keinen Einfluss auf Ihre Arbeit im Konferenzraum oder in der Ausstellungshalle.

Eventuell können Sie Ihr Baby sogar zu den Sitzungen mitnehmen. Wenn Sie genügend Selbstvertrauen haben und die Bedürfnisse Ihres Babys befriedigen können, ohne dass Ihre Arbeit beeinträchtigt wird, dann stellt sich eigentlich nur noch das Problem, wie Sie Ihr professionelles Image bewahren können. Vielleicht gehören Sie zur wachsenden Zahl von Frauen, die eine neue Art Professionalität zeigen, zu der auch die Anwesenheit von zufriedenen Babys und kooperativen Kleinkindern gehört.

Während Mama zuhört, trinke ich.

Leider erfordern viele Geschäftsreisen 12 bis 15 Stunden intensiver Konzentration und harter Arbeit pro Tag. Wenn Sie neue Kunden treffen, Verkaufsgeschäfte abwickeln oder Laboratorien und Fabriken besuchen, ist das Mitbringen des Babys kaum eine Option, ungeachtet dessen, wie viel Selbstvertrauen Sie haben. Wie einfach das Reisen ohne Ihr Baby ist, hängt davon ab, wie alt es ist und wie viel Milch Sie produzieren. Wenn Sie es nicht mitnehmen können, bemühen Sie sich, die Reise so kurz wie möglich zu halten – im Interesse beider. Wenn es jünger als sechs Monate ist, wird es wahrscheinlich noch sieben oder mehr Mahlzeiten pro Tag brauchen und dies bedingt einen Milchvorrat von mindestens 900 ml pro Tag. Vielleicht möchten Sie diesen mit künstlicher Nahrung ergänzen, sodass nicht Ihr ganzer Vorrat auf einen Schlag verbraucht wird. Andererseits ist die Überbrückung einer zweitägigen Trennung vielleicht ja die sinnvollste Verwendung für Ihren Vorrat.

Um zu verhindern, dass sich Ihre Milch unangenehm staut, müssen Sie fast so oft abpumpen, wie Sie zu Hause stillen würden. Sie werden vielleicht überrascht sein, wie viel Milch Sie produzieren und wie voll Ihre Brüste werden, wenn Ihr Baby nicht da ist, um sie zu entleeren. Nehmen Sie eine gute Pumpe mit und richten Sie es ein, dass Sie mindestens einmal am frühen Morgen, zweimal über den Tag und zweimal pro Nacht abpumpen können. Planen Sie diese Zeiten in Ihrer Agenda ein, genauso wie Sie dies mit einer anderen Verabredung machen würden. Das Abpumpen auf einem langen Flug oder im Zug ist eine der grösseren Herausforderungen. Die Toiletten sind schon für den normalen Zweck fast zu klein, geschweige denn für das Aufstellen einer Pumpe. Am besten kommt die Betreuerin mit dem Kind an den Flughafen/Bahnhof, sodass Sie dort noch kurz vor der Abreise ausgiebig stillen können.

Liebevolle Betreuerinnen behandeln Ihr Kind ähnlich dem eigenen.

Wenn die Reise nicht länger als fünf Stunden dauert, können Sie wahrscheinlich so lange warten. Andernfalls nehmen Sie eine Handpumpe mit. Üben Sie vorher, damit Sie sicher sind, dass es klappt. Eine Handpumpe ist eine gute Option, wenn der Platz begrenzt ist, da sie nirgends abgestellt werden muss, in einer Handtasche Platz findet und mit heissem Wasser auch in einem kleinen Becken gespült werden kann.

Wahrscheinlich giessen Sie die so abgepumpte Milch besser weg (auch wenn die kostbaren Tropfen Sie reuen!), sonst brauchen Sie noch weitere Utensilien für die Kühlung. Wenn Sie die Milch doch aufheben wollen, nehmen Sie eine kleine Kühltasche mit. Denken Sie daran, dass die Sicherheitsbestimmungen beim Fliegen das Transportieren von Flüssigkeiten (auch Muttermilch) verbieten können, wenn das Baby nicht mitreist. Eventuell ist es möglich, dass Sie die während Ihres Aufenthalts abgepumpte Milch (in Eis verpackt) täglich per Express nach Hause schicken.

Wenn Ihr Baby älter als sechs Monate ist, werden längere Abwesenheiten etwas einfacher. Vielleicht nimmt es schon Beikost zusätzlich zum Stillen und braucht nachts weniger oder gar keine Muttermilch mehr. Sie müssen wahrscheinlich immer noch drei- bis viermal täglich abpumpen, aber Ihre Brüste werden nicht mehr so schnell übervoll und gestaut.

Während einer zwei- oder dreitägigen Abwesenheit kann Ihre Milch etwas zurückgehen, vor allem wenn Ihre Pumpe nicht so effizient ist oder wenn Sie nicht regelmässig abpumpen können. Nehmen Sie sich anschliessend, wenn möglich, einige freie Tage, um mit Ihrem Baby zusammen zu sein und Ihre Milchproduktion durch häufiges Stillen wieder aufzubauen.

Die Pumpe wegräumen?

Wann können Sie die Pumpe definitiv versorgen? Dies hängt davon ab wie schnell Ihr Baby wächst und wie viel Beikost es nimmt, wie ausgeglichen Ihre Milchproduktion ist und wie viel Zeit Sie dafür zur Verfügung haben. Vielleicht werden Sie irgendwann in der zweiten Hälfte des ersten Jahres aufhören zu pumpen – das Stillen geht natürlich trotzdem weiter. Babys sollten bis nach ihrem ersten Geburtstag entweder Muttermilch oder ein Muttermilchersatzprodukt erhalten. Vielleicht bekommt das Baby jetzt für die Mittagsmahlzeit einen Getreidebrei oder etwas Ähnliches von der Betreuerin, ansonsten pumpen Sie für diese Mahlzeit auch weiterhin Muttermilch bis es einjährig ist. Dauert Ihre Abwesenheit nicht länger als sechs bis acht Stunden, sollte es jetzt möglich sein, das Pumpen zu beenden.

Manche Mütter pumpen weiter ab, um den immunologischen Schutz zu gewährleisten, wenn ihre Kinder in einer Tagesstätte betreut werden. Dort sind Kinder eher Viren und anderen Infektionen ausgesetzt und Muttermilch bietet dagegen auch nach sechs Monaten noch einen gewissen Schutz. Wenn zur fraglichen Zeit die Erkältungs- und Grippesaison näher rückt, verschieben Sie das Versorgen der Pumpe auf später.

Wenn Sie nicht mehr pumpen wollen, reduzieren Sie langsam, vor allem wenn Sie immer noch viel Milch produzieren und mehr als 20 Stunden pro Woche abwesend sind. Hören Sie von einem Tag auf den andern auf, könnte dies einen Milchstau verursachen. Falls Sie bisher zweimal täglich gepumpt haben, geben Sie zuerst das Abpumpen am Nachmittag auf und pumpen Sie während einiger Wochen nur noch morgens. Wenn sich die Milchproduktion angepasst hat, pumpen Sie morgens nur noch die Hälfte der gewohnten Zeit. Nach einigen weiteren Tagen können Sie dann ganz aufhören.

Abstillen

In den meisten traditionellen Kulturen werden Kinder irgendwann zwischen 18 Monaten und vier Jahren abgestillt, aber niemals vor Ende des ersten Lebensjahres. Kinder in westlichen Kulturen werden selten länger als ein halbes Jahr gestillt, obwohl beispielsweise die amerikanische Akademie für Kinderärzte das Stillen für mindestens ein ganzes Jahr empfiehlt und dann noch solange Mutter und Kind dies wünschen. Babys werden in unserer Gesellschaft aus verschiedenen Gründen abgestillt, oftmals nur, weil man nicht daran gewöhnt ist, ein älteres Baby oder ein Kleinkind an der Brust zu sehen. Berufstätige Mütter stillen tendenziell eher ab, weil sie weniger Unterstützung beim Stillen bekommen und häufig unter dem Druck stehen, ihr Leben in zwei separate Bereiche zu teilen. Ihr Baby braucht aber nicht früher abgestillt zu werden, als wenn Sie nicht erwerbstätig wären.

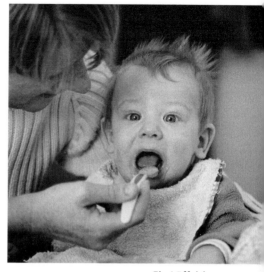

Ein Löffelchen für Papa, ein Löffelchen für Mama, ein ...

Wenn Ihre Milchproduktion gut eingespielt ist, bevor Sie an Ihren Arbeitsplatz zurückkehren, sollte es möglich sein, so lange Milch zu produzieren wie Sie dies wünschen. Lassen Sie Ihr Kind weiterhin an der Brust trinken – sowohl für sein psychisches Wohlbefinden wie für seinen Hunger – das Stillen wird noch für lange Zeit eine gute Möglichkeit sein, nach der durch die Arbeit bedingten Trennung immer wieder zu einander zu finden. Bis ins zweite Lebensjahr oder länger hat das Stillen für die emotionale Entwicklung des Kindes bedeutende Vorteile, wenn es seine Erfahrungen mit den oft schmerzlichen Realitäten des Lebens macht.

Wenn Sie abstillen möchten, vergessen Sie nicht, dass dies ein bedeutender Meilenstein in der Entwicklung des Kindes ist, vergleichbar mit dem Kriechen, Gehen oder Beikost essen und dass es selten von einem Tag auf den anderen geschieht. Manchmal gehen Mütter ans Abstillen heran, als ob es die Entwöhnung vom Rauchen wäre. Sie versuchen nach Plan vorzugehen und zum Beispiel jede Woche eine Stillmahlzeit auszulassen, bis sie es „geschafft" haben. Kleine Kinder entwickeln sich aber nicht nach einem festgelegten Plan und das Stillen ist keine Sucht. Achten Sie darauf, wie das Baby durch andere Entwicklungsstadien hindurchgeht. Meilensteine werden meist nach und nach erreicht, zwei Schritte vorwärts, dann wieder einen rückwärts. Deshalb nehmen wir Entwicklungsfortschritte oft erst im Nachhinein wirklich wahr.

Sehr selten stillt sich ein Kind über wenige Tage hinweg ab. Vielleicht hindert es ein neuer Zahn oder Ohrenschmerzen beim Stillen (oder überhaupt beim Essen) und wenn es ihm wieder besser geht, sind manchmal Mutter und Kind soweit, dass sie das Stillen nicht mehr brauchen. Ein anderes Kind beginnt die Flasche vorzuziehen, weil seine Mutter nicht mehr viel Milch produziert. Ein Baby streikt plötzlich, weil die Mutter etwas gegessen hat, das der Milch einen ungewöhnlichen Geschmack gibt oder eine allergische Reaktion hervorruft. Auch Soor oder eine andere Infektion können das Abstillen begünstigen.

Im Idealfall entwickelt sich die Stillbeziehung über einen Zeitraum von sechs oder mehr Monaten zu einer anderen, ebenso nahen Beziehung, in der aber das Stillen nicht mehr dazu gehört. Es kann sein, dass weder die Mutter noch das Kind genau wissen, wann die letzte Stillmahlzeit stattgefunden hat. Die Mutter merkt vielleicht, dass ihr Baby schon drei oder vier Tage nicht mehr an der Brust war. Vielleicht wird es eine Woche später nochmals danach fragen, weil es aus irgendeinem Grund Trost sucht. Sie kann darauf eingehen oder es mit einem Kuss und etwas zu essen ablenken. Eine Woche oder einen Monat später realisiert sie dann, dass es nun definitiv abgestillt ist. Oft hilft die Mutter dem Kind dabei, indem sie kreativ anderes dafür anbietet, wenn das Baby Interesse daran zeigt.

Mütter und Kinder profitieren vom langsamen Abstillen. Plötzliches Abstillen kann für die Mutter zur emotionalen Belastung werden, weil die Produktion von Prolaktin plötzlich eingestellt wird. Es kann sogar zu ernsthaften Depressionen kommen, möglicherweise weil das abrupte Ende der Milchbildung zu einer Überschwemmung von Mineralstoffen in der Blutbahn führt. Durch langsames Abstillen kann dies vermieden werden.

Das Abstillen bedeutet für Sie auch den Verlust der Ruhezeiten, die das Stillen bisher mit sich gebracht hat – bisher eine gute Entschuldigung für das regelmässige Hinlegen und Entspannen mit dem Baby. Ist Ihr Kind sehr aktiv und beschäftigt und hat wenig Zeit zum Schmusen, vermissen Sie vielleicht die intimen Momente der Nähe. Und, da Stillen als immer wirksames Beruhigungsmittel wegfällt, müssen Sie sich andere Möglichkeiten ausdenken, um es zu trösten. Diese Veränderungen sind leichter zu bewältigen, wenn sie nur nach und nach stattfinden. Mit der Zeit können Sie die Stillpausen durch ruhige Zeiten ersetzen, in denen Sie zusammen ein Schläfchen machen oder ein Buch ansehen. Wenn Sie jedoch etwas früher als das Kind zum Abstillen bereit sind und das Ganze etwas beschleunigen möchten, sind Sie sicher damit nicht allein. Ganz abgesehen davon, wie sehr eine Mutter das Stillen genossen hat, es kommt die Zeit, in der sie bereit ist für die nächste Phase des Mutterseins. Wenn das Kind ein Jahr oder älter ist, wählen Sie eine Stillmahlzeit, die ihm normalerweise nicht so wichtig ist und ersetzen Sie das Stillen beiläufig mit einem Glas Milch oder Saft. (Die Wahl zwischen Schokolademilch und Stillen wirkt bei einigen Kindern Wunder.) Das Stillen jeweils etwas hinauszuschieben, ist eine andere Möglichkeit. Bitten Sie das Kind zu warten, bis Sie bei der Tagesbetreuung sind, wo die täglichen Aktivitäten das Stillen vielleicht vergessen gehen lassen.

Mit sanfter Ablenkung können Sie das Stillen vielleicht auf die eine Stillmahlzeit reduzieren, die für das Kind wirklich wichtig ist, wahrscheinlich diejenige beim Zubettgehen oder am frühen Morgen. Diese letzte Stillmahlzeit behält es vielleicht noch für einige Monate bei. Beim Zubettgehen könnte Ihr Partner helfen, indem er das Kind für einige Wochen ins Bett bringt, bis es das übliche Stillen vergessen hat. Wenn das Baby dabei nach Ihnen schreit, könnte Papa mit ihm spazieren oder ausfahren gehen, in der Hoffnung, dass es dabei einschläft.

Will ein grosser Reiter werden ...

Wenn alles zuviel wird

Manchmal, wenn das Baby zwischen sechs Monaten und einem Jahr alt ist, kommt es vor, dass eine berufstätige Mutter plötzlich das Gefühl hat, dass sie am Ende ist. Obwohl alle denken, wie wunderbar sie alles vereinbart, hat sie das Gefühl, dass sie keine Sekunde länger so weitermachen kann. Schliesslich ist sie 24 Stunden am Tag auf Abruf. All ihre Tätigkeiten und die meisten ihrer Gedanken drehen sich um die Bedürfnisse von anderen Personen. Ihr Tag ist bis in die letzte Minute durchgeplant. Sie hat in der letzten Woche nicht mehr als 20 Minuten für sich selber gehabt und

Kapitel 7 Zurück am Arbeitsplatz

dabei übertreibt sie nicht (wie ihre Umgebung denkt …). Eines Abends ist sie schliesslich in Tränen aufgelöst und überzeugt, dass sie es nicht mehr schafft: „Ich kann nichts mehr für irgend jemanden tun. Ich kann keine einzige Aufgabe mehr übernehmen."
Dazu kommt noch, dass genau jetzt, wo sie sich daran gewöhnt hätte, für ein kleines Baby zu sorgen, dessen Bedürfnisse zwar intensiv aber doch relativ einfach waren – Nahrung, Körperkontakt, saubere Windeln und Liebe – sich die Situation mit dem älteren Kind ganz anders darstellt. Es hat nun einen eigenen Willen und die Möglichkeit sich selbst fortzubewegen. Das bedeutet, dass sie dauernd auf den Beinen ist, da das Baby alles, was es erreichen kann, mit seinen Händen und seinem Mund untersucht. Sie hatte gedacht, dass sie sich ans Muttersein gewöhnt hat und realisiert nun, dass eine ganz andere Phase an der Reihe ist und noch viele folgen werden.
Die Realität der Mutterschaft kann tatsächlich überwältigend sein; das Leben hat sich unwiderruflich geändert. Irgendwann wird es wieder einfacher werden, aber im Moment hilft es vor allem, die jetzige Situation zu akzeptieren, wie sie ist: Sie können nicht mehr mit einer Zeitschrift aufs Sofa liegen, wenn Sie nach Hause kommen. Sie können nie mehr ganz sicher sein, ob nicht alle Ihre Pläne über den Haufen geworden werden, weil Ihr Baby Fieber hat, oder weil die Betreuerin heute unerwartet nicht zur Verfügung steht. Sie haben keine völlige Kontrolle mehr über Ihr Leben – und dies kann dauern bis Ihre Kinder erwachsen sind.
Obwohl es allen Müttern so gehen kann, ist diese Zeit eine besondere Herausforderung für Berufstätige. Wenn Sie daran gewöhnt waren, in Ihrem Beruf alles unter Kontrolle zu haben, dann müssen Sie sich jetzt, wie alle Eltern, damit abfinden, dass Kinder unkontrollierbar sind; sie sind ihre eigenen Persönlichkeiten. Nicht mehr alles im Griff zu haben, ist frustrierend und nicht einfach. Viele Menschen reagieren darauf, indem sie mehr Kontrolle auszuüben versuchen.
Beim Elternsein ist allerdings Kontrolle nicht immer die Antwort. Sie merken vielleicht, dass Krisen und Unvorhergesehenes mit Flexibilität und Humor besser zu bewältigen sind. Dies braucht Übung und Offenheit. Wenn Sie die Flexibilität haben zu sagen: „Also gut, gehen wir zu Plan B", oder sogar: „Überlegen wir unterwegs, was zu machen ist", ist dies zu Hause und am Arbeitsplatz hilfreich. Beim Stillen lernen Sie dies – oder wie oft haben Sie nicht schon gedacht: „Gut, wenn diese Position nicht funktioniert, versuchen wir es anders", oder auch: „Ich dachte, du hättest genug, aber wenn du nochmals an die Brust möchtest, ist dies auch gut"?

Wenn Sie zuwenig Zeit für sich selbst finden, geht dies mit dem Gefühl von Überforderung einher. Es ist einfacher, flexibel zu sein, wenn Sie hie und da eine Pause für sich nehmen können. Finden Sie heraus, wie Sie effizienter arbeiten und Ihr Leben vereinfachen können, sodass Sie mehr Zeit für das haben, was Sie gerne tun. Eine berufstätige Mutter kann dafür sogar mehr Gelegenheiten haben, als eine Mutter zu Hause. Sie hat eine tägliche Mittagspause – eine ganze Stunde um zu tun, was sie will. Viele berufstätige Mütter sagen, dass es einer der grossen Vorteile des Erwerbslebens ist, dass sie am Arbeitsplatz die Toilette aufsuchen können, wann immer sie wollen – und dabei sogar die Tür abschliessen!

Wenn eine Krise bei Ihnen eintritt, suchen Sie sich andere Mütter, um mit ihnen zu sprechen. Diese wissen nämlich, dass es stimmt, wenn Sie sagen, dass Sie letzte Woche nur 20 Minuten für sich selbst gehabt haben. Mit der Unterstützung Ihrer Freundinnen kann diese Krise eine zwar intensive, aber vorübergehende Phase der Neuorganisation Ihres Lebens sein.

Überforderte Eltern überfordert die Kinder.

Es ist aber auch möglich, dass Stress dazu führt, Ihre Entscheidung nochmals zu überdenken. Vielleicht wollen Sie gar nicht Vollzeit arbeiten. Lesen Sie ab Seite 201 für Ideen, wie Sie die Erwerbstätigkeit besser in Ihr Leben integrieren können. Ob die Krise nur eine vorübergehende Phase ist oder ob Sie wirklich etwas ändern müssen, das Gefühl nicht mehr zu können, ist immer ein Signal dafür, dass Sie auf Ihre Bedürfnisse achten müssen, bevor Sie dies für andere tun können.

Das Leben zu Hause bewältigen

„Wie soll ich auch noch gut für mich sorgen, wenn mir schon alles andere zuviel ist?" Das ist eine Frage, die sich viele berufstätige Mütter stellen. Suchen Sie zu Hause nach Möglichkeiten, sich fünf- oder zehnminütige Pausen zu verschaffen. Deborah Shaw Lewis, Autorin von ‹Motherhood Stress›, schreibt, dass diese Minipausen „goldene Momente" sind, die fast immer unerwartet kommen. Sie können sie oft nicht planen, aber Sie müssen darauf vorbereitet sein. Plötzlich realisieren Sie, dass das Baby schläft, dass alle Kinder ein Spiel machen oder dass es im Haus ganz still ist. Entspannen Sie sich und profitieren Sie bewusst von solchen Situationen.

Kapitel 7 Zurück am Arbeitsplatz

Versuchen Sie zu vermeiden, dass ausgerechnet Ihr liebstes Hobby in diesem anstrengenden ersten Jahr vernachlässigt wird. Sie können auch jetzt im Garten arbeiten, musizieren oder wandern, ob das Baby schläft oder nicht. Setzen Sie es in eine Tragevorrichtung und tun Sie, was Ihnen am Herzen liegt. Eine Mutter übt jeden Abend Klavier, während ihr sechs Monate altes Kind auf ihrem Rücken sitzt und gebannt den tanzenden Fingern zuschaut, die so wunderbare Töne hervorbringen.

Um Zeit zu sparen, achten Sie darauf, wo es möglich ist, zwei oder mehr Dinge gleichzeitig zu tun. Putzen Sie die Küche oder falten Sie Wäsche, während Sie telefonieren (schnurlose Telefone sind eine grosse Hilfe). Während Sie am Postschalter, an der Tankstelle, in der Apotheke oder im Supermarkt warten, stellen Sie Ihre Einkaufsliste zusammen, schreiben Sie eine Postkarte oder führen Sie Ihre Agenda nach. Machen Sie etwas Stretching während die Kinder im Park spielen. Mit dem Baby auf dem Rücken können Sie kochen, telefonieren, Wäsche bügeln oder aufräumen. Auch am Computer können Sie auf diese Art viel erledigen. Ihr Baby ist vielleicht genau so fasziniert durch die Bewegungen Ihrer Finger auf der Tastatur und die flackernden Punkte auf dem Bildschirm wie das Kind der Klavierspielerin.

Kinder helfen gerne mit.

Eine hohe Produktivität ist zwar sehr befriedigend, lassen Sie es aber auch zu, dass manchmal Dinge liegen bleiben. Wenn Sie dauernd an alles denken, was noch nicht getan ist, machen Sie sich kaputt. Wenn ein Bett nicht gemacht ist oder eine Besorgung nicht erledigt, was solls. Das Bett wird ohnehin am Abend wieder benutzt und die Besorgung können Sie nächste Woche machen. Achten Sie darauf, wie oft Sie zu sich selbst sagen „Ich sollte noch dies oder jenes tun", und versuchen Sie diese Gedanken zu stoppen. Sie tun „dies oder jenes" jetzt nicht und sollte es dann wirklich nötig sein, dann werden Sie es – vielleicht – später tun.

Vereinfachen Sie Ihren Alltag. Listen Sie einmal auf, was Sie in einer Woche alles tun und wofür Sie verantwortlich sind. Was könnte weggelassen werden, was könnte jemand anderes tun oder was könnten Sie auf später verschieben? Schalten Sie

Ihren Telefonbeantworter ein und nehmen Sie nur die wichtigen Anrufe entgegen. Lassen Sie Ihre Telefonnummer für Telefonverkäufe sperren. Hängen Sie eine Einkaufsliste an einen gut sichtbaren Platz, sodass Sie, Ihr Partner oder die älteren Kinder jederzeit aufschreiben können, wenn etwas gebraucht wird. Kaufen Sie mit der Liste ein. Verwenden Sie einen Hauslieferdienst, wenn es in Ihrer Gegend einen gibt; die Kosten dafür sind in der Regel gering. Leisten Sie sich einen grossen Gefrierschrank, damit Sie genügend Platz für vorgekochte Menus und Vorräte haben.

Nehmen Sie die Hausarbeit, die Sie täglich so nebenbei erledigen, nicht auf die leichte Schulter. Für wie viele der folgenden Arbeiten sind primär Sie selbst zuständig? Putzen, Aufräumen, das Baby baden, Geschirr spülen, den Babysitter organisieren, Arztbesuche arrangieren, die Kinder zur Schule und zur Tagesbetreuung fahren, Mahlzeiten kochen und zum Mitnehmen vorbereiten, Kleider für die Kinder kaufen, an Geburtstage denken und Geschenke kaufen, Haustiere füttern und erziehen, den Garten besorgen, die Zimmerpflanzen giessen, die Wäsche machen, Einkaufen, das Haushaltbudget machen, mit der Krankenkasse abrechnen, Haushaltvorräte überwachen, Rechnungen bezahlen, Briefmarken besorgen, Menus planen, Kinderbesuche organisieren, Post öffnen und beantworten, den Kontakt mit Freunden und Ihre Beziehung zum Partner pflegen. Das meiste oder alles davon ist Ihre Aufgabe, oder? Und sehr wahrscheinlich könnten Sie bei dieser Schwindel erregenden Liste noch ein paar weitere Dinge anfügen.

Jetzt sind pflegeleichte grössere Kinder gefragt.

So vieles von der harten beständigen Haus- und Betreuungsarbeit einer Mutter ist unsichtbar, vor allem wenn es gut gemacht wird. Abgesehen von gesunden und glücklichen Kindern gibt es kein Produkt, das Sie für Ihre Anstrengungen vorweisen könnten und wirkliche Anerkennung können Sie auch dafür nicht erwarten. Schreiben Sie eine Liste mit allem, was Sie tun – Babypflege, Haushaltarbeiten und die Erwerbstätigkeit – und lesen Sie diese jedes Mal durch, wenn Sie das Gefühl überfällt,

Kapitel 7 Zurück am Arbeitsplatz

> «Es ist gut,
> ein Ende der Reise zu sehen;
> aber schliesslich
> ist es die Reise,
> die am Ende zählt.»

Sie hätten nichts getan. Damit machen Sie sich bewusst, wie viel Sie in Wirklichkeit täglich leisten. Hängen Sie die Liste an den Kühlschrank, sodass andere, vor allem Ihr Partner, sehen können wie viel Arbeit Sie in die Betreuung der Familie und des Haushalts stecken. Was davon könnte er übernehmen?

Und lernen Sie, den Augenblick zu geniessen und im Moment zu leben. Die Jahre, in denen Ihre Kinder klein sind, gehen schnell vorbei, aber sie hinterlassen wichtige Spuren bei Ihnen selbst und bei den Kindern. Geniessen Sie diese Zeit, während sie dauert. Viel zu schnell werden Ihre Kinder erwachsen sein.

Am Arbeitsplatz

Mutter zu werden, kann Sie am Arbeitsplatz sehr effizient machen. Schliesslich können Sie es sich nicht leisten, bis abends um sieben oder acht Uhr im Büro herumzuhängen, um noch an den letzten unwichtigen Details eines Projekts zu feilen oder mit Kolleginnen zu schwatzen. Dank Ihrer Effizienz, die Sie sich zu Hause angeeignet haben, werden Sie Ihre Aufgaben in kürzerer Zeit erledigen. Bürotratsch wird zur Seltenheit, weil Sie dafür keine Zeit verschwenden können und wollen.

Der Tagesplan einer erwerbstätigen Mutter kann tyrannisch sein. Wenn Sie um 7.45 Uhr nicht aus dem Haus und auf dem Weg zur Tagesmutter sind, dann werden Sie (schon wieder) zu spät zur Arbeit kommen. Sie haben genau 15 Minuten zur Verfügung um nach Arbeitsschluss zur Tagesmutter zu fahren, sonst werden Sie (schon wieder) zu spät sein, um das Kind abzuholen. Viele Mütter finden, dass die Hauptursache für Stress all die Situationen sind, in denen etwas nicht ganz klappt, zum Beispiel, wenn sie nur noch fünf Minuten haben, um das Kind rechtzeitig abzuholen, anstatt der notwendigen fünfzehn. Schon diese fehlenden zehn Minuten allein (und im Feierabendverkehr werden leicht noch mehr daraus!) reichen für einen ganzen Tag. Das mangelnde Einfühlungsvermögen anderer Leute kann noch ein Übriges dazu beitragen. Wenn Sie die verlängerte Sitzung zu früh verlassen müssen, nur um trotzdem 10 Minuten zu spät in der Kinderkrippe zu sein, dann haben Sie an beiden Enden mit negativen Reaktionen zu rechnen.

Versuchen Sie den Zeitbedarf für solche täglich mehrmals vorkommenden Übergänge realistisch einzuschätzen und planen Sie noch einige Minuten dazu. Andere Menschen erwarten vielleicht, dass Sie zu einer bestimmten Zeit an einem bestimmten Ort sind, aber Sie müssen in der Lage sein, so viel wie möglich nach Ihrem eigenen Plan vorzugehen, um den täglichen Stress zu reduzieren. Wenn irgend machbar, ist eine flexible Arbeitszeit eine ideale Möglichkeit um diese Autonomie zu erreichen. Entschuldigen Sie sich nicht, wenn Sie gehen, während andere Überzeit machen; sagen Sie einfach, dass Sie zu einer bestimmten Zeit in der Krippe sein müssen. Zu verschweigen, dass Sie Mutterpflichten haben, ist weder für Sie und Ihr Baby, noch für Ihre MitarbeiterInnen gut. Arrangieren Sie auch mit der Betreuungsperson des Kindes flexible Zeiten, sodass sie sich nicht ärgert, wenn Sie hin und wieder zu spät kommen. Bieten Sie an, dass Sie für diese Flexibilität bezahlen, auch wenn Sie diese schliesslich nicht in Anspruch nehmen müssen. Sie sollten sich auf Ihr Baby konzentrieren können, wenn Sie es bringen und abholen und nicht auf einen Konflikt mit der Betreuerin.

Auch wenn Sie effizienter sind und bessere Arbeit leisten als je zuvor, spüren Sie vielleicht trotzdem, dass Sie weniger Ernst genommen werden als früher. Vielleicht kommt es daher, weil Sie punkt 5 Uhr gehen oder weil Sie flexible Arbeitszeiten haben oder sogar Teilzeit arbeiten. Ihre zeitweilige Abwesenheit für das Pumpen hinterlässt bei den Kollegen einen nachhaltigeren Eindruck, als wenn jemand anderes immer wieder für eine Zigarettenpause verschwindet. Und vielleicht zweifeln manche Leute ganz einfach an Ihrem Einsatz, weil Sie nun Mutter sind.

> **Sie sind eine ebenso gute Arbeitskraft als Mutter, wenn nicht sogar eine wertvollere!**

Sie können gegen diesen Eindruck ankämpfen, ohne dass Sie Ihre Mutterschaft verleugnen. Machen Sie eine Auflistung all der Projekte, die Sie abgeschlossen haben und legen Sie jedem, der irgendwie damit zu tun hat, eine Kopie davon auf den Tisch. Wenn Ereignisse in der Familie eine Änderung Ihrer Pläne am Arbeitsplatz notwendig machen, schlagen Sie selbst verschiedene Lösungsmöglichkeiten vor. Wird Ihr Baby krank und Sie müssen es zu Hause betreuen, rufen Sie am Arbeitsplatz an, um laufende Projekte zu besprechen. Wenn Sie wissen, dass Sie für einige Tage ausfallen, lassen Sie einen Stapel erledigter Arbeit auf Ihrem Tisch und organisieren Sie jemanden, der Ihre Verantwortlichkeiten übernimmt.

Kapitel 7   Zurück am Arbeitsplatz

Es ist normal, sich manchmal durch die Herausforderung, Beruf und Mutterschaft zu verbinden, entmutigt zu fühlen. Denken Sie aber an alles, was Sie während dieser herausfordernden Zeit Ihres Lebens lernen und gewinnen können. Schätzen Sie die zusätzlichen Möglichkeiten, die sich dadurch für Sie und Ihre Familie ergeben. Erstens bringt es Ihnen Einkommen. Weiter gibt Ihnen die Arbeit auch Befriedigung (und die finanzielle und soziale Anerkennung dafür) – etwas, das Mütter zu Hause häufig vermissen. Der Beruf gibt Ihnen die Möglichkeit, täglich mit Erwachsenen zusammen zu sein. Gespräche mit Kolleginnen können entspannend und lustig sein, auch dies vermissen andere Mütter häufig.

Achten Sie aber auch darauf, wie die Arbeit als Mutter Ihre bezahlte Arbeit bereichert. Jede erwerbstätige Person könnte von den Erfahrungen profitieren, die sie als Mutter machen. Katherine Ellison schreibt in ihrem Buch ‹The Mommy Brain: How Motherhood Makes Us Smarter›: „Welche Fähigkeiten, die für die meisten Berufe wichtig sind, kann eine erfahrene Mutter für sich beanspruchen? Ich nenne die vier wichtigsten: die Fähigkeit unter Druck mehrere Aufgaben gleichzeitig zu koordinieren, Zuverlässigkeit, Führungsqualitäten und Achtsamkeit für andere." Ellison zitiert eine Studie (Wellesley College 2003) über weibliche Führungskräfte, von denen 20 % ihr Leben als Mutter als wichtiges Training für ihre Führungsqualität betrachteten. 40 % bezeichneten den Führungsstil ihrer am meisten geschätzten Kollegin als ähnlich wie der einer Mutter. Jede erfahrene Mutter weiss, wie sie ihre Zeit effizient gebrauchen kann, wie sie Prioritäten setzt, wie sie delegieren, zuhören und motivieren kann, zusammenarbeiten, zuverlässig sein, gelassen mit Krisen umgehen und vor allem ruhig und positiv sein kann. Jede erfahrene Mutter kann sechs oder mehr Dinge gleichzeitig und gut tun. Jede Person, die mit einem Kind ein Diktat geübt hat, dazu die Küchenkombination geputzt, die Geschirrspülmaschine beladen, einen Streit geschlichtet, das Telefon beantwortet, dabei geistig die Liste für den nächsten Einkauf durchgegangen ist, einem Kleinkind den angestossenen Zehen geküsst (und mit dem neuen Heftpflaster mit den Comicfiguren verbunden hat) und festgestellt hat, dass der Hund Wasser braucht – all das während den gleichen 15 Minuten – ist bestens vorbereitet für einen anspruchsvollen Job. Tauchen Sie ein in diese herausfordernde Lebensaufgabe. Sie werden stärker und fähiger daraus hervorgehen, als Sie je geglaubt haben.

Wenn Ihr Baby krank ist

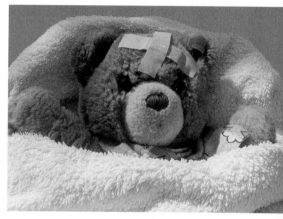

Krankes Bärchen

Alle berufstätigen Eltern fürchten die Situation, am Morgen aufzuwachen und festzustellen, dass das Kind Fieber hat oder erbricht und nicht zur Tagespflege gehen kann. Die Lösungen sind unterschiedlich. Manche Paare können sich die Aufgaben teilen – der eine geht so früh wie möglich arbeiten und kommt mittags nach Hause, während der andere dann geht und abends länger macht. Wenn Ihre Arbeit es Ihnen erlaubt, mit E-Mail und Telefon zu funktionieren, können Sie vielleicht an zwei Orten zur gleichen Zeit sein. Ihre zugestandenen Krankheitstage sollten auch für die Tage gelten, wenn Ihre Kinder krank sind und nicht nur wenn Sie selbst sich nicht wohl fühlen. (Da können die Arbeitsregelungen aber divergieren!) Vielleicht haben Sie auch eine Betreuung für solche Notfälle. Manchmal kann eine Grossmutter helfen, nur zu oft aber geht auch sie arbeiten oder lebt zu weit weg. Ein krankes Kind möchte meistens die Eltern um sich haben. Ein gestilltes Kind kann vielleicht nur durch Stillen getröstet werden. Auch ein älteres Baby, das schon Beikost bekommt, will während solcher Tage oft nur Muttermilch.

Wenn Ihr Kind plötzlich krank ist, versuchen Sie den Überblick zu behalten. Geben Sie nach. Nehmen Sie den Tag frei, um Ihr Kind zu halten und zu stillen. Wenn es eine Infektion bekämpfen muss, braucht es die Extra-Stillmahlzeiten und die Nähe, um so schnell wie möglich gesund zu werden.

Eine Mutter: „Meine Prioritäten richtig zu setzen und mir selbst treu zu bleiben, gibt mir inneren Frieden, wenn auch nicht immer Glück. Entschuldigen Sie sich bei niemandem; so ist das Leben eben."

Geben Sie Ihrem kranken Kind niemals Fieber senkende Mittel und schicken es in die Krippe „weil es ja ohnehin fast nur schlafen wird". Sie wollen schliesslich vermeiden, dass die anderen Kinder angesteckt werden. Eltern, die wissentlich kranke Kinder in die Tagesstätte bringen, verhalten sich Betreuerinnen und anderen Kindern gegenüber unfair.

Kapitel 7 Zurück am Arbeitsplatz

Das Kind zur Arbeit mitnehmen

Vielleicht haben Sie auch die Möglichkeit, Ihr Kind zur Arbeit mitzubringen. Je nach Arbeitsstelle (wie eine Fabrik, ein Krankenhaus, Laboratorium, Laden oder Restaurant) ist dies eher unwahrscheinlich. Aber wenn Sie in einem Büro oder einem anderen sicheren privaten Arbeitsplatz beschäftigt sind, kann dies eine Option sein, jedoch nur solange das Kind eine zwar harmlose, aber für andere Kinder ansteckende Krankheit hat (zum Beispiel eine Bindehautentzündung) oder wenn es gesund ist und seine Betreuerin einen freien Tag nimmt. Sie könnten auch mit dem Baby an den Arbeitsplatz kommen, um die Arbeit nach Hause zu nehmen, die Sie erledigen werden, wenn es schläft.

Nicht nur Büroarbeit ist mit Kind zu bewältigen.

Ist das Kind nicht sehr krank, wird es vielleicht schon zufrieden sein, wenn es bei Ihnen sein kann. Wie zu Hause können Sie es in eine Tragevorrichtung packen, während Sie Ihrer Tätigkeit nachgehen. Oder bringen Sie einen Kindersitz und ein paar interessante Spielsachen mit und lassen Sie es auf dem Boden spielen. Weil Sie sich bemüht haben, eine sichere Bindung aufzubauen, ist die Wahrscheinlichkeit viel grösser, dass es in Ihrer Nähe zufrieden für sich selber spielt, als ein Kind, das nie genug von seiner Mutter bekommt.

Selbständig tätige Mütter oder solche, die für ihre Firma von zu Hause aus arbeiten, sind meistens Meisterinnen darin, Arbeit und Betreuung zu vereinbaren. Ihre Erfahrungen bieten praktische Tipps für jede berufstätige Mutter: „Sobald mein Partner aus dem Haus ist, gehen ich und mein Baby an die Arbeit", sagt eine selbständige Grafikdesignerin. „Wenn es wach ist, lege ich es auf seine Spieldecke oder ins Tragtuch und verwende diese Zeit, um am Telefon mit Kunden oder Lieferanten zu sprechen. Sobald es schläft, gehe ich an meinen Zeichnungstisch und tue die Arbeit die Kreativität und intensive Konzentration verlangt. Ich weiss, dass ich gewisse Arbeiten erledigen kann, wenn es wach ist und andere nur, wenn es schläft oder wenn mein Mann zu Hause ist. So richte ich mich nach seinem Rhythmus und bin darauf vorbereitet, meine Pläne jederzeit umzustellen."

Eine Werbefachfrau arrangiert ihre Arbeit ebenfalls rund um die Bedürfnisse ihres Kindes. „Ich strukturiere meine Zeit so: Am Morgen, wenn sie wach und beschäftigt ist, erledige ich die Arbeit mit dem schnurlosen Telefon. Nach dem Mittagessen macht sie ihr Schläfchen und ich sitze am Computer und mache die Arbeit, die mehr Konzentration erfordert." Eine Verlegerin steht um vier Uhr früh auf und macht ihre anspruchsvollste Arbeit bis um sechs, wenn das Baby erwacht. Was immer im Lauf des Tages noch geschieht, das Wichtigste ist schon vor dem Frühstück erledigt.

Das Stillen hilft Ihnen bei der Arbeit. Eine Mutter, die in der Stadtplanung tätig ist, sagt dazu: „Was das Einbeziehen eines acht Monate alten Babys in die Berufsarbeit betrifft, vermute ich, dass dies viel einfacher ist, wenn man stillt. Wenn meine Kleine sich nicht mehr selbst beschäftigen wollte, konnte ich sie stillen und daneben weiter arbeiten. Ich bin deshalb sehr geübt im einhändigen Schreiben am Computer. Jetzt wo meine Tochter ein Kleinkind ist, nehme ich sie immer noch überall hin mit und halte sie wann immer möglich. Sie hat gelernt, dabei zu sein und auf meinem Schoss oder im Tragtuch zu sitzen, wenn ich arbeite. Es ist die körperliche Nähe, die sie braucht."

Wenn Ihr Baby Ihre Arbeit als Gelegenheit zur Nähe wahrnimmt und nicht als eine Aktivität, die Sie von ihm wegnimmt, wird es ihm viel eher reichen, wenn es einfach in Ihrer Nähe sein kann, ohne dass es ständig Ihre ungeteilte Aufmerksamkeit nötig hat. So behandelte Babys stören selten, und wenn, dann nur, weil Ihnen wirklich ernsthaft etwas fehlt.

Mutterschaft und Beruf vereinbaren

„Am Wichtigsten bei der Aufgabe, Beruf und Muttersein zu vereinbaren", sagt eine freischaffende Journalistin, „ist, dass Sie sich nicht von vornherein auf Misserfolg einstellen, indem Sie sich über sich selbst oder das Kind ärgern, sich frustriert fühlen und sich Sorgen und Schuldgefühle machen. Konzentrieren Sie sich auf die Dinge, die Sie erledigen konnten, nicht auf eine Pendenzenliste, die nur im Idealfall abzuarbeiten möglich ist. Das Auf und Ab ist produktiver als Sie denken." Dies ist das Geheimnis – das Wissen, dass Sie mit der Flut mitgehen müssen, dass dies oft produktiver ist, als wenn Sie sich anstrengen, bestimmte Zeiten für bestimmte Aufgaben einhalten zu können. Beides sind wichtige und gute Methoden zum Arbeiten. Ob Sie produktiv arbeiten können, während Sie Ihre Kinder betreuen, hängt ebenso von Ihrer Einstellung gegenüber Ihrer Erwerbstätigkeit ab, wie davon, ob Sie Ihre Kinder bei Laune halten können. Seien Sie flexibel darin, wann und wie und wo Sie arbeiten und Sie werden vielleicht feststellen, dass Sie schliesslich ebenso viel geleistet haben, als wenn Sie einen fixen Tagesplan eingehalten hätten.

Eine Mutter, die für eine Nonprofit-Organisation arbeitet, betont, dass es auch für Kinder ein Gewinn sein kann, wenn sie am Berufsleben der Eltern teilhaben. „Mein heute 28 Monate alter Sohn hat mich zur Arbeit begleitet, seit ich drei Monate nach der Geburt wieder eingestiegen bin. Es hat sich auf mancher Ebene bewährt. Ich konnte ihn stillen, bis wir beide bereit waren, damit aufzuhören; ich bin ständig im Kontakt mit meinem Sohn und er mit mir. Er erlebt die verschiedenen Leute, die in mein Büro kommen und sieht, wie ich mit ihnen umgehe und er sieht aus erster Hand was ich tue – und jetzt kann er mir schon manchmal etwas helfen."

Eine Landschaftsarchitektin bestätigt dies: „Heutige Kinder leben sehr isoliert von der Arbeitswelt. Als Feministin war ich immer der Meinung, dass es für meine Kinder wichtig ist, mich an der Arbeit zu sehen. Ich habe sie, wann immer möglich, zu Sitzungen mitgenommen, vor allem wenn es um meine Gemeinde ging. Ich lege Wert darauf, dass sie lernen, sich dort ebenfalls zu engagieren, wenn sie erwachsen werden." Weiter fügt sie an: „Mein Fünfjähriger ist daran gewöhnt, er ist zufrieden damit, ruhig daneben zu zeichnen und weiss genau, dass für ihn gilt, niemals Mama zu unterbrechen, wenn sie am Argumentieren ist."

Wie die Söhne und Töchter von Bauern, Ladenbesitzern und anderen selbständig Erwerbenden durch alle Zeiten, sehen sich Kinder, die am Erwerbsleben der Eltern teilnehmen können, weniger als Abhängige, denn als Partner, die so viel zur Arbeit beitragen, wie es ihr Alter und ihre Fähigkeiten erlauben. Für diese Kinder ist es ebenso normal, Verantwortung zu übernehmen, wie Laufen zu lernen. Für ihre Mütter ist die Arbeit nicht etwas, das sie von ihren Kindern trennt – und die Kinder trennen sie nicht von der Arbeitswelt.

Wenn Sie Ihr Bild davon revidieren, wie die Arbeit und das Muttersein in Ihr Leben passen sollten, kann dies denselben Unterschied machen, wie wenn Sie anders arbeiten könnten. Das künstliche Aufteilen Ihres Lebens in verschiedene Bereiche – Mutter, Partnerin, Berufsfrau, Freundin und Sich-selbst-Sein (mit unterschiedlichen Standards für jeden Bereich) – kann letztlich nur zu Verzweiflung und Erschöpfung führen. Vielleicht haben Sie das Gefühl, dass Sie in keiner dieser Rollen Ihren eigenen Massstäben gerecht werden oder dass Erfolg in einem Bereich immer auf Kosten eines anderen geht. Perfektionismus, auch wenn er Sie vielleicht dahin gebracht hat, wo Sie jetzt sind, hilft Ihnen im Moment nichts. Vertauschen Sie ihn mit Flexibilität. Lernen Sie vom Muttersein (angefangen mit dem Stillen), dass Sie mit Mutterschaft und Beruf nicht jonglieren, einen Bereich abschütteln oder beide im Gleichgewicht halten müssen, sondern dass Sie beides vereinen können.

Genuss

Eine stillfreundlichere Welt

Kapitel 8

Eine stillfreundlichere Welt – jede stillende, berufstätige Mutter kann dazu beitragen

Was hat es eigentlich mit dem Leben einer Frau und Mutter auf sich, dass es immer von irgendwem kritisiert werden kann? Ganz egal, welchen Lebensstil wir wählen, welche Sprache wir sprechen, was immer wir tun, irgendwo wird immer jemand sich berufen fühlen, uns zu beurteilen. „Berufstätige Mutter", „Feminismus", oder sogar „Stillen" – vielleicht gibt es kaum andere Bezeichnungen, die mehr kalte Aburteilung unserer persönlichen Lebensstils hervorrufen.

Wenn Sie auf dem Weg zurück ins Arbeitsleben sind, neu ausgestattet mit dem Status als berufstätige und stillende Mutter, realisieren Sie plötzlich, dass Sie im Zentrum mehrerer gesellschaftlicher Dauerdebatten stehen. Die Schlagzeilen, die Ihnen begegnen – hier eine neue Studie über Babys in Kinderkrippen, dort ein Forschungsergebnis zum Stillen – werden Sie persönlicher betreffen als je zuvor. Die endlosen Diskussionen über die richtige Auslegung des Begriffs Feminismus und die Frage, ob berufstätige Mütter nun der Sache einen Dienst leisten oder eben gerade nicht, stellen sich Ihnen in den Weg, wenn Sie es am wenigsten erwarten. „Ich möchte nur mein Baby besorgen, meinen nächsten Termin einhalten und etwas mehr Schlaf bekommen", sagt eine Mutter. „Ich kann wirklich im Moment nicht auch noch die Welt verändern."

> «Ich liebe mein Baby und ich liebe meinen Beruf. Muss ich zwischen beidem wählen?»

Und trotz allem, Sie *sind* daran, die Welt umzugestalten. Zusammen mit vielen anderen Frauen erwarten sie, dass Ihre beruflichen Fähigkeiten anerkannt werden, ohne dass Sie deshalb Ihre Rolle als Mutter verleugnen müssen. Dies hat unsere Kultur bereits verändert. Das Ziel ist noch fern, aber vielleicht sind wir doch schon ein paar Schritte weiter gekommen auf dem Weg zu einer humaneren Gesellschaft, in der Betreuungsaufgaben nicht einfach abdelegiert werden, sondern zu den Pflichten aller dazu fähigen Mitglieder gehören. Wenn solche Tätigkeiten einmal gleich hoch geschätzt werden wie andere Leistungen, dann wird das Leben von Müttern und Kindern wirklich viel einfacher und befriedigender sein.

Wenn wir unsere Fähigkeiten öffentlich einsetzen können, auch wenn wir Mütter sind, dann wird der Feminismus tatsächlich sein Ziel erreicht haben. Veränderungen beginnen immer mit einzelnen Menschen. Jede Frau kann dazu beitragen, dass sich die Art, wie Mütter am Arbeitsplatz wahrgenommen werden, wandelt. Jede Frau kann dazu beitragen, dass sich unsere Kultur ändert, die Bedürfnisse von Kindern anerkennt und den Eltern hilft, diesen nachzukommen, ohne dass sie dafür bestraft werden.

Als Erstes sollten wir uns abgewöhnen, Kinder in unseren Gedanken mit Störungen, geringer Produktivität und Unprofessionalität im Berufsleben gleichzusetzen. Dabei hilft es, wenn wir – anstatt zu versuchen, ein Kind möglichst „unabhängig" zu machen – eine tiefe Bindung zu ihm aufbauen. Stillen und die weiteren seit Urzeiten bewährten Betreuungsformen, helfen arbeitenden Müttern dabei, gefühlsmässig nahe bei ihm zu bleiben und seine subtilsten Bedürfnisse erfüllen zu können. Und ein Kind mit einer sicheren Bindung, das die Gewissheit hat, dass seine Bedürfnisse zuverlässig befriedigt werden, stört im Allgemeinen viel weniger, wenn wirklich einmal etwas anderes Vorrang hat. Ein solches Kind ist meist einfacher in der Erwachsenenwelt zu integrieren. Es ist keine mühsame Last, sondern ein angenehmer Gefährte für seine Eltern. Wenn immer mehr Leute am Arbeitsplatz dies realisieren, dann werden Kinder immer weniger als Bedrohung für effizientes Arbeiten wahrgenommen. Das Vorurteil wird widerlegt, dass Kinder und Arbeit sich in jedem Fall ausschliessen.

Ob Sie nun Ihr Kind täglich, nur gelegentlich oder überhaupt nicht zur Arbeit mitbringen, zeigen Sie, dass die Rolle einer Berufstätigen und diejenige einer Mutter sich nicht gegenseitig ausschliessen. Sprechen Sie so offen über Ihre Kinder und Ihr Leben als Mutter wie möglich. Sie

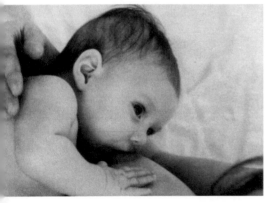

Jede stillende Mutter ändert das Gesicht der Welt.

wissen, dass Ihre Rolle als Mutter Ihre Arbeitsfähigkeit nicht beeinträchtigt. Ihre Mitarbeiterinnen werden dies auch herausfinden, wenn Sie ihnen Gelegenheit dazu geben. Es gibt einfache Möglichkeiten, sie immer wieder daran zu erinnern, dass Sie auch Mutter sind, nicht nur eine hervorragende Berufsfrau. Warum nicht einmal bei der Arbeit das Armband tragen, das Ihr Kleinkind Ihnen aus Pfeifenputzern und Plastikperlen gemacht hat? Rahmen Sie seine erste Zeichnung und hängen Sie diese neben Ihr Diplom an die Wand im Büro. Halten Sie Farbstifte und Babyspielzeug in Ihrem Pult bereit, wenn gelegentlich Kinder an Ihren Arbeitsplatz kommen. Erlauben Sie Ihren Mitarbeiterinnen und Vorgesetzten – oder sich selbst! – niemals, Ihre Rolle als Mutter geringer zu achten. Stattdessen zeigen Sie in Ihrem Arbeitsleben die Qualitäten, die Sie die Mutterschaft gelehrt hat: Mitgefühl, Zusammenarbeit, Flexibilität, Vertrauen in Ihren Instinkt, Ruhe in Krisen, Respekt für das Irrationale, die Fähigkeit, mehrere Dinge zur gleichen Zeit zu tun und die Kunst, die Leine vorübergehend locker zu lassen, ohne sie ganz aus der Hand zu geben.

Stillen in der Erwerbswelt aus den Kinderschuhen wachsen lassen.

Suchen Sie den Kontakt mit anderen Müttern an Ihrem Arbeitsplatz. Ändern Sie das soziale Klima, sodass diese auch das Gefühl bekommen, dass sie offen über ihr Muttersein sprechen können, ohne damit ihre professionelle Wirkung zu beeinträchtigen. Auch hier können einfache Dinge bedeutende Veränderungen bewirken: Bringen Sie ein Kleidungsstück mit, das Ihrem Baby zu klein geworden ist: „Kann jemand das brauchen? Es ist zu klein für Sammy und ich möchte es nicht wegwerfen." Fragen Sie nach anderen Kindern. Fragen Sie neue Mütter, wie es ihnen geht und ob Sie irgendwie behilflich sein können. Wenn Mitarbeiterinnen murren, weil jemand früher gegangen ist, um ein Kind abzuholen, betonen Sie wie produktiv diese Person ist und wie selten sie in der Pause länger sitzen bleibt. Geben Sie Informationen über das Stillen und Pumpen weiter. Früher besassen Mütter ein gemeinsames Wissen über das Muttersein. Heute leben Mütter oft isoliert von anderen und vor allem berufstätige Mütter vermissen den reichen Austausch von Unterstützung und Ratschlägen, die das Aufziehen von Kindern so viel einfacher macht. Ein Netz von berufstätigen Müttern in Ihrer Firma kann das Netz von Nachbarschaft und Familie ersetzen, wenn Sie beides nicht besitzen. Wenn Sie Ihre elterlichen Sorgen austauschen können, hilft Ihnen dies, besser und mit mehr Freude zu arbeiten – während Sie gleichzeitig gefühlsmässig nahe an Ihren Kindern bleiben. Natürlich können Sie auch Väter in Ihrem Netz einbeziehen, aber seien Sie nicht überrascht, wenn diese die täglichen Herausforderungen, denen eine Mutter gegenübersteht nicht ganz verstehen können. Allzu viele Väter haben immer noch wenig mit den Einzelheiten des Alltags ihrer Kinder zu tun – Extrakleidung und Windeln für die Krippe einpacken, daran denken, wann die Krippe schliesst, etwas arrangieren, wenn die Betreuung ausfällt, Arztbesuche und Kindernachmittage organisieren, gar nicht zu sprechen vom Pumpen und Transportieren von Muttermilch.

> Denken Sie immer daran: Mit Ihrer Einstellung als Eltern prägen Sie die Welt der Kinder von morgen.

Wenn es Ihnen gelingt, das soziale Klima so zu ändern, dass Eltern sich frei fühlen, einander gegenseitig zu unterstützen, kann sich der Status der Mütter in Ihrer Firma grundlegend verbessern. Eine Firma ist viel eher dazu bereit, Vorteile und Möglichkeiten für Angestellte mit Pflegepflichten in Betracht zu ziehen, wenn sie von einer überzeugten Gruppe von guten Mitarbeiterinnen dazu aufgefordert werden.

Firmen, die wirklich familienfreundlich sind, bieten neben der gewohnten Fünftagewoche mit Präsenzzeit von acht bis fünf, eine Vielzahl von Möglichkeiten an. Viele dieser Firmen sind führend in ihrem Gebiet, zum Teil auch, weil ihre Arbeitsbedingungen die besten und intelligentesten Angestellten anziehen. Ein Manager von IBM schreibt: „Work-Life-Balance ist ein speziell wichtiges Thema für unsere besten Leute …. und unsere Bemühungen in dieser Hinsicht wirken sich direkt darauf aus, ob wir gute Arbeitskräfte rekrutieren und halten können." Familienfreundliche Arbeitsbedingungen sind gut fürs Geschäft.

Als die amerikanische Zeitschrift ‹Working Mother› 1986 ihre erste Liste mit familienfreundlichen Firmen veröffentlichte, waren darauf nur 30 Namen. Gut zwanzig Jahre später bemühen sich Hunderte von Arbeitgebern um einen Platz auf der Liste der 100 besten Firmen für Arbeitnehmer mit Kindern oder anderen Betreuungsbedürftigen.

Welche Angebote wünschen Sie sich am meisten? Einen Stillraum zum Abpumpen? Gleitende Arbeitszeit? Die Möglichkeit, nach der Geburt schrittweise wieder einzusteigen? Das Recht, Krankheitsurlaub zu nehmen, wenn Ihr Kind krank ist? Einen verlängerten Mutterschaftsurlaub? Mit einer Gruppe von Kolleginnen mit Kindern an Ihrer Seite, stehen die

Möglichkeiten gut, dass Sie Ihre Wunschliste für den Arbeitsplatz realisieren können.

Und zu Hause? Wenn Sie einen Partner haben, der dazu bereit ist, einen ebenbürtigen Teil der Haus- und Betrcuungsarbeit zu übernehmen, wird dies Ihre Arbeitslast gewaltig verringern. Ihre Fähigkeit, ein Kind zu gebären und zu stillen, bedeutet nicht gleichzeitig, dass Sie auch das grössere Talent dazu haben, einzukaufen, zu putzen und die Wäsche zu machen. Wenn beide Elternteile wirklich verstehen, was es bedeutet Eltern zu sein und ein Heim zu haben, werden auch beide daran arbeiten, ihren Arbeitsplatz familienfreundlicher zu gestalten. In unserer Gesellschaft sind bedeutende Veränderungen möglich, wenn Einzelne dies wirklich wollen und daran arbeiten – und wer sollte mehr daran interessiert sein als Sie, die stillende berufstätige Mutter?

Siehst du?!

Gesetzliche Regelungen

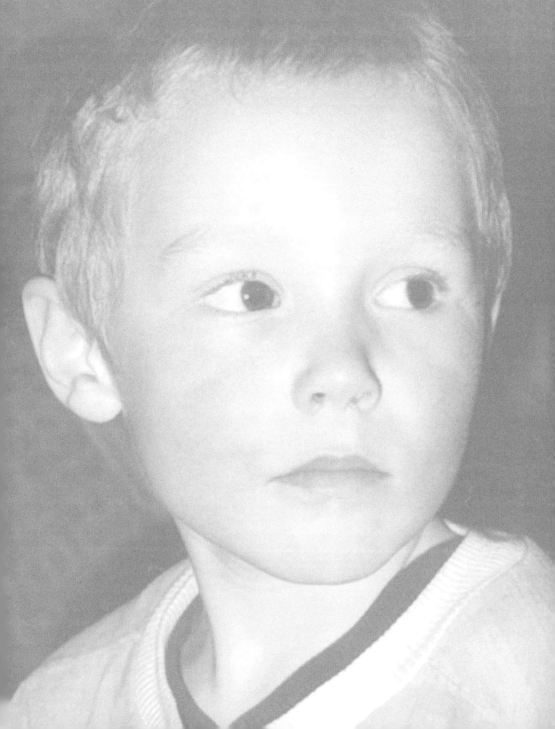

Anhang

Gesetzliche Regelungen für stillende Mütter in der Schweiz

Text: Christa Müller-Aregger

Erwerbstätige Mütter haben Anspruch auf einen bezahlten Mutterschaftsurlaub von 14 Wochen nach der Geburt. Die Höhe des Mutterschaftstaggeldes beträgt 80 % des durchschnittlichen Erwerbseinkommens, jedoch maximal Fr. 172.- pro Tag.
Im ersten Lebensjahr des Kindes darf die Mutter während der für das Stillen notwendigen Zeit der Arbeit fernbleiben. Auch für Stillende gilt: Es muss keine gefährliche oder beschwerliche Arbeit gemacht werden. Wenn der Arbeitgeber keine gleichwertige Ersatzarbeit anbieten kann, muss er der stillenden Mutter 80 % des Grundlohns bezahlen.
Wird das Kind im Betrieb gestillt, dann gilt im ersten Lebensjahr das Stillen als Arbeitszeit. Wird das Kind ausserhalb des Betriebs gestillt, dann gilt die Hälfte der Zeit als Arbeitszeit.
Die kantonalen Stillgelder sind weggespart worden.

Arbeitsgesetz ArG Art. 35

1   Der Arbeitgeber hat schwangere Frauen und stillende Mütter so zu beschäftigen und ihre Arbeitsbedingungen so zu gestalten, dass ihre Gesundheit und die Gesundheit des Kindes nicht beeinträchtigt werden.

2   Durch Verordnung kann die Beschäftigung schwangerer Frauen und stillender Mütter für beschwerliche und gefährliche Arbeiten aus gesundheitlichen Gründen untersagt oder von besonderen Voraussetzungen abhängig gemacht werden.

3   Schwangere Frauen und stillende Mütter, die aufgrund der Vorschriften von Absatz 2 bestimmte Arbeiten nicht verrichten können, haben

Anspruch auf 80 % des Lohnes, samt einer angemessenen Vergütung für ausfallenden Naturallohn, soweit ihnen der Arbeitgeber keine gleichwertige Ersatzarbeit zuweisen kann.

Arbeitsgesetz Verordnung 1, Art. 60
Arbeitszeit und Stillzeit bei Schwangerschaft und Mutterschaft

1 Schwangere Frauen und stillende Mütter dürfen nicht über die vereinbarte ordentliche Dauer der täglichen Arbeit hinaus beschäftigt werden, jedoch keinesfalls über 9 Stunden hinaus.

2 Für das Stillen im ersten Lebensjahr ist die Stillzeit wie folgt an die Arbeitszeit anzurechnen:

a. Stillzeit im Betrieb gilt als Arbeitszeit;

b. verlässt die Arbeitnehmerin den Arbeitsort zum Stillen, ist die Hälfte dieser Abwesenheit als Arbeitszeit anzuerkennen;

c. die übrige Stillzeit darf weder vor- noch nachgeholt werden, sie darf auch nicht anderen gesetzlichen Ruhe- oder Ausgleichsruhezeiten angerechnet werden.

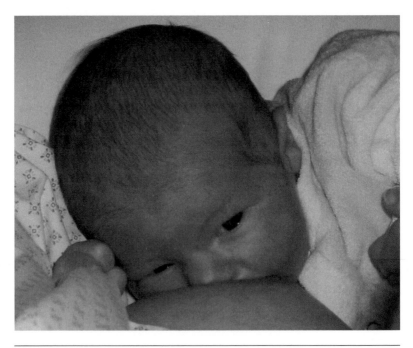

Gesetzliche Regelungen in Deutschland

Text: Denise Both

Aus dem Mutterschutzgesetz (Gesetz zum Schutz der erwerbstätigen Mutter, MuSchG)

Stillende Frauen haben demnach auf Verlangen Anspruch auf die zum Stillen erforderliche Zeit, mindestens aber zweimal täglich eine halbe Stunde oder einmal täglich eine Stunde. Bei einer zusammenhängenden Arbeitszeit von mehr als acht Stunden soll auf Verlangen zweimal eine Stillzeit von mindestens 45 Minuten oder, wenn in der Nähe der Arbeitsstätte keine Stillgelegenheit vorhanden ist, einmal eine Stillzeit von mindestens 90 Minuten gewährt werden. Die Arbeitszeit gilt als zusammenhängend, soweit sie nicht durch eine Ruhepause von mindestens zwei Stunden unterbrochen wird.
Durch die Gewährung der Stillzeit darf kein Verdienstausfall eintreten. Die Stillzeit darf von stillenden Müttern nicht vor- oder nachgearbeitet und nicht auf die in dem Arbeitsgesetz oder anderen Vorschriften festgesetzten Ruhepausen angerechnet werden.
Werdende und stillende Mütter dürfen nicht mit Mehrarbeit, weder in der Nacht zwischen 20 Uhr und 6 Uhr noch an Sonn- und Feiertagen beschäftigt werden. Ausnahmen (z.B. für Landwirtschaft, Gastronomie und Künstlerinnen) werden im §8 Absatz 3 geregelt.
Ausserdem dürfen stillende Mütter nicht mit schweren körperlichen Arbeiten und nicht mit Arbeiten beschäftigt werden, bei denen sie besonderen Gesundheitsgefahren ausgesetzt sind, zum Beispiel durch Strahlen, Staub, Hitze, Nässe, Erschütterungen oder Lärm. Verboten sind körperlich schwere Arbeiten wie Akkordarbeit am Fliessband und Heben und Fortbewegen von schweren Lasten (mehr als 5 Kilo).
Muss die Arbeitnehmerin gegebenenfalls aufgrund der durch den Arbeitsplatz bedingten Schutzmassnahmen vorübergehend versetzt werden, darf sie finanziell nicht schlechter gestellt werden: Lohn- und Gehaltsminderungen sind verboten.
Ein Problem des Mutterschutzgesetzes ist, dass es nicht für Hausfrauen, Selbstständige, Organmitglieder und Geschäftsführerinnen juristischer

Personen oder Gesellschaften gilt. Ausserdem gilt es nicht für Studentinnen, die vorgeschriebene Praktika ableisten und nicht für Adoptivmütter.

Elternzeit

In Deutschland können Eltern bis zu drei Jahre in die so genannte Elternzeit gehen. Der Anspruch auf Elternzeit ist unabhängig vom Anspruch auf Elterngeld.
Die Grundvoraussetzung für den Anspruch auf Elternzeit – Anspruch auf unbezahlte Freistellung von der Arbeit – ist ein bestehendes Arbeitsverhältnis. Während der Elternzeit besteht Kündigungsschutz.
Der Anspruch auf Elternzeit besteht bis zur Vollendung des dritten Lebensjahres des Kindes. Mit Zustimmung des Arbeitgebers lässt sich eine Elternzeit von bis zu einem Jahr auf den Zeitraum zwischen dem dritten und achten Geburtstag des Kindes übertragen. Die Elternzeit kann in zwei Abschnitte pro Elternteil aufgeteilt werden. Die Eltern können ihre Elternzeit ganz oder zeitweise auch gemeinsam nehmen. Diese wird dadurch weder verlängert noch verkürzt.
Die Elternzeit wird beim Arbeitgeber schriftlich angemeldet. Bei der Anmeldung ist ihm gleichzeitig verbindlich mitzuteilen, für welchen Zeitraum die Elternzeit innerhalb der nächsten zwei Jahre ab ihrem Beginn in Anspruch genommen wird. Ohne Zustimmung des Arbeitgebers lässt sich dieser Zeitplan nachträglich grundsätzlich nicht mehr verändern.

Elterngeld

Das Elterngeld löst das bisher einkommensabhängig bezahlte Erziehungsgeld ab.
Es beträgt 67 % des durchschnittlich nach Abzug von Steuern, Sozialabgaben und Werbungskosten vor der Geburt monatlich verfügbaren laufenden Erwerbseinkommens, höchstens jedoch 1800 € und mindestens 300 €. Nicht erwerbstätige Elternteile erhalten den Mindestbetrag zusätzlich zum bisherigen Familieneinkommen. Das Elterngeld wird an Vater und Mutter für maximal 14 Monate gezahlt; beide können den Zeitraum frei untereinander aufteilen. Ein Elternteil kann dabei höchstens zwölf Monate für sich in Anspruch nehmen, zwei weitere Monate gibt es, wenn in dieser Zeit Erwerbseinkommen wegfällt und sich der Partner an der Betreuung

des Kindes beteiligt. Alleinerziehende, die das Elterngeld zum Ausgleich wegfallenden Erwerbseinkommens beziehen, können aufgrund des fehlenden Partners die vollen 14 Monate Elterngeld in Anspruch nehmen.

Hilfreiche Broschüren herausgegeben vom Bundesministerium für
Familie, Senioren, Frauen und Jugend, 11018 Berlin,
www.bmfsfj.de
‹Mutterschutzgesetz›
Richtlinien:
‹Das Bundeserziehungsgeldgesetz – Erziehungsgeld, Elternzeit.›
Elterngeld und Elternzeit:
‹Das Bundeselterngeld- und Bundeselternzeitgesetz›

Gesetzliche Regelungen für stillende Mütter in Österreich

Text: Andrea Hemmelmayr und Katharina Depisch

Die Rechte einer stillenden Mutter sind in Österreich im Mutterschutzgesetz nachzulesen, das für alle unselbständig arbeitenden Frauen gilt, Beamtinnen haben daran angelehnte Bestimmungen.
Der Geltungsbereich des Mutterschutzgesetzes (MSchG) ist sehr weitgehend und gilt für alle Arbeitnehmerinnen (auch für nur geringfügig beschäftigte), unabhängig davon, ob sie in einem öffentlich-rechtlichen oder einem privaten Arbeitsverhältnis stehen, sowie für Lehrlinge und Heimarbeiterinnen. Teilweise abweichende Sonderbestimmungen gelten für Arbeitnehmerinnen, die im öffentlichen Dienst oder in privaten Haushalten tätig sind.
Die Bestimmungen des Mutterschutzgesetzes gelten nicht für Arbeitnehmerinnen, deren Arbeitsverhältnis dem Landarbeitsgesetz unterliegen und auch nicht für diejenigen, die in einem Dienstverhältnis zu einem Land, einer Gemeinde oder einem Gemeindeverband stehen, sofern sie nicht in Betrieben tätig sind.
Länder, Gemeinden und Städte mit eigenem Statut haben eigene Mutterschutzgesetze verabschiedet.
Da freie Dienstnehmerinnen und Werkvertragsnehmerinnen nicht vom Mutterschutzgesetz umfasst sind, gelten die im Folgenden beschriebenen Bestimmungen für sie nicht.
Das Mutterschutzgesetz gilt unabhängig von:
Staatsbürgerschaft, Alter der Arbeitnehmerin, Einkommen, Familienstand, Dauer des Arbeitsverhältnisses (mit Ausnahme der Bestimmungen über den Kündigungsschutz gilt das MSchG unabhängig davon, ob das Arbeitsverhältnis befristet oder auf Probe abgeschlossen wurde), Ausmass der Beschäftigung.
Generell gilt für jeden Arbeitgeber die Verpflichtung, auf das physische, psychische und soziale Wohl seiner Angestellten zu achten.
ArbeitgeberInnen haben dafür zu sorgen, dass Frauen von jenen Arbeiten abgezogen werden, die für sie oder das Kind schädlich sein können. In Betrieben, in denen ein Betriebsrat errichtet wurde, hat dieser ein Mitwirkungsrecht. Bei einem Wechsel auf einen anderen, weniger gefährlichen

Arbeitsplatz ist der Durchschnittsverdienst der letzten 13 Wochen bzw. letzten 3 Monate von dem/der ArbeitgeberIn weiterzuzahlen. Ist im Betrieb keine andere Beschäftigungsmöglichkeit gegeben, kann auch eine gänzliche Freistellung unter Weiterzahlung des durchschnittlichen Entgelts die Folge sein.

Bei strittigen Fragen oder auftretenden Problemen mit dem Dienstgeber ist das jeweilige Arbeitsinspektorat zu kontaktieren.

Meldepflicht für stillende Mütter

Stillende Mütter haben bei Wiederantritt des Dienstes dem Dienstgeber Mitteilung zu machen, dass sie stillen und auf Verlangen des Dienstgebers eine Bestätigung eines Arztes oder einer Mutterberatungsstelle vorzulegen. Tut die Mutter dies nicht, kann sie keine Rechte für stillende Mütter in Anspruch nehmen. Ebenso hat die Mutter dem Dienstgeber mitzuteilen, wenn sie nicht mehr stillt. Eine altersmässige Beschränkung der Stillzeit gibt es nicht.

Beschäftigungsverbote für stillende Mütter

Für stillende Mütter gibt es, ähnlich wie bei schwangeren Frauen, Beschäftigungsverbote bei bestimmten Arbeiten. Sie dürfen nicht herangezogen werden, für Arbeiten:
- bei denen regelmässig schwere Lasten gehoben werden müssen (regelmässige Lasten von mehr als 5 kg, gelegentliche Lasten von mehr als 10 kg von Hand gehoben, oder regelmässige Lasten von mehr als 8 kg und gelegentliche Lasten von mehr als 15 kg von Hand bewegt oder befördert);
- mit gesundheitsgefährdenden Stoffen oder schädlichen Einwirkungen von Hitze, Kälte oder Nässe, bei denen eine Schädigung nicht ausgeschlossen werden kann;
- für Akkordarbeiten oder akkordähnliche Arbeiten;
- Bergbauarbeiten unter Tage und Arbeiten in Druckluft (z.B. Druckkammern und Tauchen);

Ausserdem besteht ein Verbot:
- für Nachtarbeit in der Zeit von 20 bis 6 Uhr. Ausnahmen gelten für Frauen, die im Verkehrswesen, im Theater (oder vergleichbaren Arbeitsorten), im Heil- und Krankenwesen oder in Wohlfahrtsanstalten arbeiten.

Ihnen ist es erlaubt bis 22 Uhr zu arbeiten. Auf Antrag des Dienstgebers kann das Arbeitsinspektorat im Einzelfall diese Regelung auf 22 Uhr bzw. 23 Uhr erweitern;
- für Überstunden und Arbeiten an Sonn- und Feiertagen. Ausnahmen für das Sonn- und Feiertagsarbeitsverbot gibt es wiederum für Beschäftigte bei Theater- und Musikaufführungen (und ähnliche Veranstaltungen) und für Frauen aus dem Gastgewerbe oder bei Kleinbetrieben.

Ruhemöglichkeit

Der/die ArbeitgeberIn muss werdenden und stillenden Müttern die Möglichkeit geben, sich unter geeigneten Bedingungen hinzulegen und auszuruhen. Wie oft und wie lange sich eine schwangere oder stillende Mutter während der Arbeitszeit ausruht, liegt in ihrem Befinden. Ruhezeiten gelten als Arbeitszeit und sind daher zu bezahlen, ausgenommen wenn die Ruhezeit in eine unbezahlte Pause fällt.

Stillzeit

Stillende Mütter haben einen Anspruch auf Pausen zum Stillen:
Arbeitet die Frau an dem jeweiligen Tag länger als 4 ½ Sunden hat sie einen Anspruch auf 45 Minuten Stillzeit, arbeitet sie an diesem Tag acht oder mehr Stunden hat sie auf Verlangen zweimal eine Stillzeit von je 45 Minuten oder eine einmalige Stillzeit von 90 Minuten zur Verfügung.
Nimmt die Frau diese Stillzeiten in Anspruch, so darf dies nicht zum Verdienstausfall führen. Diese Zeiten dürfen auch nicht an die gesetzlichen Ruhezeiten angerechnet werden, noch dürfen sie dazu führen, dass diese Zeiten nachgearbeitet werden müssen.

Quelle: Broschüre ‹Mutterschutz, Karenz und Beihilfen – der Wegweiser für werdende Eltern›, Mag.a Bettina Schrittwieser, NÖ Arbeiterkammer (Hrsg.), Wien: 2007

Im Coiffeursalon, auf dem Feld

Text: Familie Mohler, Schweiz

Als sich unser erstes Kind ankündigte, hatte ich seit vier Jahren meinen eigenen Coiffeursalon. Für mich war ziemlich schnell klar, dass ich dieses Geschäft nicht aufgeben wollte. So suchte ich mir eine Vertretung, die nach der Geburt von Valentin mein Geschäft für 3 Monate führte, um danach wieder selber weiter zu machen.

So kam es, dass ich, zusammen mit Valentin, jeden Tag arbeiten ging und ihn während des grössten Teils meiner Arbeitszeit auf dem Rücken trug.

Und wenn der Hunger kam, wurde gestillt.

Einmal wurde ich von einem Kunden angesprochen: „Ist es nicht schädlich für den Rücken des Kindes, wenn es den ganzen Tag auf den Rücken der Mutter gebunden ist?" Ich fragte, ob er denn schon afrikanische, getragene Kinder gesehen habe, die Rückenprobleme hätten?

„Nein, doch ich glaube, die haben andere Knochen."

Ansonsten hatte ich viele positive Reaktionen. Einmal kamen zwei junge Frauen spontan in mein Geschäft um zu sagen, sie hätten durch das Schaufenster gesehen, dass ich mein Kind bei der Arbeit trage und sie fänden das super.

Als unser zweiter Sohn Raphael zur Welt kam, zog ich mit meinem Coiffeurgeschäft nach Hause um und seit unserem dritten Kind schneide ich dort nur noch der Familie und Freunden die Haare. Nicht dass ich das Erwerbsleben aufgegeben hätte, doch zu dieser Zeit wurde meine Mithilfe auf dem Hof und im Nebenjob meines Mannes immer wichtiger. Kurt ist Landwirt und zu diesem Betrieb gehört auch seit 70 Jahren die Kehrichtentsorgung in unserer Gemeinde.

So kamen unsere Kinder mit aufs Feld, in den Stall, waren während einer Geschäftssitzung dabei …

Nach Raphael kamen noch Seraphin und Celestin in unsere Familie.

Anhang — Gesetzliche Regelungen & Erfahrungsberichte

Stillen lässt es sich überall.

Auch sie waren und sind überall dabei, wo gearbeitet wird.
Es ist nicht so, dass mich das Muttersein alleine nicht ausgefüllt hätte. Ja es gab und gibt sogar Zeiten, in denen es mein Wunsch wäre, einfach „nur" Mutter sein zu dürfen. Doch dadurch, dass ich meine Kinder immer dabei hatte, habe ich auch nicht das Gefühl, dass mir oder ihnen etwas fehlt. Das Einzige, was während dieser Zeit gelitten hat und es immer noch tut, ist mein Haushalt. Doch wen interessiert das noch, in hundert Jahren? Die Art des Heranwachsens meiner Kinder hingegen, so glaube ich, wird irgendwo bei ihnen gespeichert und vielleicht ist dies in hundert Jahren noch von Bedeutung.

Akzeptanz und Verständnis

Text: Brigitte Schiesser, Schweiz
Ich muss schon sagen, ich habe grosses Glück. An beiden Arbeitsstellen, an denen ich bis jetzt arbeitete, war eine grosse Akzeptanz da, dass ich Mutter bin und stille. Es hat sicher auch damit zu tun, dass ich als dipl. Pflegefachfrau in der Langzeitpflege arbeite. Bei meinem ersten Sohn Simon arbeitete ich anfangs in der Spitex (Spitalexterne Pflege), als er ein Jahr alt war, habe ich in ein Alters- und Pflegeheim gewechselt, wo ich heute noch arbeite.
Viele meiner Arbeitskolleginnen sind selbst Mütter und Grossmütter und haben grosses Verständnis für eine Familie mit drei kleinen Kindern.
Bei Simon wusste ich nicht genau, wie lange ich stillen würde. Bei der ersten Arbeitsstelle wurden während meiner Schwangerschaft die Arbeitsverträge erneuert und es gab einen Zusatz, der alles regelte in Bezug auf die Pflichten und Rechte einer Schwangeren und stillenden Mutter. Da sich der Arbeitgeber mit diesem Thema auseinandergesetzt hatte, lief alles

problemlos. Ich hatte während zehn Wochen den vollen Lohn und durfte auf meinen Wunsch hin drei Monate zu Hause bleiben, bevor ich zu 50 % zu arbeiten begann.[1] An der jetzigen Arbeitsstelle erhielt ich während 16 Wochen den vollen Lohn. Bei meinem zweiten Sohn Elias machte ich auch Nachtwache, während ich schwanger war. Das war aber problematisch, weshalb ich dann nach einem Gespräch bis heute dispensiert wurde. Rücksichtnahme erlebte ich auch bei meinem dritten Sohn Jeremia. Eine Dienstschicht lag ungünstig zu den Stillzeiten und ich wurde deshalb in diesen Dienst nicht eingeplant.
Bei Simon und Elias habe ich während der Arbeit die Milch abgepumpt. Dazu konnte ich mich in ein Zimmer zurückzuziehen. Die Milch habe ich jeweils bis Arbeitsschluss im Kühlschrank aufbewahrt. Bei Simon habe ich ein Jahr lang abgepumpt, bei Elias bis er etwa 10 Monate alt war, weil sich ein so grosser Vorrat in der Kühltruhe angesammelt hatte. Jeremia wollte die abgepumpte Milch nicht nehmen, wir haben vieles ausprobiert. So ging ich jeweils in meiner halben Stunde Mittags- oder Abendpause Jeremia stillen. Mein Dienst dauert von 7:00 bis 16:00 Uhr oder 12:45 bis 21:45 Uhr. Es war ein Glück, dass die Tagesmutter so nah am Arbeitsort wohnte. Dennoch benötigte ich etwa eine dreiviertel Stunde Pause. Das wurde vom Arbeitgeber nie bemängelt, auch nicht, wenn viel Arbeit da war. Ich habe Jeremia fast 14 Monate auf diese Weise gestillt, bis er sich bei Tisch bediente.
Und früher?
Die Bewohner, die ich betreue, haben Freude an meinen Kindern und sind erstaunt, dass man so lange stillen kann. Sie erzählen ihre eigenen Geschichten. Früher fanden die meisten Leute in der Fabrik Arbeit. Und als ihre Kinder sechs Wochen alt waren, hiess es, wieder arbeiten zu gehen und die Kinder in der fabrikeigenen Kinderkrippe unterzubringen. Ansonsten wäre die Arbeitstelle verloren und die Mietwohnung gekündigt worden.
Ich habe immer offen kommuniziert an meiner Arbeitsstelle, dass ich stille und dass mir dies wichtig ist. Ich bin froh über einen Arbeitgeber, der soviel Verständnis und Wohlwollen aufbringt.

---

1 Zu einer Zeit, in der das heutige Mutterschaftsgesetz noch nicht eingeführt war.

Zurück ins Arbeitsleben – Stillen bleibt wichtig

Text: Diana Repak, Schweiz

Für uns war immer klar, dass ich nach der Geburt von Elia wieder arbeiten würde. Und so stieg ich nach sieben Monaten zu 40 % wieder in meinen Beruf ein.

Bevor ich Elia zur Welt brachte, wusste ich über das Stillen nur wenig. Für mich war aber klar, dass ich, wenn möglich, mein Baby während der ersten sechs Monate ausschliesslich stillen würde.

So sah ich denn auch den Zeitpunkt meines beruflichen Wiedereinstiegs als optimal an, ging ich doch davon aus, dass sich Elia bis dann abgestillt hätte. Doch während des Mutterschaftsurlaubes erlebte ich erst, was Stillen wirklich bedeutet, wie wichtig es für mich und mein Kind war. Diese wunderbaren Augenblicke intimer Zweisamkeit wurden zu einem wichtigen Teil des Alltags für uns beide.

Über den Zeitpunkt des Abstillens hatte ich mich getäuscht: Nach sieben Monaten war Elia nicht abgestillt, sondern trank immer noch drei- bis viermal pro Tag und Nacht. Und für mich war inzwischen klar, dass sich daran trotz Arbeit nichts ändern sollte, nichts ändern durfte. Mit dem Abpumpen hatte ich mich vorher schon vertraut gemacht. Im Geschäft gewöhnten sie sich schnell daran, dass ich zwei- bis dreimal pro Tag abpumpen ging. Es waren Pausen, die ich sehr genoss und in denen ich in Gedanken ganz fest bei meinem Kind war. Bis zum ersten Geburtstag pumpte ich für Elia Milch ab. Gegen Schluss kam nur noch eine kleine Flasche zusammen. Als Elia ein Jahr alt wurde, beendete ich das Abpumpen. Elia ist inzwischen 15 Monate alt und wird noch immer gestillt. Wir wünschen uns ein zweites Kind und auch dann würde ich weiterhin arbeiten gehen. Und weiter stillen. Ich bin froh, dass ich nicht frühzeitig wegen der Erwerbstätigkeit abgestillt habe.

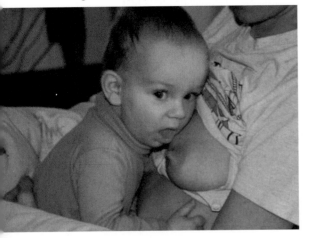

Achtung, fertig – los!

Mutter als Nahrungsquelle

Text: Marianne Meyer, Schweiz

Schon als wir uns über die frohe Nachricht freuen konnten, das wir bald zu dritt sein würden, stand für uns fest, dass ich nicht all zu lange daheim bleiben mochte. „Nur" das erste Jahr wollte ich mich ausschliesslich unserem Sohn widmen und ihn natürlich bestmöglich versorgen. Dazu gehörte ganz klar das Stillen. Allerdings empfand ich das immer als eher lästig und für uns war klar, dass er nach 6 Monaten entwöhnt sein würde und wir dann auf Breikost umstellen könnten. Sobald ich wieder ins Berufsleben einsteigen wollte, würde er sicher normal essen…

Aus den sechs Monaten vollem Stillen wurden sieben, beinahe acht und plötzlich bekam ich die Nachricht, dass ich meine Arbeit ab sofort aufnehmen könnte, wenn wir es uns denn einrichten könnten. Die Betreuung durch eine Tagesmutter war schnell geregelt, aber unser Sohn hatte bisher jegliche andere Nahrung strikt verweigert. Er hatte auch nie die Flasche genommen. Ich war die absolut einzige Nahrungsquelle. Ich begann abzupumpen, in der Hoffnung, dass er bei genügend grossem Hunger die Flasche akzeptieren würde. Aber auch das hat nicht zufriedenstellend funktioniert. Langsam machten wir uns wirklich Sorgen, dass unser Kind verhungern würde…

Unsere Stillberaterin erklärte uns, dass diese Angst völlig unbegründet sei, der Kleine würde sich darauf einstellen. Entweder würde er warten, bis ich wieder „zur Verfügung" stünde oder er täte es den anderen Kindern am Tisch gleich und würde beginnen „richtig" zu essen. Die erste Woche war nicht einfach, aber tatsächlich, unser Sohn hat von heute auf morgen angefangen, feste Nahrung zu sich zu nehmen.

Das wäre doch der perfekte Zeitpunkt um abzustillen, dachte ich mir. Aber ich hatte noch immer soviel Milch, dass ich schon nach drei bis vier Stunden ausstreichen musste. Nach der Arbeit habe ich mich sofort auf den Weg zur Tagesmutter gemacht und ich war sehr erleichtert, dass ich den Kleinen endlich anlegen konnte und meine Brüste sich wieder normal anfühlten. Ich habe den Eindruck, dass das Stillen für unseren Sohn gerade in der Anfangszeit sehr viel bedeutete. Die ganze Situation war neu und er musste sich umstellen. Umso schöner war es für ihn, nach einem langen Tag wieder bei Mama zu sein und die Nähe und Geborgenheit zu spüren. Schliesslich hatte er mehr als sieben Monate nur das gekannt.

Nach ein paar Wochen waren die neue Umgebung, die anderen Kinder, die neue Vertraute und auch das Essen für ihn schon zur Gewohnheit geworden. Auch das Stillen hatte mehr Ritualcharakter als Notwendigkeit und da sich bei mir immer noch genügend Milch bildete, stillte ich weiter, obschon ich einmal davon überzeugt war, dass das Thema Stillen mit Ende des sechsten Monats abgeschlossen sein würde. Stattdessen gab es weiterhin täglich zwei bis drei Mahlzeiten und in der Nacht wollte er auch regelmässig trinken. Schliesslich haben wir unseren Rhythmus gefunden und ich habe meinen Sohn 18 Monate lang gestillt, bis er sich endgültig entwöhnt hat.

Etwas Abstand tut mir gut

Text: Sonja Widmer, Schweiz

Ich war mir schon immer sicher, dass ich trotz Kinderwunsch nie ganz mit der Erwerbstätigkeit aufhören wollte. Zum Glück war dies auch der Wunsch meines Partners. Zudem liess es sich mit seiner Arbeit vereinbaren: Er reduzierte seine Erwerbstätigkeit auf 80 %. Da ich 40 % arbeiten wollte, haben wir die zukünftigen Grosseltern gefragt, ob sie sich vorstellen könnten, abwechslungsweise alle zwei Wochen ihren Enkel zu hüten. Sie sagten begeistert zu.

Meine Schwangerschaft verlief problemlos. Mein Sohn kam mit einem ungeplanten Kaiserschnitt zur Welt. Das Stillen bereitete mir und meinem Sohn viel Freude. In Erinnerung blieb mir auch das schöne Gefühl, wie er sich nach der Mahlzeit an mich schmiegte, mit seinen prallen, roten Wangen.

Schon nach einem Monat habe ich angefangen, Muttermilch abzupumpen und gelegentlich meinen Sohn mit der Flasche zu füttern, um ihn daran zu gewöhnen. Er nahm die Flasche von Anfang an problemlos, egal ob sein Vater, seine Grosseltern oder ich sie gaben. Er hatte auch keine Mühe, zwischen Flasche und Brust zu wechseln. Nach drei Monaten war es soweit. Mein Mutterschaftsurlaub war zu Ende. Es war genügend abgepumpte Milch im Tiefkühler und die Babysitter waren instruiert.

Ich ging mit gemischten Gefühlen arbeiten. Einerseits freute ich mich auf den Tapetenwechsel und andererseits hatte ich meinem Sohn gegenüber ein schlechtes Gewissen. Wie sich herausstellte, war dies völlig unbegründet. Er hat die Tage mit seinem Vater bzw. den Grosseltern genossen. Abends war er dann zwar schon mehr auf mich fixiert, aber er freute sich jede Woche wieder darauf, dass bald die Grosseltern kommen würden oder dass der Papi zu Hause blieb.

Während der Arbeitszeit habe ich jeweils zweimal täglich mit einer elektrischen Milchpumpe abgepumpt und die Milch am Abend zu Hause eingefroren. Ich konnte sogar während des Abpumpens weiterarbeiten. Meine Aufgaben richtete ich mir einfach entsprechend ein. Natürlich wäre ich dazu nicht verpflichtet gewesen, aber es war mir während dem Abpumpen schlichtweg zu langweilig. Nach fünf Monaten war das Abpumpen manchmal etwas lästig, zumal dann nicht mehr soviel Milch kam.

Leider konnte ich nur bis zum sechsten Monat stillen, da ich während der Schwangerschaft und Stillzeit Medikamente abgesetzt hatte, die ich baldmöglichst wieder einnehmen musste. So habe ich in den Ferien, mein Sohn war sechseinhalb Monate alt, angefangen, eine Mahlzeit durch eine Folgemilch zu ersetzen. Die restlichen Stillmahlzeiten habe ich sehr genossen, im Wissen, dass es die letzten waren. Zurück zu Hause habe ich dann abgestillt.

Wir geniessem jede gemeinsame Minute.

Vor vier Monaten ist meine Tochter geboren. Das Stillen bereitete mir am Anfang etwas Mühe. Eine Brust schmerzte während jeder Mahlzeit etwas mehr. Bei der Stillberaterin habe ich erfahren, dass meine Tochter die Brustwarze nicht richtig in den Mund nimmt. Dank der guten Beratung konnte ich die Stillprobleme lösen und habe seither eine sehr schöne Stillbeziehung mit meiner Tochter.

Nach dem Mutterschaftsurlaub habe ich meine Erwerbstätigkeit wieder aufgenommen. Leider hatte meine Tochter am Anfang Mühe mit der Flasche. Sie trank nur mit Widerwillen und sehr wenig. An meinem ersten Arbeitstag musste ich zweimal nach Hause gehen, um sie zu stillen. Nachdem ich verschiedene Sauger-Formen ausprobiert hatte, wurde ich fündig. Meine Tochter akzeptiert nun die Flasche von ihrem Vater und von den Grosseltern. Sobald ich zu Hause bin, will sie aber keine Flasche mehr und trinkt nur noch von meiner Brust. Jetzt bin ich gespannt, wie es in zwei Monaten kommt, wenn ich wegen meinen Medikamenten wieder abstillen sollte. Alles in allem muss ich sagen, dass unsere Lösung für alle nur Vorteile hat. Mein Mann hat eine sehr gute Beziehung zu seinem Sohn und zu seiner Tochter, die Grosseltern geniessen die Tage, an denen sie sich voll und ganz ihren Enkeln widmen können und ich bin froh, an zwei Tagen in der Woche konzentriert einer Arbeit nachgehen zu können und etwas Abstand von Trotzphasen, Windeln und Zahnungsbeschwerden zu bekommen.

Kann ich meinem Kind einen Rhythmus antrainieren?

Ein Mailwechsel zwischen Cornelia Weller und Eliane Steffen, Schweiz

Meine Tochter Tabea (11 Monate) hat seit ca. drei Monaten einen super Rhythmus:.
7.30 Uhr Stillen (zweimal pro Woche 6.30 Uhr, wenn ich arbeiten gehe)
Weiterschlafen bis 9 oder 10 Uhr
11 Uhr Gemüsebrei
14.30 Uhr Früchtebrei
18 Uhr Milchbrei
20 Uhr Stillen
20.30 - 21.00 Uhr ins Bett
Seit drei Wochen erwacht sie morgens nicht mehr von alleine. Spätestens um 8.15 Uhr wecke ich sie jeweils zum Stillen, weil ich das Gefühl habe, dass sich sonst alles total verschiebt und nicht mehr alle fünf Mahlzeiten Platz haben am Tag. Kann ich ihr wieder einen Rhythmus antrainieren?

Ob ein Rhythmus antrainiert werden kann, ist zum einen von der Persönlichkeit des Kindes abhängig, zum anderen vom Alter: Rhythmusverschiebungen gibt es zudem durchs Wetter, die Zeitumstellung, Nahrungsumstellung, Arbeitswiederaufnahme.
Ob Ihre Tochter genug zu Essen bekommt, sehen Sie weniger an der Anzahl der Mahlzeiten, als vielmehr daran, ob sie regelmässig zunimmt. Haben Sie selber auch immer einen ganz geregelten Hunger? Der variiert doch – und ist auch

von der Aussentemperatur abhängig. Damit will ich sagen, wenn es draussen sehr heiss ist, mögen wir auch nicht immer zur vorgegebenen Zeit essen ...
Wenn ich Sie richtig verstanden habe, heisst das, dass Sie ihre Tochter morgens und abends stillen. Wer betreut sie in der Zwischenzeit? Und was ändert sich konkret, wenn sich der Zeitplan verschiebt?
Durch Regelmässigkeit kann ein gewisser Rhythmus antrainiert werden, aber der ist und bleibt auch veränderlich, da wir es hier schliesslich mit einem lebendigem Kind zu tun haben, das sich selber in der Welt mit der Zeit behaupten will.

Richtig: Ich stille noch am Morgen und am Abend, dazwischen bekommt Tabea Brei. Seit zwei Monaten nimmt sie „nur" noch 100 Gramm pro Monat zu. Ich muss aber auch sagen, dass sie in dieser Zeit das Krabbeln entdeckt hat und deshalb viel aktiver ist.
Meine Frage ist vor allem, ob man ein Kind am Morgen wecken darf. Wenn ich arbeiten gehe (zweimal pro Woche), muss ich sie ja gezwungenermassen wecken. An den restlichen fünf Tagen erwacht sie vielleicht nur ein- bis zweimal ca. um 8 Uhr mit Hunger. An den anderen Tagen wecke ich sie jetzt jeweils und sie schläft in allen Fällen nochmals bis ca. 9 oder 10 Uhr. Sie trinkt auch immer sehr gut. Ich bin einfach unsicher, ob ich ihr damit das Essen fast „aufzwinge", aber wenn sie am morgen bis 10 Uhr durchschläft sind die Mahlzeiten völlig verschoben, vielleicht sollte ich es auch einfach mal ausprobieren.

Ich denke, Tabea zweimal in der Woche zum Stillen zu wecken, ist kein Problem. Sie reagiert ja ganz normal – indem sie dann wieder weiterschläft, weil sie noch müde ist. Da sie auch gut trinkt und sich sonst normal entwickelt, müssen Sie nichts befürchten. Sie können ein Kind nicht zum Essen zwingen. Tabea wird sich sicherlich verweigern, wenn sie keinen Hunger hat. Einfach anbieten – sie nimmt dann soviel sie mag – das war ja beim Stillen auch so.

Für mich war immer klar, dass ich auch mit einem Kind wieder ins Berufleben einsteigen will. Als unsere Tochter Tabea dann neuneinhalb Monate alt war, war es für mich so weit.
Ich hatte das grosse Glück und konnte meine Kleine sechs Monate voll stillen. Dann führten wir eine Breimahlzeit nach der anderen ein. Mit knapp neun Monaten wurde Tabea dann nur noch am Morgen und abends vor dem Zubettgehen gestillt.

Die Mutter erzählt weiter:
An zwei Tagen pro Woche arbeite ich: einmal von 8.00 bis 17.00 Uhr und einmal abends von 17.00 bis 21.00 Uhr.
Arbeite ich ganztags, ist Tabea bei meiner Schwiegermutter. Dafür muss ich sie jeweils um 6.30 Uhr wecken. Mit dem Auto sind wir etwa fünf Minuten unterwegs. Dann stille ich sie dort und anschliessend schläft sie noch etwa bis 9.00 Uhr, meistens jedenfalls, es kommt auch vor, dass sie dann nicht mehr ins Bettchen will, dann schläft sie aber jeweils im Verlauf des Vormittags nochmals etwa während einer Stunde. Am Abend ist es ja dann kein Problem, ich bin zu Hause und kann noch in Ruhe stillen, bevor sie ins Bett geht.
Arbeite ich am Abend, stille ich am Nachmittag, anstelle des Früchtebreis, das Stillen alleine reicht aber dann nicht ganz und so bekommt sie noch etwa ein halbe Portion vom Früchtebrei. Ich mache dies so, da das Abpumpen schon seit langem nicht mehr klappt. Aber ich glaube, unserer Tochter ist es egal, wann sie gestillt wird, Hauptsache, sie hat keinen Hunger.
Jetzt arbeite ich schon bald zwei Monate und bis jetzt klappte alles sehr gut. Tabea hat sich schnell an den neuen Ablauf gewöhnt, ich muss aber auch sagen, dass sie ihre Grossmutter sehr gut kennt. Wir gehen während der Woche jeweils zu ihr zum Mittagessen. Besser kann man den auswärtigen Betreuungsort nicht kennen.
Da ich weiss, dass sich Tabea dort wohl fühlt und es auch für meine Schwiegermutter stimmt, kann ich mich an meinen beiden Arbeitstagen voll auf den Job konzentrieren und habe kein schlechtes Gewissen.

Karriere oder Kind oder beides?

Text: Jacqueline Bäumler, Schweiz

Meine Tochter Anja-Saliah wurde bis im zehnten Monat voll gestillt. Breikost hat sie vom ersten bis letzten Versuch verweigert. Seither isst sie „vom Tisch" mit uns, aber nicht mit Löffel und Gabel, sondern mit den Fingern. Sie ist ein typisches Fingerfood-Kind. Sie entdeckt das Essen mit allen Sinnen.

Von Beruf bin ich diplomierte Pflegefachfrau, in den letzten drei Jahren als Abteilungsleiterin mit einem 100 % Pensum. Ich hatte vor, nach einem sechsmonatigen unbezahlten Mutterschaftsurlaub wieder für 80 % ins Berufsleben einzusteigen. Doch dann kam alles anders:

Ich wurde Mutter – heftig und überwältigend und voll und ganz. Nun stand ich vor dem Dilemma: Karriere oder Kind oder beides, aber wie? Ich entschied ich mich für „beides". Aber wie konnte ich Anja Kontinuität und Beständigkeit geben, in einem Drei-Schichtsystem als dipl. Pflegefachfrau? Nach längeren Verhandlungen konnte ich einen administrativen Job bekommen mit geregelten Arbeitszeiten. Hier bin ich nun 40 % tätig. Anja geht für diese zwei Tage in der Woche in eine Kinderkrippe, die mit dem Spital (meinem Arbeitsort) verbunden ist.

Anja und ich sind begeisterte Stillfans. Das machte es mir jedoch nicht gerade einfach, sie für neun lange Stunden fremd betreuen zu lassen. Was passiert mit unserer Stillbeziehung? Irgendwie hatte ich auch Angst, dass sie sich dadurch abstillen würde. In all dem Chaos von Gefühlen, Ängsten, Sorgen und Hoffnung wuchs in mir das Vertrauen, dass wir die Situation meistern, wenn ich es will und Anja auch. Unterstützung und Kraft erhielt ich diesbezüglich an unseren Stilltreffen. Hier hörte ich von anderen Müttern, dass eine gute Stillbeziehung weiterhin möglich ist, trotz Erwerbstätigkeit. Also packten wir es an.

Ich kaufte mir eine Pumpe. Da ich genügend Milch hatte und Anja ja nicht mehr voll gestillt wurde, entschied ich mich für einmaliges Abpumpen. Die abgepumpte Milch wurde in die Kinderkrippe mitgegeben. Aber Anja lehnte die Milch aus der Flasche ab. Sie braucht das Vergnügen an der Brust. Einerseits machte mir dies Angst, andererseits machte es mich stolz und zufrieden.

Dann kam das Abpumpen bei der Arbeit. Im Voraus besprach ich mich mit meiner Chefin bezüglich der Pausenzeit bzw. Arbeitszeit. Sie wusste nicht, dass das Abpumpen bzw. Stillen während der Arbeit gesetzlich geregelt ist. Ich spürte im Gespräch eine gewisse Verlegenheit und Unsicherheit beiderseits und musste leider auch wieder die Frage hören: „Was, du stillst immer noch, jetzt lass sie doch mal los!" Ich versuchte mich nicht zu erklären, sondern zu positionieren und erlangte bei ihr letztlich das Zugeständnis, das Abpumpen oder Stillen in der Krippe als Arbeitszeit zu berechnen. Nun sass ich in diesem Pausenraum mit anderen Kolleginnen und sollte abpumpen. Alle schauten mir zu. Ich packte meine Brust aus und setzte die Pumpe an. Manche wirkten verständnisvoll, andere blickten verlegen weg. Gott sei dank kam Milch. In Gedanken war ich bei Anja und versuchte, meine Sehnsucht weg zu schieben. Ich stellte die abgepumpte Milch in den Stationskühlschrank. Am Abend holte ich Anja ab und sie konnte es kaum erwarten an meiner Brust zu saugen. Sie zog mein T-Shirt runter und bediente sich, als ob es das Natürlichste auf der Welt wäre (was es auch ist). War ich froh, dass sie meine Brust nach neun Stunden Abwesenheit noch wollte. Ich habe es in diesem Moment wahnsinnig genossen, wieder mit ihr verbunden zu sein.

Einige Tage pumpte ich ab und plötzlich kam mir der Gedanke: Meine Tochter ist fünf Minuten Fussweg von mir entfernt und ich sitze hier mit einer Maschine und pumpe ab. Ich habe doch das Glück, dass meine Tochter so nah ist, warum gehe ich nicht am Mittag zu ihr zum Stillen? Gedacht, getan. Die Erzieherinnen fanden meine Idee nicht so genial. So müsse sich Anja noch mal von mir verabschieden. Ich fand jedoch, wenn sie dafür einmal zwischendurch in den Genuss der Brust kommen würde, könnte sie den erneuten Abschied gut verkraften. Und genau so ist es. Ich freue mich jeden Mittag darauf, zu ihr zu gehen, sie in den Arm nehmen zu können, sie zu stillen und danach mit neuer Energie meinem Job wieder gerecht zu werden. Mittlerweile haben sich die Erzieherinnen daran gewöhnt. Sie bringen mir sogar immer etwas zu Trinken beim Stillen. Das finde ich eine liebevolle Geste. An den Tagen, an denen ich arbeite, trinkt Anja dann zu Hause deutlich mehr an der Brust, manchmal darf ich mich nicht aus ihrer Nähe entfernen. Ich freue mich sehr, dass wir unsere Stillbeziehung trotz Job aufrechterhalten konnten und Anja nach wie vor voller Begeisterung saugt, trinkt, geniesst und alle Sinne nährt.

Papa betreut Neugeborenes; Mama stillt am Arbeitsplatz

Text: Thomas Neuthart, Deutschland
Meine Frau ist als Sozialarbeiterin beschäftigt; ich selber bin frei beruflich als gesetzlicher Betreuer tätig. Trotz der Schwangerschaft engagierte sich meine Frau in ihrem Beruf noch sehr. Ungeachtet dessen war die Verlängerung ihres Arbeitsvertrages lange ungewiss. Vielmehr gingen wir am Ende des Jahres 2006 davon aus, dass ihr Vertrag nicht verlängert würde. Dementsprechend stellten wir uns darauf ein, dass sie mit unserer Tochter im ersten Jahr zu Hause sein würde. Die Geburt unserer Tochter Antonia Tirza war am 20.01.2007.
Völlig überraschend machte der Arbeitgeber meiner Frau nur wenige Tage später ein sehr gutes Angebot über eine Verlängerung des Arbeitsvertrages, setzte jedoch eine nur ganz kurze Frist für eine Annahme. Von jetzt auf gleich änderten sich unsere Pläne für das Jahr 2007 vollständig und radikal. Da ich als Freischaffender mein Büro zu Hause habe, war ich in der Lage, unsere Tochter durch den Tag zu begleiten. Jedoch stellte sich uns nun die Frage des Stillens bei Berufstätigkeit. Wir hielten in dieser Zeit sehr intensiven Kontakt zu Sheila Lange der LLL- Stillberaterin für Mülheim an der Ruhr. Wir hatten sie bereits vor der Geburt unserer Tochter kontaktiert, da wir uns so gut wie möglich auf die Stillzeit vorbereiten wollten. Sheila bestärkte uns in unserer Absicht, Antonia auch am Tage voll weiter zu stillen. Wir überlegten uns dann, dass eine sehr starke Struktur unserer Arbeitstage, abgestimmt auf einen täglichen Stillplan, es uns ermöglichen sollte, Antonia auch an Werktagen voll zu stillen. Zwei Faktoren begünstigten unser Stillvorhaben: Mein eigener Beruf lässt mir ein Maximum an freier Zeiteinteilung bei meinen Tätigkeiten. Mein beruflicher Alltag ist nicht von einer festen Struktur, sondern vielmehr von einer Bedarfsorientierung gekennzeichnet. Neben der freien Zeiteinteilung tagsüber durch mich, lag der zweite Vorteil in der Nähe des Arbeitsplatzes meiner Frau. Er liegt nur ca. 10 Autominuten von unserem Wohnort entfernt. Falls also eine Notsituation entstehen sollte, so wäre der Weg kurz. Darüber hinaus schafften wir uns auch noch eine Milchpumpe an… und starteten in das Abenteuer: Papa betreut Neugeborenes; Mama stillt am Arbeitsplatz.
So fuhr ich also zu Beginn unserer neuen Zeitrechnung mindestens zweimal täglich mit unserem Baby zu meiner Frau ins Jugendzentrum,

in dem sie tätig ist. Allerdings mussten wir bald feststellen, dass Antonia das ewige Autofahren auch nicht wirklich gut gefiel. Also begann meine Frau, bis zum Beginn der Beikostzeit, eine Stillmahlzeit abzupumpen, um die Autofahrten in Grenzen zu halten. Glücklicherweise hatte Antonia von Anfang an keine Probleme, die Muttermilch aus der Flasche von mir zu trinken. Allerdings wurde meiner Frau das Abpumpen der Milch mit fortschreitender Zeit immer beschwerlicher, sodass wir letztendlich froh darüber waren, die Mahlzeit mit der abgepumpten Milch durch eine Beikostmahlzeit ersetzen zu können. Das Abpumpen ist wohl einfach kein besonders schöner oder angenehmer Vorgang. Er war notwendig, um Antonias Versorgung mit Muttermilch zu gewährleisten. Aber gerne hat meine Frau es nicht getan. Auch der ständige Druck, die notwendige Milchmenge abzupumpen, trug nicht gerade dazu bei „die Milch fliessen zu lassen". Auch bei diesem Thema müssen wir wieder die LLL und die aufmunternde Unterstützung durch Sheila Lange erwähnen, die uns immer wieder bestärkt hat. Hilfreich war es auch, Erfahrungsberichte anderer berufstätiger Stillmütter in der Wirbelwind-Zeitschrift zu lesen. Positive Beispiele hatten eine sehr motivierende Wirkung auf uns.

Die letzten Monate waren zweifellos die aufregendsten, vielleicht auch anstrengendsten, jedenfalls aber schönsten unseres Lebens. Wenn wir Antonia betrachten, dann kommen wir zum Schluss, dass sich der Aufwand, den wir mit dem Stillen am Arbeitsplatz haben, absolut „lohnt", um in der Wirtschaftssprache zu schreiben. Wir haben eine feste Still-Struktur und -Kultur in unserer Arbeitswoche errichtet. Hierbei gilt für uns, dass den Bedürfnissen unserer Tochter – und hier vornehmlich ihrem Stillbedürfnis – absolute Priorität zukommt. In den letzten Monaten ist es nur zwei Mal knapp geworden. Jedoch schaffte ich es immer noch auf den letzten Metern, Antonia zur Mama zu bekommen. Möglichst häufige Besuche am Arbeitsplatz wirkten sich äusserst förderlich auf die Stillbeziehung aus. So haben die beiden es geschafft, eine „ganz normale" Stillbeziehung aufzubauen.

Trotz viel Wohlwollens bleibt der stillenden Mutter am Arbeitsplatz leider häufig das Gefühl, irgendwie ein „Alien" zu sein. Es ist halt hier leider völlig ungewöhnlich und selten. Obwohl wir nun seit mehr als 9 Monaten stillen, gibt es auch heute manchmal noch seltsame Reaktionen der Arbeitskollegen. Uns war bei der Geburt nicht klar, wie wenig gesellschaftliche Akzeptanz das Stillen in Deutschland geniesst. Stillende Mütter irritieren ihre Umwelt. Dies umso mehr, wenn am Arbeitsplatz gestillt wird. Und da spielt es auch keine Rolle, dass es gesetzliche Regelungen des Arbeitslebens gibt, die das Stillen schützen und fördern sollen. Das Bild der werktätigen und stillenden Mutter passt wohl einfach nicht zu den stromlinienförmigen, aalglatten Menschenbildern, die die Vertreter der modernen Leistungsgesellschaft in ihren Köpfen haben. Es ist unseres Erachtens sehr geboten, sich eine gewisse Dickfelligkeit und auch -köpfigkeit zuzulegen. So waren wir, als meine Frau zu einer mehrtägigen Fortbildung zu einem entfernten Ort fahren musste, als Familie dort präsent, um das Stillen unserer Tochter auch dort aufrecht zu erhalten – „natürlich"! Dies wurde von uns gegen alle Widerstände durchgesetzt. Während also Mama im Seminarraum sass, erkundeten Papa und Tochter die umliegenden Wälder. Und in den Pausen wurde dann ausgiebig gestillt und gekuschelt. Und abends wurde „natürlich" in einem gemeinsamen Raum geschlafen.

Auch wenn es wohl nicht den Idealfall darstellt – vielmehr ein Arrangement mit den Anforderungen der Gesellschaften in den Industrieländern – so ist es doch zumindest möglich, Arbeitsleben und Stillen miteinander zu vereinbaren. Zum Wohle der Kinder können wir jeden nur ermuntern, es zu versuchen.

Wir haben jedenfalls beschlossen, noch so lange zu stillen, bis alle Zähne da sind. Und damit sind Papa und das Baby noch eine ganze Zeit lang regelmässige Besucher an Mamas Arbeitsplatz.

Index

A

AA (Fettsäure)	28
Abpumpen	137, 171, 175
Abpumpen, Raum zum	123
Abstillen	189
Allergien	32
Alveoli	53
American Academy of Pediatrics	23
Anlegen, erstes	48
Arbeitsplatz	196
Arbeitsstelle	122
Arbeitsteilung im Haushalt	91
Arbeitswochen, konzentrierte	126
Arbeitszeit, flexible	126
Arbeit von zu Hause	127
Arthritis, juvenile rheumatoide	34
Auerbach, Kathleen	170
Aufbewahren von Muttermilch	149
Au-Pair-Mädchen	110
Ausstreichen von Hand	138

B

Babyblues	92
Ballard, Martha	17
Bedürfnisse des Säuglings	39
Behälter für Muttermilch	152
Betreuungsperson und Stillen	179
Bettelheim, Bruno	8
Bifidus Faktor	26
Bindung Mutter und Kind	3

Blaseninfektionen	35
Blutkörperchen, weisse	25
Bonding	3, 46
Brustabszess	74
Brustentzündung	73, 88, 182
wiederholte	76
Brusthaube der Pumpe	141
Brustinfektion	74
Brustkrebs	34, 35
Brustwarzen, wunde	48, 51, 71
Budgetberatungsstelle	131
Bulmash, Michael	15

C

Candida albicans	72
Cholesterin	29
Cystin	31

D

Depression	94
DHA (Fettsäure)	28
Diabetes	34
Doppelpumpset	141
Doppelrahmmilch	181
Durchschlafen	80

E

Egnell, Einar	140
Eibl-Eibesfeldt, Irenäus	17, 77, 105
Einfrieren von Muttermilch	150
Eisen	31
Ellison, Katherine	9, 95, 198
Erikson, Erich	83
Ernährung	88, 166

F

Familiengruppen	119
Feminismus	11
Ferber, Richard	81
Fett in der Muttermilch	28
Fettsäuren	27, 28
gesättigte	76
Fibronectin	27
Fieber	74
Finanzielle Überlegungen	131
Flasche	154
einführen	155
verweigern	157
Flaschenmahlzeiten, zusätzliche	69
Flaschensauger	154, 155
Frantz, Kittie	56, 170
Frauenanteil in der Geschäftsführung	122
Frauenmilch, Bestandteile	27
immunologische Eigenschaften	24
Frederick, Irene	170
Fremdbetreuung	106, 167

G

Geburtenkontrolle	35
Gefühlsschwankungen nach der Geburt	92
Gehirnentwicklung	28
Geschäftsreisen	185
Goodall, Jane	40
Greenspan, Stanley	126
Gruppenbetreuung	105

H

Handpumpen	144
Hausarbeit	195
Haushalt	90, 120

Hautkontakt	5
Herzkrankheiten	34
Hewlett, Sylvia Ann	10, 16
Hintermilch	150
Hochschild, Arlie	91
Hormonschwankungen	92
Hygiene der Pumpe	143

I

Immunoglobuline	25
Immunsystem	27
Impfung	27
Infektionen, Schutz vor	24
Instinkt	39
Intelligenzentwicklung	28
Intelligenztest	34
Interferon	27

J

Jahresarbeitszeit	128
Jobsharing	128
Johannsson, Gunn	16

K

Kalzium in der Muttermilch	31
Kennell, John	4
Kindertagesstätte	37, 118
firmeneigene	119
Kindstod, plötzlicher	33, 84
Kitzinger, Sheila	56
Klaus, Marshall	4
Kolostrum	24
Körperkontakt	78
Krankenhauspumpe	142, 145
krankes Baby	199

Krebs	34, 35
Kühltasche	146
Kuhmilch	29, 88
Kulturen, traditionelle	39

L

Lactobazillus bifidus	26
Lactoferrin	26
Laktose	29
Let-Down-Reflex	50, 52
Leukozyten	25, 149
Liedloff, Jean	40, 78
LilyPadz	71
Lysozymspiegel	25

M

Makrophagen	25
Malone, Paula	92
Manfredi-Petitt, Lynn	109
Marmet-Technik	139
Mastitis	74, 182
wiederholte	76
McKenna, James	86
Mekler, Eva	65
Mietpumpen	145
Mikronährstoffe	31
Mikrowelle	25, 153, 180
Milch, auslaufende	70
genügend	70
Milchbläschen	52, 53
Milchproduktion	54, 82, 136, 138, 171, 172, 184
erhöhen	68
Milchpumpe	135
effiziente	140
elektrische	144
Milchspendereflex	50, 52

Index

Milchstau	51, 73, 182
Milch transportieren	178
Mineralische Zusammensetzung der Muttermilch	31
Morbus Crohn	34
Müdigkeit	164
Multiple Sklerose	34
Muttermilch, auftauen	153
Eigenschaften	24
Farbe, Geruch und Geschmack	150
füttern	154
Qualität	88
tiefkühlen	151
Umgang mit	149
Muttermilchersatzprodukte	173
Mutterschaftsurlaub, Verlängerung	125

N

Nachtmahlzeiten	82
Nahrungsmittel, Allergien	33
Überempfindlichkeit	89
Neugeborenensterblichkeit	33

O

Organisation	196
Osteoporose	35
Östrogen	185
Oxytocin	6, 34, 47, 52

P

Partner, Mithilfe des	121
Pasteurisieren	25
Pilzinfektion	72
Postpartum Depression	94
Prolaktin	34, 52, 56, 79
Prolaktinspiegel	82

Prostaglandine	28
Proteingehalt der Muttermilch	27, 30
Pryor, Karen	24, 183
Pumpen	135

Q

Qualitätsmerkmale für familienexterne Betreuung	108

R

Rituale, nach der Geburt	55
Rooming-in	48

S

Saugstärke der Pumpe	141
Saugzyklus	140
Schlafen, gemeinsames	64, 80, 164
Schlafen des Babys	80
Schlafgewohnheiten	169
Schlankheitsdiät	88
Schmerzen beim Stillen	51
Schnuller	84, 85
Schreienlassen des Kindes	80
Schulmann, Michael	65
Schwangerschaft	185
Seabrook, John	64, 81
Sears, Martha und William	39
Sekretorisches IgA	25
Selbständigerwerbende	130
Selbstvertrauen	7, 8
Shaw Lewis, Deborah	193
SIDS	33, 84
Skelettwachstum	31
Small, Meredith	81
Soor	72
Spurenelemente in der Muttermilch	31

Index

Stärken erwerbstätiger Frauen	122
Stilldauer, beschränkte	53
Stilleinlagen	71
Stillen des Neugeborenen	66
Stillhaltungen, unterschiedliche	72
Stillhormone	36
Stillposition	48
Stillraum	123
Stillstreik	168
Stilltreffen La Leche League/Liga	46
Stress	191
Stundenlohn	127

T

Tagesfamilie	113
Tagesmutter	114
Tagespflege	105, 106
Teilzeitarbeit	127
Thatcher Ulrich, Laurel	18
Todesfälle in der Neugeborenenzeit	34
Tragen des Babys	76
Trennungsangst	167
Triglyzeride	2, 8
Tunneldurchmesser	141

U

Überempfindlichkeit gegen gewisse Nahrungsmittel	33
Überforderung	191
Überfüttern des Babys	180
Urvertrauen	83

V

Vakuum der Pumpe	141
Verwöhnen	39, 64, 80
Vierstundenrhythmus	30

Vitamin B	89
Vitamin D	32
Vorteile des Stillens	5, 23
für die Firma	124
für die Mutter	34

W

Wachstumsschub	67, 171, 174
West, Cornel	16
Wight, Nancy	84
Wollfett, medizinisches	72

Z

Zahnen	168
Zöliakie	34
Zufüttern von künstlicher Säuglingsnahrung	137
Zusatznahrung	33
Zwei-Phasen-Pumpprogramm	145

Adressen

Stillen in der Schweiz:

La Leche League Schweiz
Postfach 197
CH-8053 Zürich
T /Fax 044 940 10 12
info@stillberatung.ch
www.stillberatung.ch
- Vermittlung von Stillberaterinnen
- kostenlose telefonische Stillberatung
- Stillberatung per E-Mail
- Stilltreffen: Austausch unter Eltern und Stillinfos
- Online-Shop
- Literatur rund ums Stillen und Kleinkinder
- Verkauf von Brustpumpen, Muttermilchbeuteln, Stilleinlagen, Still-Shirts, Still-BHs, Stillkissen, Tragetüchern etc.
- Elternzeitschrift:
www.elternzeitschrift.org

Berufsverband Schweizer. Stillberaterinnen IBCLC
Postfach 686
CH-3000 Bern 25
Tel. 041 671 01 73
office@stillen.ch
www.stillen.ch
-Vermittlung von Still-und Laktationsberaterinnen
- Telefonische Stillberatung
- Hausbesuche
- Stillberatungspraxis
- Vermietung von Brustpumpen
- Verkauf von Stillhilfsmitteln

Schweizerische Stiftung zur Förderung des Stillens
T 044 311 79 50
stiftungstillen@bluewin.ch
www.allaiter.ch
- Liste der stillfreundlichen Spitäler
- Überwachung der Vermarktung von Muttermilchersatzprodukten
- Koordination der internationalen Stillwoche

Geburt:

Schweizerischer Hebammenverband
Rosenweg 25 / Postfach
CH-3000 Bern 23
T 031 332 63 40
info@hebamme.ch
www.hebamme.ch
- Informationen zur Schwangerschaft
- Geburtsvorbereitungskurse
- Vermittlung von freischaffenden Hebammen bei Hausgeburt und ambulantem Wochenbett, Beleghebammen, Hebammenpraxen und Geburtshäusern

Verband Doula CH
T 084 478 91 23
www.doula.ch
- Persönliche Begleitung vor, während und nach der Geburt
- Vermittlung von Doulas

Netzwerk Verarbeitung Geburt
www.geburtsverarbeitung.ch
- Begleitung bei der Verarbeitung des Geburtserlebnisses durch erfahrene und geschulte Hebammen

Verein Postnatale Depression Schweiz
info@postnatale-depression.ch
www.postnatale-depression.ch
- Informationen zu postnataler Depression
- Adressen von Hilfsangeboten

Baby und Kleinkind:

Schweizerischer Verband der Mütterberaterinnen SVM
T 044 382 30 33
svm@bluewin.ch
www.muetterberatung.ch
- Umfassende Beratung zu Gesundheit, Ernährung und Erziehung von Babys und Kleinkindern
- Adressen der regionalen Beratungsstellen

Verein frühgeborener Kinder
T 033 641 33 58
www.fruehgeborene.ch
- Unterstützung und Beratung von Eltern frühgeborener Kinder

Kontaktstelle für Zwillinge und Mehrlinge
T 081 771 12 71
erna@zwillinge.ch
www.zwillinge.ch
- Zwillingselternclubs, Börsen, etc.

Twinmedia Verlag
T 044 850 46 01
mail@twinmedia.ch
www.twinmedia.ch
- Vierteljährlich erscheinendes Magazin ‹Multipack› für (werdende) Zwillings- und Mehrlingseltern

ADRESSEN

aha! Schweizer. Zentrum für Allergie, Haut und Asthma
Infoline: T 031 359 90 50
info@ahaswiss.ch
www.ahaswiss.ch
- Beratung und Broschüren zu Allergiefragen
- Elternkurse

Verein Schreibabyhilfe
T 044 850 75 23
nicole@schreibabyhilfe.ch
www.schreibabyhilfe.ch
- Vermittlung von Beratungsstellen und Schreibabysprechstunden
- Entlastungsdienst für Eltern

Stiftung Kinder und Gewalt
T 043 422 50 82
info@kinderundgewalt.ch
www.kinderundgewalt.ch
-Informationen zu Schütteltrauma
- Vermittlung von Beratungsstellen und Hilfsangeboten

Frauenmilchbanken Schweiz
Postfach 139
Brünigstrasse 12
6055 Alpnach-Dorf
T 041/671 01 73
office@frauenmilchbanken.ch
- Entgegennahme gespendeter Frauenmilch

Eltern und Erwerbsarbeit:

Staatssekretariat für Wirtschaft SECO
T 031 322 56 56
www.seco.admin.ch
-Vereinbarkeit von Beruf und Familie
-Informationen zum Mutterschutz

Eidgenössische Koordinationskommission für Familienfragen (EKFF)
T 031 324 06 56
sekretariat.effk@bsv.admin.ch
www.ekff.ch
- Beratendes Organ des Eidg. Departementes des Inneren
- Drehscheibe für Familienfragen -
Fördert Forschung und innovative Ideen

Fachstelle UND / Familien- und Erwerbsarbeit für Männer und Frauen
Basel, T 061 283 09 83
Bern, T 031 839 23 35
Luzern, T 041 497 00 83
Zürich, T 044 462 71 23
info@und-online.ch
www.und-online.ch
- Elterncoaching: persönliche, tel. und schriftliche Beratungen
- Referate, Workshops, Seminare/ Kurse
- Checklisten, Instrumente, Leitfäden, Merkblätter

Adressen

Eidg. Büro für die Gleichstellung von Frau und Mann
T 031 322 68 43
ebg@ebg.admin.ch
www.equality.ch/mitglieder
- kantonale Gleichstellungsbüros

Travail Suisse
T 031 370 21 11
info@travailsuisse.ch
www.travailsuisse.ch
- Dachorganisation der Arbeitnehmenden
- Infobroschüre Arbeitnehmende mit Kindern

Berufswahl, Berufsberatung
www.berufsberatung.ch
- Adressen der Kantonalen Berufsberatungsstellen

fraw – frau arbeit weiterbildung
T 031 311 41 82
fraw@fraw.ch
www.fraw.ch
-Persönliche Beratung zu den Themen: Berufliche Veränderung, Weiterbildung, Wiedereinstieg, Beruf und Familie, Erwerbslosigkeit

WEFA Weiterbildungen für den Arbeitsmarkt
T 043 244 91 91
info@wefa.ch
www.wefa.ch
- Wiedereinstieg/Neuorientierung
- Kurse

www.fairplay-at-home.ch
-Fragebogen, Tipps, Literatur, Facts & Figures
- Beruf und Familie, Rechtliches, Literatur

Berufsverband der Familien-ManagerInnen
T 079 459 57 40
info@bfm-agf.ch
www.bfm-agf.ch
- Erarbeitet Berufsprüfung mit eidgenössischem Fachausweis für Familien-ManagerInnen

Hausfrauen- und Hausmännergewerkschaft
T 044 822 28 27 oder
T 044 822 24 27
info@hausfrauengewerkschaft.ch
www.hausfrauengewerkschaft.ch
- setzt sich ein für die Anerkennung der Haus- und Familienarbeit

Kinderbetreuung:

Schweizerischer Verband Tagesfamilien
T 044 724 48 08
info@tagesfamilien.ch
www.tagesfamilien.ch
- Vermittlung von Tagesfamilienorganisationen
- Kurse für Tagesmütter und Tagesväter und für Vermittlerinnen

Verband Kindertagesstätten der Schweiz (KiTas)
T 044 212 24 44
info@kitas.ch
www.krippenverband.ch
- Ausbildung und Kurse für Krippenpersonal
- Suche von Betreuungsplätzen

Kinderkrippen und Kindertagesstätten
www.kinderkrippen-online.ch
- freie Betreuungsplätze in der Schweiz
- Stellenangebote, Stellensuche

Kinderbetreuung
www.liliput.ch
- Ausschreibung von Betreuungsangeboten;
- Babysitter, Kinderhort, Kindertagesstätte, Spielgruppe, Grossfamilie, Tagesfamilie, Au Pair, Kinderbetreuerin

Kinderhort
www.horte-online.ch
- Liste der Hortanbieter (Schweiz)
- Hintergrundwissen zum Hortwesen

Familienservice
T 0840 808 808
familienservice@thkt.ch
www.familienservice.ch
- Vermittlung Betreuungsplätze
- Beratung

Fachstelle Verein Tagesschulen Schweiz
T 044 361 42 88
fachstelle@tagesschulen.ch
www.tagesschulen.ch
- Qualitätsmerkmale
- Öffentliche Tagesschulen

PRO FILIA Schweiz
T 044 361 53 31
info@profilia.ch
www.profilia.ch
- Au-Pair-Vermittlung in der Schweiz und in Europa
- Tipps für Au-Pairs, Eltern, Arbeitgeber

Schweizerisches Rotes Kreuz
T 031 387 71 11
info@redcross.ch
www.redcross.ch
- Entlastung im Krankheitsfall Kinderbetreuung zu Hause für Erwerbstätige
- Babysitterkurse und Vermittlung

Frauen und Familie in Not:

Evangelische Frauen Schweiz
T 044 363 06 08
geschaeftsstelle@efs.ch
www.efs.ch
- Hilfe für Frauen in Not
- Beratungsstellen und Weiterbildungskurse

Schweizerischer Katholischer Frauenbund
T 041 226 02 20
info@frauenbund.ch
www.frauenbund.ch
- Solidaritätsfonds für Mutter und Kind
- Hilfe für Frauen in Not, junge Mütter, kinderreiche Familien, Krankheit in der Familie

Elternnotruf Zürich
T 044 261 88 66
24h@elternnotruf.ch
www.elternnotruf.ch
- Elternberatung rund um die Uhr in Not- und Krisensituationen

Schweizerischer Verband alleinerziehender Mütter und Väter (SVAMV)
T 031 351 77 71
info@svamv.ch
www.einelternfamilie.ch
Zürich: zuerich@eineltern.ch
T 043 377 98 77
Basel: info@eifam.ch
T 061 333 33 93

- Beratung Alleinerziehender
- finanzielle Hilfe
- Herausgabe Zeitschrift: EinElternForum

Schweizerische Stiftung pro mente sana
T 0848 800 858
www.promentesana.ch
- Beratung bei psychischer Krise und psychischer Erkrankung,
- Infobroschüren

Familienbegleitende Angebote:

pro juventute
T 044 256 77 77
info@projuventute.ch
www.pro-juventute.ch
- Schweizerische Organisation für Kinder und Jugendliche mit Dienstleistungen in den Bereichen Bildung, Gesundheit und Armut

Familienorganisationen
Kompetenzzentrum für Familienpolitik
www.profamilia.ch
- Informationen und Adressen zu den Themen Partnerschaft, Beruf und Familie, Gesundheit, rechtliche Fragen, Kinderbetreuung

Adressen

Schweizerischer Bund für Elternbildung
T 044 253 60 60
sbe@elternbildung.ch
www.elternbildung.ch
- Elternbildungsveranstaltungen und Kurse

Femmes Tische
T 044 253 60 64
hallo@femmestische.ch
www.femmestische.ch
- Austausch zu Erziehungsthemen in Diskussionsrunden
- Adressen von Standortleitungen

Dachverband Schweizerischer Mütterzentren
www.muetterzentrum.ch
- Treffpunkt für Mütter und Väter mit Kaffeestube, Spielzimmer/Kinderhütedienst, Weiterbildung

WirbelWind
Die andere Elternzeitschrift
für den Still- und Erziehungsalltag
www.elternzeitschrift.org
versand@elternzeitschrift.org
redaktion@elternzeitschrift.org
- eine Publikation der La Leche League Schweiz
- Bestellungen Abo und Einzelnummern
- Einsenden von Erfahrungsberichten, Fotos

Stillen in Deutschland:

La Leche Liga Deutschland e.V.
Gesellenweg 13
32427 Minden
T 0571 - 48 94 6
Fax: 0571 - 40 49 48 0
info@lalecheliga.de
beratung@lalecheliga.de
www.lalecheliga.de
- Vermittlung von Stillberaterinnen
- kostenlose telefonische Stillberatung
- Stillberatung per E-Mail
- Stilltreffen
- Online-Shop

Berufsverband Deutscher Laktationsberaterinnen IBCLC e.V.
Hildesheimer Strasse 124 E
30880 Laatzen
T 0511 - 87 64 98 60
Fax 0511 - 87 64 98 68
sekretariat@bdl-stillen.de
www.bdl-stillen.de
- Vermittlung von Still-und Laktationsberaterinnen
- Telefonische Stillberatung
- Hausbesuche
- Stillberatungspraxis
- Vermietung von Brustpumpen
- Verkauf von Stillhilfsmitteln

Arbeitsgemeinschaft Freier Stillgruppen e.V.
AFS-Geschäftsstelle
T 0228 - 35 038 71
geschaeftsstelle@afs-stillen.de
www.afs-stillen.de
- Vermittlung von Stillberaterinnen
- kostenlose telefonische Stillberatung
- Stillberatung per E-Mail
- Stilltreffen

AGB Aktionsgruppe Babynahrung e.V.
www.babynahrung.org
- Überwachung der Vermarktung von Muttermilchersatzprodukten
- Informationen zur Weltstillwoche

Geburt:

Bund Deutscher Hebammen e.V.
Geschäftsstelle:
Gartenstrasse 26
76133 Karlsruhe
T 0721-98189-0
Fax 0721-98189-20
info@bdh.de
www.bdh.de
- Schwangerschaft
- Geburtsvorbereitungskurse
- Vermittlung von freischaffenden Hebammen bei Hausgeburt und ambulantem Wochenbett, Beleghebammen, Hebammenpraxen und Geburtshäusern

Doulas in Deutschland
monika@doula-ac.de
www.doula-info.de
Persönliche Begleitung vor, während und nach der Geburt
- Vermittlung von Doulas

Netzwerk Verarbeitung Geburt
www.geburtsverarbeitung.ch
Kontaktadressen für Deutschland, Österreich und die Schweiz
- Begleitung bei der Verarbeitung des Geburtserlebnisses durch geschulte Hebammen

Stillfreundliche Krankenhäuser
www.babyfreundlich.org/home.html
- Krankenhaussuche
- Infos für Eltern, z.B. zum Co-Sleeping
- Informationen zur Weltstillwoche

Baby und Kleinkind:

Bundesministerium für Familie, Senioren, Frauen und Jugend
Postfach 201551,
53145 Bonn
Bezug: „Mutterschutzgesetz – Leitfaden zum Mutterschutz." (kostenlos)
www.bmfsfj.de/dokumente/Bestellservice/ix_27407.htm

Tagesmütter Netzwerk
Kinder- und Jugendförderungs-Netzwerk
www.tagesmuetter-netzwerk.net
www.tagesmuetter-netzwerk.de
- Informationen rund um Tagesmutter, Online-Foren

Verein für Eltern frühgeborener Kinder:
Frühchen München e.V.
T 089 - 53 29 56 13
Fax 089 - 53 29 56 14
info@fruehchen-muenchen.de
www.fruehchen-muenchen.de
- Allgemeine Informationen
- finanzielle Hilfen
- Kindergarten
- Therapien
- Frühförderung
- Bestellung von Info-Material
- Vereinsbibliothek

Schreibabyhilfe
info@schreibaby.de
www.schreibaby.de
- Rat und Tipps im Forum
- Literaturhinweise und Adressen

Bündnis für Kinder gegen Gewalt
T 089 - 12 61-1200
Fax 089 - 12 61-1625
info@buendnis-fuer-kinder.de
www.buendnis-fuer-kinder.de
- Zahlreiche Artikel zu schwierigen und sensiblen Phasen im Leben mit Kindern, Babys, Trotzphase, Grenzensetzen, Schreibabys, Geduld am Ende, Mutter und Vater mit verschiedenen Meinungen ...

Eltern und Erwerbsarbeit:

Femity
Netzwerkportal für berufstätige Frauen
www.fast-4ward.de/
- Forum und Artikel zum Stichwort „Vereinbarkeit",
- Informationen zu Mutterschutz und Elternzeit, zur Berufsrückkehr, für selbstständige Mütter und für Arbeitgeberinnen

Deutscher Bildungsserver
www.bildungsserver.de
- Zahlreiche Links zu Themen wie Frauen, Beruf, Karriere, Wiedereinstieg, Gleichstellung

Bundesagentur für Arbeit
www.arbeitsagentur.de
Hilfen und praktische Links auch zu Chancengleichheit und Familie und Beruf

Kinderbetreuung:

Bundesverband für Kinderbetreuung in Tagespflege e.V.
T 0 21 51 - 1 54 15 90
www.tagesmuetter-bundesverband.de
- Informationen zum rechtlichen Umfeld (Versicherungen, Beitragsfreistellung bei Krankenkassen, Berücksichtigung der Tagesmüttertätigkeit beim Bundeserziehungsgeld, Anrechnung des Betreuungsgeldes auf die Sozialhilfe etc.)
- Fachliteratur

Handbuch zur Kindertagespflege des Bundesministeriums für Familie, Senioren, Frauen und Jugend
www.handbuch-kindertagespflege.de
Informationen zur Kindertagespflege

Kinderbetreuung
www.elternimnetz.de
- Informatives Portal bei der Suche nach Kinderbetreuung
- Infos und Hilfe zu Themen rund um Familie und Krisensituationen

Frauen und Familie in Not:

Telefonseelsorge
www.telefonseelsorge.de/ts-stellen/ts_deutschland.htm
T 0800 - 111 0 111 oder
T 0800 - 111 0 222
- Beratungs- und Seelsorgeangebot der evangelischen und katholischen Kirche (kostenfrei rund um die Uhr, anonym und vertraulich)
- Stellensuche per Karte

Frauen helfen Frauen e.V.
Offizielle Website des Bundesverbandes:
T 06171 - 51768
Fax: 06171 - 587909
www.frauenhaus-oberursel.de
- Beratung für Frauen in Not

Familienbegleitende Angebote:

Mütterzentren Dachverband Deutschland
T 040 - 40170606
Fax: 040 - 4903826
info@muetterzentren-bv.de
www.muetterzentren-bv.de/
- Übersicht zu Mütter- , Frauen- und Familienzentren bundesweit.

WirbelWind
Die andere Elternzeitschrift
für den Still- und Erziehungsalltag
www.elternzeitschrift.org
versand@elternzeitschrift.org
redaktion@elternzeitschfift.org
- Publikation der La Leche League Schweiz
Mitarbeit deutscher LLL-Beratung
- Bestellungen Abo und Einzelnummern
- Einsendung von Erfahrungsberichten, Fotos

Stillen in Österreich:

La Leche Liga Österreich
Kontaktadresse: Marion Thaler
Kaiserweg 10
6336 Langkampfen
T 05332 / 81290
info@lalecheliga.at
www.lalecheliga.at
- Vermittlung von Stillberaterinnen
- kostenlose telefonische Stillberatung
- Stilltreffen
- Online-Shop

Stillen ist längst nicht mehr das Privileg einzelner, sondern fast aller Kinder!

Das umfassende **Handbuch** der La Leche League **Schweiz** hebt sich deutlich von anderen Ratgebern ab. Schauen Sie es sich **an**, es wird Sie **überzeugen**!

La Leche League Schweiz 2001, 416 Seiten, kartoniert, CHF 24.- / Euro 15.25

Erhältlich beim Versand La Leche League Schweiz: 6182 Escholzmatt

Tel. (+41) 041 486 26 25 oder E-Mail: versand@stillberatung.ch

www.stillberatung.ch

LANSINOH®

Stilleinlagen

- Ultradünn
- Super saugfähig
- Stets trocken

Muttermilchbeutel

- Doppelter Sicherheitsverschluss
- Vorsterilisiert
- Gefriergeeignet

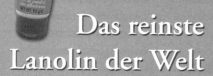

Das reinste Lanolin der Welt

- Sanft und sicher für Mutter und Kind
- Hypoallergen

ältlich in Ihrem Fachgeschäft oder schnell und direkt bei:
Leche League-online-Shop www.stillberatung.ch / versand@stillberatung.ch / ☎ 041-486 26 25 / 📠 041-486 11 11

Beautiful Mum

Cup B·C·D·E·F·G·H·I

Still-BH aus Mikrofaser für
große Cups, B–E

Still-BH aus Mikrofaser für
große Cups, C–H

Zweiteiler
B–E Cup

RUNDUM GLÜCKLICH

AnitaMaternity®
Dessous und Bademode für werdende und stillende Mütter

Anita UniqueBodyWear
- since 1886 -

www.anita.com

Bezugsquellen bei:
CORSA-NOVA AG/SA Anita Group · Wassergrabe 6 · 6210 SURSEE · Tel. 041 9 250 250

«Wenn ich Mami wäre ...

... würde ich eine
Medela 2-Phasen
Brustpumpe kaufen.

Denn die Milch von Mami ist das Beste für mich. Und mein natürlicher Saugrhythmus ist das Beste für meine Mami. Zuerst sauge ich rasch, damit die Milch schneller fliesst. Dann sauge ich langsamer.

Stellen Sie sich vor: Die neuen 2-Phasen Brustpumpen von Medela ahmen den Saugrhythmus von uns Babys genau nach. Für Mami ist es so viel einfacher abzupumpen. Und: Sie hat mehr Zeit für sich.»

Medela Brustpumpen sind über Apotheken, Drogerien und ausgewählte Babyhäuser erhältlich. Oder informieren Sie sich direkt bei Medela AG.

Medela AG, Medizintechnik
Lättichstrasse 4b, 6341 Baar/Suisse
Tel. +41 (0)848 633 352
Fax +41 (0)41 769 51 00
contact@medela.ch www.medela.ch

NO.1 CHOICE OF HOSPITALS AND MOTHERS